삶의 지혜를 위한

붓다의 노래

KB194754

중산향적 편저

삶의 지혜를 위한

붓다의 노래

담앤북스

　오래전부터 팔만대장경에서 부처님께서 직접 설하신 게송偈頌만을 발췌하여 한 권의 책으로 만들어야겠다고 생각했는데, 차일피일 미루다 10년이 지나서야 실행에 옮길 수 있게 되었다. 방대한 팔만대장경의 한역된 모든 대승불교 경전 중에 부처님 게송만을 모으는 작업이 쉽지만은 않았기 때문이다. 그리고 용기를 내어 시작한 지 5년이 지나서야 세상의 빛을 보게 되었다. 그동안 많은 전문가들의 도움이 있었기에 가능했다. 대승경전에서 발췌한 부처님의 게송 분량이 생각했던 것보다 훨씬 방대하뇌 우신 출가자와 재기지, 일반인들이 수지독송受持讀誦하기 좋은 내용을 따로 선정하였다. 그리고 가슴에 길이 새겨 두고 수행과 일상생활에 도움이 되는 것들을 한데 모았다. 게송은 크게 세 가지 주제로 나누었는데, 육바라밀과 사성제四聖諦, 그리고 마음에 새겨 둘 약간의 선시禪詩를 한데 묶었다.

　팔만대장경이라 일컬어지는 불교경전은 크게 서술적 가르침과 그 서술적 가르침을 압축하고 요약하여 읽기 쉽고 외우기 쉬운 게송 형식으로 이루어져 있다. 게송이란 일반적으로 범어梵語와 한자의 합성어이다. 산스크리트에서 운韻이 있는 시의 형식을 가타Gāthā 또는 기야Geya라 하는데, 음역을 약칭하여 게偈라 하고, 한시漢詩에 있어 송頌의 일종으로 받아들였기에 합하여 게송偈頌이라 하게 되었다. 게송은 경의 산문을 요약 서술한 시가詩歌의 형식이기에 이는 불교의 진수眞髓가 되고 사람의 몸으로

치면 골수骨髓가 되는 것으로서 노래화된 부처님의 가르침이다. 우리가 부처님의 많은 가르침을 다 기억할 수 없다. 그러나 공감하는 짧은 게송은 쉽게 외울 수 있어서 좋다. 노래는 음률이 있는 시詩여서 누구나 따라 부르거나 외우기 쉽고, 그 뜻을 이해하기 쉬우며, 다른 이들에게 전하기도 쉽기 때문이다. 영국의 문호 셰익스피어는 "시의 효과는 간명하고 우아하며 지극히 총명하다."고 표현했다.

『삶의 지혜를 위한 붓다의 노래』가 한 권의 책으로 세상에 나오기까지 자료 정리와 윤문에 항상 변함없는 마음으로 수고해 준 승려 시인 도정 스님에게 출판의 공을 돌릴까 한다. 또한 해인사승가대학장을 지낸 원철 스님이 한문과 번역의 미비점을 보완하여 『삶의 지혜를 위한 붓다의 노래』가 빛을 발하도록 도와준 데 깊이 감사를 드린다. 이 책을 보다 많은 사람들이 항상 가까이 두고 애송愛誦함으로써 부처님의 가르침에 조금 더 쉽게 다가가고, 시대를 넘어 전승되는 신행信行과 삶에 지혜를 밝히는 영원한 등불이 되길 간절히 발원한다.

계묘년 가을
해인사 지족암 석경당石經堂에서

중산향적衆山香寂 합장

삶의 지혜를 위한

붓다의 노래

제 1 장

布施

보시

무지한 이는 하늘행[天行]을 닦지 않고
또한 보시도 칭찬하지 않지만
보시를 행하고 선을 돕는 사람은
이로써 저 언덕에 이르게 되느니라.

◎

만약 마음이 좁고 용렬하다면
비록 보시를 많이 하더라도
받는 자가 청정하지 못하게 되니
그러므로 과보가
적게 되는 것일세.

만약 보시를 할 때
복전이 비록
청정하지 못하더라도
능히 넓고 큰 마음을 내면
과보가 헤아릴 수 없는 것일세.

若心狹劣者　雖多行布施
受者不清淨　故令果報少
若行惠施時　福田雖不淨
能生廣大心　果報無有量

보살본연경 상권, 비마라품

◎

보살이 보시를 행할 때
결정된 마음으로 철저히 하니
마왕 파순이라 할지라도
이를 막지는 못하느니라.

菩薩行施時　定心究竟作
乃至魔波旬　不能得斷絕

보살본연경 중권, 선길왕품

◎

해인삼매海印三昧가
입으로부터 생기니

海印三昧從口生　得是海印衆三昧
能嚴不可思議刹　嚴飾不思議刹已

이 해인의 갖가지 삼매를 얻으면
불가사의한 찰토剎土를 장엄하며
불가사의한 찰토를 장엄해
장식하고 나서

시방의 모든 여래에게 공양하고
이와 같이 갖가지로
공양하고 나면
광명이 갖가지로
장엄하게 장식되며
만약 광명이
불가사의하게 장엄되면

가없는 해탈의 지혜를
얻을 수 있을 것이니
만약 가없는
해탈의 지혜를 얻으면
불가사의한
몸의 변화를 얻을 수 있고
만약 이와 같은
몸의 변화를 얻는다면

구변口辯과 지변智辯 또한
이와 같으니

供養十方諸如來　　如是種種供養已
復得光明衆嚴飾　　若得光嚴不思議
則得無邊解脫智　　若得無邊解脫智
得不思議身變化　　若得如是身變化
口辯智辯亦如是　　若得口智無礙辯
布施變化不思議　　若得布施不思議
持戒忍進亦復然　　若得持戒忍進通
禪定神變莫能測　　若得禪定神通變
出生方便神變智　　得是方便神變智
出生無邊諸功德　　從佛口生三摩地
三摩地入一微塵　　一切微塵皆盡入
一微塵中難思刹　　一一微塵皆悉見

대방광총지보광명경

만약 입[口]과 지혜[智]의
무애無礙한 변재辯才를 얻으면
보시의 변화가 불가사의하며
보시의 변화가 불가사의하게 되면

지계, 인욕, 정진 또한 그러하니
만약 지계, 인욕, 정진을 얻어
통달하면
선정禪定 상태에서의 신통·변화가
측량할 수 없고
만약 선정의 신통변화를 얻으면

방편의 신통한
변화지혜[神變智]를 낳으니
이 방편의 신통한
변화지혜를 얻으면
가없는 온갖 공덕을 낳고
부처님의 입으로부터
삼매[三摩地]가 생겨나네.

삼마지로써
한 미진[一微塵] 속으로 들어가나니
일체의 미진 속으로 다 들어가면
한 미진 가운데

사유하기 어려울 만큼의
찰토가 있어도
낱낱의 미진을 다 볼 수 있네.

◎

가섭이 곧
여러 가지의 음식을 내어놓자
부처님께서 곧 ¹주원을 하셨다.

바라문의 법 가운데서는
불을 받들어 섬김이 으뜸이 되고
온갖 물의 흐름 가운데서는
큰 바다가 그 으뜸이 되느니라.

모든 별 가운데서는
달빛이 그 으뜸이 되고
온갖 광명 가운데서는
해의 비춤이 그 으뜸이 되느니라.

모든 복밭 가운데서는
부처님의 복밭이 으뜸이 되므로

迦葉即便下種種食　佛即呪願：

婆羅門法中　奉事火爲最

一切衆流中　大海爲其最

於諸星宿中　月光爲其最

一切光明中　日照爲其最

於諸福田中　佛福田爲最

若欲求大果　當供佛福田

과거현재인과경 4권

---

1 주원(呪願)은 보시자나 돌아가신 이를 위해 주문을 외며 축원하는 것을 이르는 말이다.

만약 큰 과보를 구하려 하면
부처님의 복밭에
공양해야 하리라.

◎

그때 세존께서 잠자코 받으시면서
게송으로 주원呪願하셨다.

만약 사람이 보시할 수 있으면
간탐을 끊어서 없애게 되고
어떠한 사람이
인욕忍辱할 수 있으면
영원히 성냄을 여의게 되며

어떠한 사람이 선善을 능히 지으면
어리석음을 멀어지게 하나니
이 세 가지 행을 갖출 수 있으면
빨리 열반에 이르리라.

혹은 가난한 사람이 있어서
재물로 보시할 수 없다 하더라도
다른 이가 보시 닦는 것을 볼 때에
따라서 기뻐하는 마음을 내면

爾時世尊 默然受之 說偈呪願：
若人能布施　斷除於慳貪
若人能忍辱　永離於瞋恚
若人能造善　則遠於愚癡
能具此三行　速至般涅槃
若有貧窮人　無財可布施
見他修施時　而生隨喜心
隨喜之福報　與施等無異

과거현재인과경 4권

따라서 기뻐하는 복의 과보로
보시함과 같고 다름이 없느니라.

◎

애욕을 밭이라 하고
음욕 · 분노 · 어리석음을
종자라 한다.
그러므로 보시하여
세상을 제도하는 이
그는 한량없는 복을 얻으리라.

愛欲意爲田　婬怒癡爲種
故施度世者　得福無有量

출요경 18권, 잡품

◎

마치 저 더럽고 나쁜 밭에
분노가 덩굴처럼
뻗어 나가느니라.
그러므로 분노를 가라앉혀야만
보시하는 과보가 한량없으리라.

猶如穢惡田　瞋恚滋蔓生
是故當離恚　施報無有量

출요경 18권, 잡품

◎

모든 보시 가운데서
법 보시가 훌륭하고

衆施法施勝　衆樂法樂上
衆力忍力最　愛盡苦諦妙

출요경 23권, 니원품

모든 즐거움 가운데서
법의 즐거움이 제일이며
모든 힘 가운데서
참는 힘이 최상이요
애욕이 다하고
괴로움을 밝게 아는 것이
가장 오묘하니라.

◎

그리고 게송으로 말씀하셨다.

以偈說言：

보시는 복덕을 기르는 것이요
인욕은 일체 원수를
사라지게 하나니
착한 이는
모든 그릇됨을 내어 버리고
욕망을 떠나 자연히 해탈하리라.

布施增長大福德　忍辱一切怨讎無
善人棄捨於諸非　離欲自然得解脫
修福常得安隱樂　所求易辦多種饒
現世速得寂定心　然後證彼涅槃處

불본행집경 39권, 교화병장품

복을 닦으면 항상 안락을 얻고
구하는 것 쉽게 이뤄지며
여러 가지로 넉넉해
현세에서 고요한 선정의 마음
속히 얻나니

그런 뒤에 저 열반을 증득하리라.

◎

무지한 이는
하늘행[天行]을 닦지 않고
또한 보시도 칭찬하지 않지만
보시를 행하고 선을 돕는 사람은
이로써 저 언덕에
이르게 되느니라.

愚不修天行　亦不譽布施
信施助善者　從是到彼安

출요경 12권, 신품

◎

보살은 보시바라밀을 통하여
가난을 구제하나니
부귀를 얻게 하고
괴로움에서 건져 내기에
그 결과로 아귀餓鬼의 세계가
영원히 소멸되며
또한 모든 번뇌가
끊어져 없어지네.

지계바라밀을 행하면
축생畜生의 세계를 멀리 벗어나

菩薩布施濟貧乏　令得富盛度苦惱
果報永滅餓鬼趣　及得斷除諸煩惱
持戒遠離畜生趣　捨八非念得正念
忍辱當得最上色　如金世間悉愛樂
精進善法獲無邊　所有功德不可盡
修行禪定離五欲　從等持得神通明
智獲無邊佛法藏　慧了諸法本來因
佛知三界諸過咎　爲轉法輪滅諸苦
菩薩此法得圓滿　佛刹清淨衆生淨
受持佛種并法種　聖衆種及一切法
醫世間病最上師　以智慧說菩提方
寶德藏有種種藥　令衆生服悉證道

불설불모덕장반야바라밀경 선호품

여덟 가지의
옳지 않은 생각을 버리고
바른 생각을 얻으며
인욕바라밀을 행하면
반드시 가장 훌륭한 모습을
얻을 것이니
금을 좋아하듯 세간 사람들이
모두 사랑하고 좋아하네.

정진바라밀을 행하면
가없는 선법을 얻어
공덕이 다함이 없으며
선정바라밀을 수행하면
오욕을 벗어나 평등심[等持]에서
신령스러워 헤아리기 어려운
밝은 지혜[神通明]를 얻네.

지智로써 가이없는
부처님의 법장法藏을 얻고
혜慧로써 모든 법의
본래 인因을 분명하게 아나니
부처님께서 삼계에 있는
중생의 모든 허물과 죄를 아시고
법륜을 굴리시어

모든 괴로움을 소멸시켜 주시네.

보살이 이 법을 원만하게 이루면
부처님 세상이 청정하고
중생도 청정하여
부처님의 씨앗[佛種]과
법의 씨앗[法種],
스님의 씨앗[聖衆種]과
모든 법을 받아 지니네.

세간의 병을 치료하는
더없이 훌륭한 스승께서
지혜로써
보리菩提의 처방을 말씀하신
보덕장寶德藏에는 갖가지 약이 있어
중생으로 하여금 복용하여
도를 증득하게 한다네.

◎

그때 세존께서
곧 게송으로 말씀하셨다.

가르침을 들을 때는

爾時世尊便說斯偈：

聞教專意聽　愼道無想願
憑受善知識　施念無悔吝
愛彼猶養己　高下隨顏色

전념專念하여 듣고
도道를 삼가면서
생각[想]과 원願이 없으며
선지식을 의지하여 받아들이고
보시할 때는 후회나 인색함이
없어야 하느니라.

남을 사랑하되
자기를 기르듯 하고
높거나 낮거나
얼굴빛을 따르며
한 마음으로써 공경하면
열 가지 공덕의 복을 얻느니라.

一心念恭敬　獲十功德福

최승문보살십주제구단결경 5권

◎

그때에 세존께서
거듭 이 뜻을 펴시고자
게송으로 말씀하셨다.

보시를 행하되
묘한 형색과 재물 구하지 않고
천상과 인간세계에
나려고 하지 않으면서

爾時世尊欲重宣此義而說頌曰 :
行施不求妙色財　亦不願感天人趣
爲求無上勝菩提　施微便感無量福
行施不求名稱聲　未曾爲樂及徒衆
亦不求諸生死報　施微而獲於大果
布施飲食及衣服　不求諸有及諸趣
爲求開解甘露門　施如毛端福無量
既無掉動及高慢　亦離諂誑慳嫉心
懈怠諸緣皆悉捨　唯勤行施利於世

21

위없이 뛰어난 보리만을 구하면
작게 보시해도
한량없는 복을 얻으리라.

보시를 행하되
명성과 칭찬을 구하지 않고
쾌락과 도반 대중을
위하지 않으며
나고 죽는 과보도
구하지 않는다면
작게 보시해도 큰 과보 얻으리라.

음식과 의복을 보시하면서
모든 존재[有]와 ²갈래[趣]를
구하지 않으며
감로甘露의 문 열기만을 구하면
털끝만큼 보시해도
한량없는 복을 얻으리라.

이미 들뜸과 뽐냄이 없고
아첨, 간탐, 속임수와

財穀王位及身命　歡喜捨已心無變
如斯善捨獲廣大　菩提解脫未爲難
愛樂諸來乞求者　如父如母如妻子
所獲財物常行施　見彼慼財無妬心
行施之時衆繁雜　土塊杖木來加害
雖見曾無忿恚心　愛語如舊情欣悅
若施彼怨猶若親　於驚怖者施無畏
凡所有物皆能捨　而心未甞生鄙悋
恒樂正求無上法　於世王位絕希求
出離世間嚴飾處　常勤奉行於法施
除彼樂求穢欲者　誰有能求天世王
是故智者不貪樂　諸欲王位生天樂
大名稱者所行施　恒求無上佛菩提
捨捐身命及餘事　速疾能感多安樂
聰慧菩薩行諸施　未曾遠離上菩提
不求妙色世間財　又不願樂生天樂
雖求涅槃無所依　遠離一切諸希願
若能如是善修習　則名知道開道者

대보적경 41권, 보살장회

---

2 번뇌성의 마음작용인 애(愛)의 다른 이름이다. 즉 근본번뇌 가운데 하나인 탐(貪)・애착(愛着)・집착
　(執着) 또는 갈애(渴愛)에 해당한다. 집취(執取) 또는 집취상(執取相)에서의 취(取)는 '취한다, 가진다,
　획득한다'의 뜻인데 집(執)과 결합되어 '집착하여 취함' 또는 '집착'의 뜻으로 사용된다.

질투심을 여의며
게으름의 모든 인연 다 버리고
세간에 이익 되도록
보시에 힘써야만 하느니라.

재물과 곡식과
왕의 지위와 목숨까지
기뻐하며 버린 뒤에
마음을 변치 말지니
이렇게 잘 버리면
광대한 복을 얻게 되어
보리와 해탈도
어려운 것 아니리라.

구걸하러 온 이들 좋아하기를
부모처럼 여기고 처자처럼 여기며
얻게 된 재물은 항상 보시하면서
그를 볼 때 재물에 인색하지 말라.

보시할 때에
대중을 번잡하게 하거나
흙덩이와 몽둥이로 해하려 해도
분내거나 성내는 마음 없이
사랑하는 말로써

친구처럼 기뻐하라.

원수에게 보시할 때
친한 이처럼 하고
두려워하는 이에게는
두려움 없음 베풀며
소유물은 모두 다 버려서
인색한 마음 내지 말라.

항상 위없는 법 바르게 구하고
세간의 왕위를 희구하지 말며
세간의 장식된 처소를 벗어나
늘 힘써 법 보시[法施]를 행하라.

저 더러운 욕심을
즐기는 이 아니면
누가 천상과 세간의
왕 되기를 바라랴.
그러므로 지혜롭고 총명한 이는
왕위와 천상의 즐거움을
탐내지 않는다.

큰 명칭名稱 있는 이가
행하는 보시는

항상 위없는
부처님의 보리를 구하면서
몸과 목숨이며
그 밖의 일 버리므로
속히 많은 안락을
느끼게 되느니라.

총명한 보살이 행하는
모든 보시는
가장 높은 보리를
여의는 일 없으며
오묘한 색과 세간의 재물
구하지 않고
쾌락과 천상에 나는 즐거움도
원하지 않는다.

비록 열반을 구한다 하더라도
의지한 것 없고
일체 모든 소원 멀리 여의나니
만일 이렇게 잘 닦아 익히면
도를 알고
도의 문을 여는 이라 하리라.

◎

그때 세존께서
이 이치를 분명히 알게 하려고
게송으로 말씀하셨다.

위없는 공양거리로써
부처님들께 공양하나니
이 공덕의 인연 때문에
태어날 적마다 재보가 많으니라.

몸의 빛깔은 항상 단정하고
또한 요설변재도 얻으며
모든 공덕을 두루 갖추어
지혜는 더욱더 높아지느니라.

바르고 곧은 마음으로 공양하고
나와 내 것이 없나니
이 지혜로운 인연 때문에
태어나는 곳마다
공양을 얻느니라.

모든 부처님께서 칭찬하신
이 네 가지 법을 항상 가까이하면
태어나는 곳마다

爾時世尊欲明了此義而說偈言：

無上供養具　供養如來衆
以此功德緣　所生多財寶
身色常端正　亦得樂說辯
具足諸功德　智慧轉高增
供養正直心　無我我所者
以此智因緣　生處得供養
諸佛所稱讚　四法常親近
所生常尊貴　功德轉高增

대보적경 77권. 부루나회

항상 존귀尊貴하며
공덕은 더욱더 높아지느니라.

◎

그때 세존께서
게송으로 말씀하셨다.

나는 모든 보살들이
마땅히 해야 할 법을 말하리니
보시한 뒤에 마음으로 기뻐하면서
후회나 한恨이 없어야 하리라.

어떻게 기뻐하는가 하면
즐거움이 온몸에 두루 가득 차고
항상 이 기뻐하는 마음으로써
보살의 도를 행하느니라.

보살은 보시한 것을
보리에 회향廻向하면서
모든 중생을 이롭게 하기에
자신의 이익도 한량이 없느니라.

만약 구걸하는 이를 보면

爾時世尊以偈頌曰:
我說諸菩薩   所當應行法
施已心歡喜   無有諸悔恨
云何爲歡喜   謂樂悉遍身
常以此喜心   而行菩薩道
菩薩所布施   迴向於菩提
饒益諸衆生   自利無有量
若見有乞者   心生於佛想
念是人今來   施遺我佛道
我因於是人   得淨佛國土
是人示我佛   教化我佛道
我今値此人   快得大吉利
歡樂遍滿身   更不樂餘事
若有人來詣   遙見而問訊
仁者須何物   我當盡相與
若言無所須   菩薩亦歡喜
爲欲教化我   故言無所須
此賢以所樂   少欲知足法
今來開悟我   使得菩提緣
我今因此人   復得教以法
汝言無所須   是語爲善哉

마음에 부처님이라는 생각을 내며
'이 사람이 지금 나에게
부처님 도를 베풀어 주는구나.

나는 이 사람으로 인하여
청정한 부처님의 국토를
얻게 되며
이 사람은 나에게
부처님을 보여 주어
부처님 도로 교화하는구나.

이제 내가 이 사람을 만났으니
흔쾌히 큰 길함과 이익을 얻고
기쁨과 즐거움이
온몸에 가득 차서
다시 그 밖의 일은 즐겁지 않다.'
라고 하느니라.

만일 어떤 사람이 자기에게 오면
멀리서 보고는 문안하면서
'어진 이시여,
어떠한 물건을 구합니까?
나는 다 당신에게 주겠습니다.'
라고 하느니라.

若言須此物　以是可與我
菩薩若有者　歡喜言汝取
若行布施已　於後無所悔
以念佛道故　心常得歡喜
布施已迴向　衆生皆有分
普令無所乏　盡使得知足
若行菩薩道　衆生聞我名
自然知止足　不生慳貪心
今我國衆生　順道皆知足
捨諸五欲著　皆樂行出家
如是無量行　以施而迴向
願常行布施　衆生亦效我
菩薩行布施　以慈覆衆牛
一切諸世間　無有如是樂
如大富長者　多財饒珍寶
唯正有一子　積年久遠行
長者聞子還　歡樂遍滿身
久別而今歸　便若如更生
菩薩見乞人　其心大歡喜
長者歡喜分　十六不及一
若得施行已　一心則大歡喜
慈心所生樂　此樂無有比
如王治罪人　勅使支節解
殺者將殺處　舉刀垂當下
王恕賜榮位　是人大歡喜
猶不及菩薩　施貧得歡樂
菩薩行道時　不求於福田

만일 구하는 것이 없다고 하면
보살이 기뻐하면서
'나를 교화하기 위하여
짐짓 구할 것이 없다고 하는구나.

이런 어진 이가 즐기는 것은
욕심이 적고
만족할 줄 아는 법으로써
지금 와서 나를 깨우치며
보리의 인연을 얻게 하는구나.

나는 이제 이 사람으로 인하여
다시 가르침을 얻되
법으로써 하였나니
그대가 구하는 바 없다고 하는
이 말은 장하다는 말일 것이다.'
라고 생각하느니라.

만일 이 물건이 필요하므로
이것을 나에게 주라고 할 때에
보살에게 만일 그것이 있으면
기뻐하면서 '당신이 가지시오.'
라고 하느니라.

有乞則便與　故得大歡樂
菩薩若值佛　羅漢辟支佛
敬心知難遇　故往供養施
菩薩有威德　明利心調順
樂功德求道　供養佛及衆
不以深恭敬　奉事諸天神
唯除於諸佛　及諸佛弟子
若有辟支佛　自然得涅槃
亦行而供養　有是諸功德
菩薩亦能知　福田善不善
世間諸智者　不敬惡外道
安住持戒品　慈心覆衆生
精進無有比　忍智多聞廣
行是諸功德　於世爲高尊
能證佛菩提　轉無上法輪
菩薩能修行　如是上四法
一切諸善根　悉皆現在前
無量億數劫　所修諸功德
悉皆攝入此　所行菩薩道
是故諸菩薩　應常修慈心
出家處山林　樂在空閑處
常求諸清淨　甚深決定法
具足菩薩行　以此自增長

대보적경 78권. 부루나회

만일 보시를 행하고 나서
그 뒤에 후회하는 일이 없음은
부처님의 도를 생각하기 때문이니
마음에선 항상 기쁨을 얻느니라.

보시한 뒤에는 회향하고
중생에겐 모두가 몫이 있으므로
두루 부족함이 없게 하며
모두 만족할 줄 알게 하느니라.

만일 보살의 도를 행하면
중생은 나의 이름을 듣고
저절로 그치고 만족할 줄 알며
아끼고 탐하는 마음을
내지 않느니라.

지금 우리나라의 중생이
도를 따르며 모두 만족할 줄 알고
모든 오욕의 집착을 버리면
모두가 즐거이
출가하려 하리라.

이와 같이 한량없는 행의
보시로써 회향하면서

원컨대 언제나 보시를 행하며
'중생들도 나를 본받게 하소서.'
라고 하나니

보살이 보시를 행하면서
자비로 중생을 감싸 준다면
모든 세간에서
이보다 더한 즐거움은
없느니라.

마치 큰 부자인 장자長者가
재산이 넉넉하고 보물이 많은데도
하나밖에 없는 아들이
여러 해 동안 먼 곳을
돌아다녔는데

장자는 그 아들이
돌아왔음을 듣고
기쁨과 즐거움이
온몸에 두루 차며
오래 이별하였다가
이제 돌아왔으니
그것을 마치
다시 낳은 것처럼 여기듯이

보살은 걸인乞人을 보았을 때
그 마음으로 크게 기뻐하나니
장자의 기쁨은
16분의 1에도 미치지 못하느니라.

만일 보시하는 행을 하고 나면
마음이 곧 크게 기쁘겠지만
인자한 마음에서
생기게 되는 즐거움의
이 즐거움에는 비할 바 없나니

마치 왕이 죄인을 다스리면서
팔다리를 갈가리 찢게 할 적에
죽일 이가
죽일 곳으로 데리고 가서
칼을 들어 막 내리치려 하는데

왕이 용서하며
영광스러운 지위를 내리면
이 사람은 크게 기뻐할 것이지만
오히려 보살이
가난한 이에게 보시하여
기쁨을 얻는 것보다는
못하느니라.

보살이 도를 행할 때에
복전福田을 구하지 않으면서
걸인이 있으면 곧 주기 때문에
큰 기쁨과 즐거움을 얻느니라.

보살이 만일 부처님과 아라한과
벽지불을 만나게 되면
공경하는 마음으로
만나기 어려움을 알고
짐짓 나아가 공양하고 보시하나니

보살은 위덕威德이 있고
밝고 영리하며
마음이 조순調順하고
공덕을 즐기고 도를 구하면서
부처님과 그의 대중에게
공양하느니라.

깊은 공경으로써
천신天神들을 받들며
섬기지 않더라도
오직 모든 부처님과
부처님의 제자들만은
받들어 섬기느니라.

만일 어떤 [3]벽지불이
저절로 열반을 얻었다면
역시 나아가서 공양하나니
여기에는 모든 공덕이 있느니라.

보살은 또한 복전의
착하고 착하지 않은 것을
잘 아나니
세간의 모든 지혜 있는 이는
나쁜 의도로
공경하지 아니하느니라.

지계持戒의 품류에 편히 머무르고
인자한 마음으로
중생을 감싸 주며
정진함이 견줄 데 없으면
인욕과 지혜와 불법 들음이
넓어지나니

이런 모든 공덕을 행하면

---

3 불교 경전과 논서들에서는 벽지가불(辟支迦佛)을 줄여서 흔히 벽지불(辟支佛)이라고 한다. 구마라집
(鳩摩羅什: 344~413)이 번역한 『대지도론』 등에서 벽지불이라는 낱말을 사용하고 있다. 한역 『아함경』
에서는 연각(緣覺) 또는 벽지불이라는 낱말을 사용하고 있다. 독각(獨覺)이라는 낱말이 사용되고고는
있으나 연각 또는 벽지불을 가리키는 뜻으로 사용되고 있지 않으며, 고타마 붓다가 무사독오(無師獨
悟)한 것, 즉 스승에 의하지 아니하고 스스로 깨달음을 증득한 것을 가리키는 뜻으로 사용되고 있다.

세간에서 높고 존귀한 이며
부처님의 보리를 증득하여
위없는 법륜을 굴릴 수 있느니라.

보살이 위와 같은
네 가지 법을 잘 수행하면
일체 모든 선근이
모두 바로 앞에
나타나게 되느니라.

한량없는 억수億數의 겁 동안에
닦은 모든 공덕은
모두가 다 이 행할 바의
보살도에 들게 하나니

그러므로 모든 보살은
항상 자비로운 마음을 닦고
출가하여 산과 숲에 살면서
조용한 곳에 있기를
좋아하느니라.

항상 모든 청정하고 깊은
결정된 법을 구하여
보살의 행을 두루 갖추면

이 때문에 저절로
더욱 자라게 되느니라.

◎

그때 세존께서 공양을 마치시고
환술사가 보시한 서원을
만족시켜 주기 위하여
다시 게송으로 말씀하셨다.

보시한 물건에 있어서
보시한 이와 받은 사람이
평등하여 분별하는 마음이 없으면
이것이 곧 보시의 원만함이니라.

爾時世尊飯食已訖 欲滿幻師所施
願故 復說偈言:
能於所施物　施者及受人
等無分別心　是則施圓滿

대보적경 85권, 수환사발타라기회

◎

그때 세존께서
게송으로 말씀하셨다.

만일 항하 모래만큼 많은 세계를
값진 보배로 그 속을 가득 채워서
모든 여래께 다 보시한다 해도
하나의 법 보시[法施]만 못하니라.

爾時世尊而說頌曰:
若恒沙世界　珍寶滿其中
以施諸如來　不如一法施
施寶福雖多　不及一法施
一偈福尚勝　況多難思議

대보적경 88권, 마하가섭회

보배를 보시한 복도
비록 많겠지만
한 구절 법 보시에는
미치지 못하나니
한 게송의 복조차도
이렇게 수승하거늘
하물며 많다면
가늠하기도 어려우리라.

◎

그때 세존께서
게송으로 말씀하셨다.

때맞추어 보시하고 깔봄이 없으며
기쁘게 주고
과보를 바라지 않나니
이런 업을 항상 부지런히 닦으면
태어날 때마다
큰 재보와 지위를 얻느니라.

爾時世尊而說偈言:

應時行施無輕慢　歡喜授與不希求
能於此業常勤修　所生當獲大財位

대보적경 98권, 묘혜동녀회

◎

그때 세존께서

爾時世尊而說偈言:

게송으로 말씀하셨다.

他有所求令滿足　信解深法捨嚴具
三寶福田勤供養　臨命終時佛現前

대보적경 98권, 묘혜동녀회

다른 이의 구하는 바를
만족시키고
깊은 법을 믿고 이해하면서
꾸미개를 버리고
삼보三寶인 복전福田에
부지런히 공양하면
목숨이 다할 때에
부처님이 앞에 나타나느니라.

◎

그때 세존께서
이 뜻을 거듭 펴시려고
게송으로 말씀하셨다.

爾時世尊欲重宣此義而說偈言：

若能施燈明　法末中護法
開導難放逸　寶飾施佛廟
是故諸菩薩　能放淨光明
過無量佛土　所照無邊涯
蒙光皆安樂　即發無上心

대보적경 100권, 무구시보살응변회

만일 등불을 잘 보시하고
법의 말세末世 동안에
법을 보호하며
어려움과 방일함을 깨우쳐
인도하고
보배의 장식품을
부처님 탑에 보시하면

그 때문에 모든 보살이
청정한 광명을 능히 놓아서
한량없는 불국토를 통과하게 하고
비추는 것이 끝이 없나니
광명을 받는 이는
모두 안락하면서
이내 위없는 마음을
일으키느니라.

◎

그때 세존께서
이 뜻을 거듭 펴시려고
게송으로 말씀하셨다.

연꽃을 조각하여 불상을 모시고
갖가지의 꽃으로 공양하며
중생을 이익되게 하고
괴롭히지 않으면
모든 부처님 세계에
화생하게 되느니라.

큰 서원을 한결같이 일으켜
시방의 중생을 제도하며

爾時世尊欲重宣此義而說偈言 :

刻花坐尊像　種種花供養

利益不惱衆　化生諸佛刹

恒發弘誓願　度十方衆生

以此四妙行　恒生諸佛刹

대보적경 100권. 무구시보살응변회

이 네 가지 묘한 행으로써
항상 모든 부처님 세계에
태어나게 되느니라.

◎

그때 세존께서
이 뜻을 거듭 펴시려고
게송으로 말씀하셨다.

보시하는 바에 거스름이 없고
재물에 대하여 인색함이 없으며
모든 부처님 법을 믿고 이해하면
태어날 적마다 부자가 되느니라.

믿고 이해하면서
아첨과 질투가 없고
그들의 허물을 다투지 않으며
한마음으로 한결같이 믿으면
이 때문에 재보를 얻게 되느니라.

◎

세존께서 대답하셨다.

爾時世尊欲重明此義而說偈言：

施心無所逆　於財無悋惜

信解諸佛法　生生獲財富

信解無諂嫉　不訟彼過患

專心一向信　是故得財寶

대보적경 100권, 무구시보살응변회

世尊答曰：

보시로 말미암아
모든 모습을 얻되
자비를 행하면
잘생긴 모습 얻으며
평등한 마음으로 중생을 대하면
보는 이들이 좋아하며
싫어함이 없느니라.

由施得諸相　行慈獲隨好
等心於衆生　觀者無厭足

대보적경 106권, 아사세왕자회

◎

세존께서 대답하셨다.

모든 법을 보시하는 가운데
장애가 있지 않으면
이로 인하여 언제나
모든 여래를 만나게 되느니라.

世尊答曰：

於諸法施中　不曾爲障礙
因此故恒得　値遇諸如來

대보적경 106권, 아사세왕자회

◎

세존께서 대답하셨다.

항상 으뜸가는 음식을 보시하고
두려움이 있는 이를
안온하게 하면

世尊答曰：

恒施上味食　恐怖令安隱
由斯得大力　威勢常超勝

대보적경 106권, 아사세왕자회

이로 말미암아 큰 힘을 얻게 되어
위세가 언제나 뛰어나리라.

◎

세존께서 대답하셨다.

등불을 보시하면 천안天眼을 얻고
음악을 공양하면 천이天耳를 얻고
두 가지의 치우침을 멀리 여의면
그 때문에 [4]타심지他心智를
얻게 되느니라.

世尊答曰:

施燈感天眼　奉樂成天耳
遠離於二邊　故獲他心智

대보적경 106권, 아사세왕자회

◎

그때 세존께서
이 뜻을 거듭 펴시려고
게송으로 말씀하셨다.

보시는 좋은 색상色相을
구하지 않고
수용受用과 풍요豊饒함도

爾時世尊欲重明斯義說伽陀曰:

布施不求於色相　不求受用及富饒
但求無上佛菩提　以少施故獲多利
不求名稱及善譽　世間快樂亦無求
於諸起滅絕悕望　求佛大果無餘法
飲食衣服及衆具　於一切處悉無求
如毛端量發施心　求甘露門常開廓
凡所行施無高下　亦無諂曲慳吝心

---

4 십지(十智)의 하나. 다른 이가 마음속으로 생각하는 것을 아는 지혜.

구하지 않고
다만 위없는
부처님의 보리만을 구하나니
작은 보시라도 이로써
많은 이익을 얻는다.

명칭이나 좋은 영예를
구하지 않고
이 세간의 쾌락 또한
구함이 없다.
생겨났다 사라지는 모든 일에
바람을 끊고
부처님의 큰 과보 이외에
다른 법은 구하지 않는다.

음식이나 의복이나
또 다른 모든 도구
어디를 가나
그것들은 다 구하지 않고
털끝만큼이라도
보시할 마음을 내어
감로#露의 문 활짝 열기를
항상 구한다.

是中懈怠悉蠲除　　勇發世間利益事
若財若穀資身命　　及餘一切悉行施
施已廣大歡喜生　　菩提解脫不難得
父母妻子諸所愛　　來乞丐者皆施之
所施亦無憎嫉心　　是修最上菩提行
凡諸所見無忿恚　　惡友常同善友觀
諸怖畏者施慰安　　於諸事法無執著
不求王位生法欲　　常宣出離正法門
法施普及諸衆生　　利益世間常不捨
不求天中諸妙樂　　唯求無上佛菩提
不悕布施大名稱　　棄捨己身及餘法
唯佛菩提常不捨　　非眼識色相所求
亦復不求生諸天　　但求涅盤最上樂
諸所施作無依止　　若成若壞悉無求
智者常生正智心　　明了一切正道法

대승보살장정법경 18권, 보시바라밀다품

보시 행할 때에는
높고 낮음의 차별이 없고
또한 아첨하거나 아끼는 마음이
전혀 없으며
거기서 또 게으른 마음
모두 없애고
씩씩하게 세간의 이로운 일을
펴 나간다.

재물이나 곡식으로
그 신념을 도와주고
그 밖의 모든 것으로 보시 행하며
보시한 후 넓고 큰
기쁜 마음 내나니
보리와 해탈을 얻기 어렵지 않다.

부모나 처자나
그 밖의 사랑스러운 것을
와서 청구하는 이 있으면
모두 다 준다.
보시를 행하면서도
그를 미워하는 마음 없나니
이것이 최상의 보리를
닦는 행이다.

보시布施

무릇 보는 모든 것에
미워하는 마음이 없어
나쁜 벗도 언제나
착한 벗처럼 본다.
두려워하는 사람에게 위안을 주고
어떤 일에 대해서도
집착하는 마음이 없다.

왕의 자리 구하지 않으나
법에 대한 욕심은 내어
언제나 생사를 벗어나는
바른 법문을 말한다.
법의 보시를
모든 중생에게 두루 행하여
세간을 이롭게 하면서
항상 그것을 버리지 않는다.

저 천상의 묘한 즐거움도
구하지 않고
오직 위없는
부처님의 보리만을 구한다.
보시로써 큰 명예를 바라지 않고
자기 몸이나 그 밖의 다른 것
모두 버린다.

오직 부처님의 보리만은
언제나 버리지 않고
안식眼識과 색의 모양[色相]
구하는 바 아니며
저 여러 하늘세계에
나는 것도 구하지 않고
다만 열반이라는
최상의 즐거움만을 구한다.

보시하는 그 모든 것에
의지하는 것 없고
이루어지는 것이나 무너지는 것
모두 구함이 없다.
지혜로운 사람은
언제나 바른 지혜의 마음 내어
일체의 바른 도리와 법을
분명히 깨닫는다.

◎

부처님께서 이에
게송을 말씀하셨다.

때맞추어 보시하고

佛於是說偈言:

以時施無悔心　喜悅與無希望
所作施有勇慧　所在處常大富

수마제보살경

후회하지 않으며
더욱 기뻐하면서
바라는 마음 없나니
이렇게 보시하는 일에
용맹과 지혜를 가지면
어느 곳에 있건
언제나 크게 부유하리라.

◎

부처님께서 이에
게송을 말씀하셨다.

佛於是說偈言：

施四華滿軟妙　除恚恨受法義
得上覺立佛前　作形像生花中

수마제보살경

네 가지 만다라 꽃을 보시하고
성내는 마음과 원한을 없애고
법과 의義를 받으며
최상의 깨달음을 얻은
부처님 앞에 서고
불상을 만들면
연꽃 속에 화생하게 되리라.

◎

부처님께서 이에

佛於是說偈言：

게송을 말씀하셨다.

선지식[善友]에게
아첨하는 뜻이 없고
타인에게 베풀 때에는
인색하게 굴지 말며
보시하는 사람을 보면
따라서 기뻐하고
보살도菩薩道를 행한다면
원수가 없으리라.

於善友無諛諂　不慳惜他人物
見人施助其喜　行菩薩無讎冤
수마제보살경

◎

이때 부처님께서
게송으로 말씀하셨다.

때를 따라 보시를 행하면서
업신여기는 마음이 없고
기꺼이 내어 주고서도
바라는 것이 없어야 하나니
이 네 가지 업을
항상 부지런히 닦는다면
태어나는 곳마다
큰 재물과 지위를 얻으리라.

爾時世尊而說偈言 :
應時行施無輕慢　歡喜投與不希求
能於此業常勤修　所生當獲大財位
수마제경

보시布施

◎

이때 부처님께서
게송으로 말씀하셨다.

꽃과 향을
부처님과 영탑靈塔에 뿌리고
남을 해치지 말며
또 불상을 만들도록 하라.
크나큰 깨달음의 지혜를
깊이 믿고 이해하면
연화좌에 살게 되고
부처님 앞에 태어나리라.

爾時世尊而說偈言:

花香散佛及支提　不害於他并造像
於大菩提深信解　得處蓮花生佛前

수마제경

◎

이때 부처님께서
게송으로 말씀하셨다.

다른 사람이
요구하는 것이 있으면
만족하게 해 주고
깊이 법을 믿고 이해하며
장엄할 도구를 보시하고
삼보의 복밭에

爾時世尊而說偈言:

他有所求令滿足　信解深法捨嚴具
三寶福田勤供養　臨命終時佛現前

수마제경

부지런히 공양 올리면
임종할 때에 부처님이
그의 앞에 나타나리라.

◎

이때 부처님께서
게송으로 말씀하셨다.

훌륭한 연꽃에 앉으신
여래의 형상 만들고
연꽃을 가득 보시하여
다른 사람의 이익 위하라.

남에게 나쁜 말 하지 않고
남의 나쁜 말 취하지 않고
시방 중생들을 생각하여
안온한 즐거움 주기를 원하라.

이런 네 가지 훌륭한
공덕을 닦아 행하면
그 때문에 화생하여
언제나 부처님 곁에 있으리.

爾時世尊而說偈言 :

作勝蓮華坐　如來之形像
水華滿掬施　爲利益他人
於他不惡說　不取他惡說
念十方衆生　願與安隱樂
修行如是等　四種勝功德
是故得化生　常在於佛所

득무구녀경

◎

이때 부처님께서
게송으로 말씀하셨다.

평등한 마음으로 보시하면서
가진 것을 모두 아끼지 않고
부처님의 지혜를 깊이 믿으면
그는 자주 큰 부귀와
즐거움을 얻으리.

믿음이 있어
아첨하거나 속이지 않고
남의 악을 취하지 않으며
법을 믿고 견해가 정직하면
그는 좋은 부귀와 즐거움 얻으리.

爾時世尊而說偈言 :

平等心施與　所有皆不悋
深信佛智慧　數得大富樂
有信不諂誑　不取惡他人
信法正直見　彼得善富樂

득무구녀경

◎

그때 세존께서
이 이치를 거듭 밝히시려고
게송으로 말씀하셨다.

집착을 여의고 보시를 행하여
널리 중생의 성품 바로잡으니

爾時世尊欲重明此義而說偈言 :

離著而行施　普及適衆性
終已無礙心　亦不生分別
我淨故施淨　施淨故願淨
願淨菩提淨　道淨一切淨
無我我所想　離愛及諸見

마침내 거리끼는 마음 없고
또 분별하지도 않네.

내가 깨끗하므로 보시가 깨끗하고
보시가 깨끗하므로
서원이 깨끗하고
서원이 깨끗하므로
보리가 깨끗하고
도道가 깨끗하므로
온갖 것이 깨끗하네.

나[我]와 내 것[我所]이란 생각 없고
애욕과 모든 소견을 여의고
저[彼]와 나[我]의 모양을 버리어
보시하는 마음 허공과 같으며

모든 생각을 여의어 보시하되
갚기를 바라는 마음 없고
질투심의 맺힘을 버려서
보시하는 마음 허공과 같네.

허공은 색色이 아니어서
의지함이 없고
수受와 상想의 분별이 없고

捨除彼我相	施心如虛空
去離諸想施	無有望報心
捨嫉妬心結	施心如虛空
空非色無猗	無受想分別
亦無行及識	施時心亦然
如空益一切	始終無窮盡
解法施無盡	利益一切衆
如化人相施	不望所施報
慧者施亦爾	終不望其報
以慧斷結習	方便不捨衆
不見結及衆	如是施如空
知身如鏡像	知聲猶如響
知心如幻化	法性如虛空
不捨勝菩提	不求於二乘
於過去諸佛	常敬愼護戒
不捨本願故	能於諸趣中
善成就本願	攝意護淨戒
如空無悕望	無熱惱高下
無濁無變易	淨戒者亦爾
如空受一切	水月不持戒
護戒者如是	淨戒如虛空
罵打瞋怒等	忍力故不瞋
無我及彼見	以去離二想
內純至善淨	外行亦淸淨
純至故無瞋	順如法能忍
離諸見忍空	捨覺而離想
無願無悕望	捨諸行所取

행行과 식識도 없어서
보시할 때의 마음도 그러하며

허공은 온갖 것을 이롭게 하고
처음이고 끝이고 다함없는 것처럼
법 보시의 다함이 없음을 알아서
온갖 중생을 이익하게 하며

허깨비가 서로 보시하되
보시의 갚음을
바라지 않는 것처럼
슬기로운 자의 보시도 그러하니
끝까지 갚음을 바라지 않으며

지혜로써 번뇌의 습기를 끊고
방편으로 중생을 버리지 않으면서
번뇌와 중생을 보지 않나니
이러한 보시는 허공과 같네.

몸은 거울 속 모습 같다고 알고
음성은 메아리와 같다고 알며
마음은 마치
허깨비와 같다고 알고
법 성품은 허공 같다고 알지니

無愛如虛空	不戲不懷恨
無戲不求報	無漏忍者爾
無忍無罵者	彼人聲如響
非是及無常	無如是戲論
彼愚及我智	無生而示生
雖如是分別	猶修無生忍
如斫娑羅枝	餘枝不分別
斷身無分別	此忍淨如空
勤修無所依	供佛無佛想
持法不著文	度衆無衆想
淨身淨法身	淨口無言說
淨心無意行	具諸波羅蜜
具助菩提法	淨土如虛空
成就辯總持	求如是佛法
如空受無惓	故能生叢林
遍至無形色	精進亦如空
常淨如虛空	無始亦無終
人精進亦爾	無始無終成
如機關木人	所作無分別
行者無二想	其進如虛空
知止住內心	攝外境界心
自心彼心等	依止無心禪
諸法性常空	以無漏智知
不依陰界入	亦不依三界
不依於三界	不依界道果
如空常無依	修禪者亦爾
空無愛見慢	修禪者亦爾

훌륭한 보리를 버리지 않으므로
이승二乘을 구하지 않고
과거의 여러 부처님을
항상 공경하여 계율을 옹호하네.

본원本願을 버리지 않으므로
나아가는 모든 것에서
본원을 잘 성취하며
뜻을 거두고서
청정한 계율을 옹호하네.

허공은 아무 바람이 없고
뜨거운 고뇌와 높고 낮음이 없고
흐림도 없고 변함도 없는 것처럼
계율을 깨끗이 하는 자도
그러하며

허공은 온갖 것을 용납하고
물 속의 달은
계율을 지니지 않는 것처럼
계율을 옹호하는 자도 그러하므로
청정한 계율은 허공과 같네.

욕설과 구타와 성냄 따위를

空無退壞變　修禪者亦爾
平等寂解脫　智者不緣界
無結無禪等　是故禪如空
我淨衆生淨　智淨識亦淨
義淨文字淨　法淨界亦淨
斷不善及習　大士集諸善
知有無緣生　無生不著滅
善分別文字　說無常苦法
示現受業報　言有垢及淨
知法性常淨　而籌量三世
空無行非行　慧無行亦爾
如空無能壞　無我人壽者
非物非無物　拔斷二邊見
知句假不染　不變眞實句
滿足通達句　達義慧等句
等不動牢句　金剛度淨句
明盡無盡句　無爲虛空句
處櫟識別句　降伏體智句
斷集滅道句　法覺智慧句
如響隨聲應　無盡辯亦爾
說法無所依　此慧淨如空

대방등대집경 14권

인욕의 힘으로 미워하지 않고
나와 다른 사람이라는
소견 없음은
두 가지 생각을 여의기 때문이며

안[內]이 순수하고
지극히 청정하므로
바깥의 행도 청정하며
순수하고 지극한 까닭에
미움이 없어서
참된 법을 따라 능히 참으며

모든 소견을 여의어 인욕을 닦고
깨달음을 버린다는
생각마저 여의고
원도 없고 바람도 없이
모든 행의 취함을 버리며

애욕 없음이 허공과 같아
희론하지 않고 원한 품지 않고
희론 없고 갚음을 구하지 않듯이
번뇌 없는 참음도 그러하네.

인욕이랄 것도 없고

욕할 이도 없으니
사람들의 음성 메아리처럼 여겨
잘못이니 옳거니 헛되다거니
이러한 희롱하는 말이 없네.

남의 어리석음을
나의 슬기로움으로 삼고
태어남[生] 없는 데서
태어남을 보이나니
비록 이와 같이 분별은 하지만
오히려 ⁵무생인無生忍을 닦네.

마치 잘린 사라娑羅나무 가지가
다른 가지를
분별하지 않는 것처럼
몸뚱이를 잘라도 분별이 없나니
이 같은 참음과 청정이
허공과 같네.

부지런히 닦아도

---

5 존재하는 모든 것은 태어난 바가 없다는 깨달음의 확신을 의미한다. 무생인(無生忍)·무생인법(無生
忍法)·수습무생인(修習無生忍)이라고도 한다. 여기에서 인(忍)은 인가(忍可)·인지(認知)를 뜻하여
여실한 진리를 그대로 받아들이고 이해한다는 것을 뜻한다. 『능가경(Laṅkavatarasūtra)』에서는 무생
법인을 '태어남이 없는 법의 인증'을 뜻하는 'anutpattika-dharma-kṣānti'라고 한다.

의지하는 곳 없고
부처님께 공양하여도
부처님이란 생각이 없고
법을 지녀도
문자에 집착하지 않으며
중생을 제도하여도
중생의 모습 없네.

몸이 깨끗하므로
법신法身이 깨끗하고
입이 깨끗하므로 말함이 없고
마음이 깨끗하므로
[6]의행意行이 없어서
모든 바라밀을 원만히 갖추네.

[7]조보리법助菩提法을 갖추어
허공처럼 국토를 깨끗이 하고
변재[辯] 다라니를 성취하여
이러한 부처님 법을 구하네.

---

6 사람에게는 18의행(意行)이 있으니, 이른바 눈이 빛깔을 보아 빛깔에 기쁨[喜]이 있다고 관찰하고 빛깔에 근심[憂]이 있다고 관찰하며 빛깔에 기쁘지도 근심하지도 않음[捨]이 있다고 관찰한다.
7 깨달음(도, 보리, 각)에 이르는 37가지의 법을 말하는데, 초기불교의 『아함경』 또는 『니까야』에서 고타마 붓다가 언급하거나 설명하고 있는 37가지의 도품(道品) 즉 수행법(修行法)을 가리키는 것으로, 사실상 초기불교의 수행법을 통칭하는 말이다.

허공이 게으름 없음을 받아들이고
능히 총림叢林을 낳으며
두루 이르러도
모습이나 색이 없는 것처럼
그의 정진도 허공과 같으며

언제나 청정하기 허공과 같아서
처음도 없고 끝도 없나니
사람의 정진 또한 그러하므로
처음도 없고 마지막 성취도 없네.

마치 기관이 장치된 나무 인형이
하는 일에 분별없는 것처럼
본원을 행하는 자
두 가지 생각 없나니
그의 정진 허공과 같네.

그칠 줄 아는
안 마음[內心]에 머물러서
바깥 경계의 마음을 거두고
내 마음 남의 마음 다 평등하므로
마음 없는[無心] 선정에 의지하네.

일체 법의 성품 언제나 공하므로

번뇌 없는 지혜로 그것을 알고
음陰 계界 입入에 의지하지 않고
또 삼계三界에 의지하지 않네.

삼세三世에도 의지하지 않고
도과道果에도 의지하지 않아
허공처럼 항상 의지함이 없으니
선정을 닦는 자 역시 그러하네.

허공은 애욕과 소견과
교만이 없으므로
선정을 닦는 자 역시 그와 같고
허공은 물러나고 파괴하고
변함이 없으므로
선정을 닦는 자 역시 그와 같네.

평등과 고요와 해탈
지혜로운 자는
경계를 반연하지 않고
번뇌 없고 선정도 없나니
그러므로 선정은 허공과 같네.

내가 깨끗하므로 중생이 깨끗하고
지혜가 깨끗하므로

식별이 깨끗하고
이치가 깨끗하므로
문자가 깨끗하고
법이 깨끗하므로
경계가 깨끗하네.

착하지 않음과 습기 끊고
모든 착함을 닦는 보살[大士]은
연생법[緣生] 있음을 아나니
생겨남 없으므로
멸함에 집착하지 않네.

온갖 문자를 잘 분별하고
덧없고 괴로운 법을 말하며
업보 받음을 나타내 보이고
더러운 법과 깨끗한 법을 말하네.

법의 성품 항상 깨끗함을 알아
삼세三世의 법까지 헤아리고
허공은 행과 행 아닌 것이
없는 것처럼
지혜의 행 없음도 그러하네.

허공은 파괴할 수 없어서

나[我]와 남[人]과
수명[壽]이란 것 없고
물질도 아니고
물질 아닌 것도 아닌 것처럼
두 변[二邊]의 소견을 끊어 버리네.

거짓 글귀에
물들지 않음을 아나니
변하지 않는 글귀, 진실한 글귀,
만족한 글귀, 통달한 글귀,
이치와 지혜를 깨닫는 글귀,

평등한 글귀, 흔들리지 않는 글귀,
굳은 글귀, 금강 글귀,
제도하는 글귀, 청정한 글귀,
밝은 글귀, 다하는 글귀,
다함이 없는 글귀,
함이 없는 글귀, 허공 같은 글귀,

머묾 없는 글귀, 소굴이 없는 글귀,
식별 없는 글귀, 항복 없는 글귀,
형체 없는 글귀, 슬기로운 글귀,
끊음[斷]과 원인[集]과
멸함[滅]과 길[道]의 글귀,

법法과 깨달음[覺]과
지혜의 글귀이네.

메아리가 소리 따라
응하는 것처럼
다함이 없는 변재 또한 그러하여
설법하여도 의지하는 곳 없으므로
이 지혜 청정하기 허공과 같네.

◎

그때 세존께서 다시
게송으로 말씀하셨다.

항상 청정한 마음으로
보시를 닦고
보리를 구하되
과보果報를 바라지 않으며
보시를 하고도 후회하지 않고
기뻐해야만
이것이 해탈을 얻는
미묘한 보시이니라.

지혜로운 자는

爾時世尊說伽他曰：

心常淸淨恒行施　爲求菩提不望報
施已歡喜無追悔　是爲妙施得解脫
智者知法皆如幻　不顧身命及以財
於餘資具皆不貪　志佛菩提心決定
悉皆等施無憎愛　不生退沒恒進修
由觀諸法如虛空　是故無喜亦無厭
知法性相本淸淨　菩提與施亦復然
由於所施不生貪　故常能捨無戲論
平等普施離思慮　於上中下無分別
意樂淸淨常無垢　所有慧施離悕望
知身幻化皆無常　財亦不堅如夢電
卽生悲愍世間故　而能常施不染世
無我行施煩惱淨　卽能建立於佛教

법이 허깨비와 같음을 알아
그 밖의 온갖 재보財寶를
탐하지 않고
몸과 목숨까지도
돌보지 않음으로써
부처님의 저 보리의 마음에
뜻을 두느니라.

평등한 보시에는 애증愛憎이 없고
항상 정진하여서 물러남이 없으며
모든 법을
허공과 같이 관찰함으로써
기뻐함도 없고
싫어함도 없느니라.

법의 성품이
본래 청정한 것임을 알아
보리를 구하고
보시하는 것 역시 그렇게 하고
보시로 말미암아
탐욕을 내지 않으며
항상 버리는 마음 닦아
희론戱論이 없느니라.

不爲魔羅所得便　如是施心難校量
十力所說此施心　應住清淨尸羅行
由此善修獲靜慮　智慧便能速圓滿
施戒與心俱清淨　燒諸結使不復生
自他皆獲於利益　能得無爲涅槃樂
爲除貪結行於施　是故不染亦不著
惠彼令無於苦惱　自成清淨菩提因
所施心無於退沒　由斯得見菩薩性
已見菩提清淨德　則能度於無量衆

대집대허공장보살소문경 1권

63

평등한 보시는
온갖 생각을 여의고
상·중·하에 분별이 없는가 하면
뜻이 청정하여
항상 허물이 없으며
지혜로운 보시여서
바라는 것이 없느니라.

몸은 허깨비와 같아
모두 덧없는 것임을 아나니
재보 역시 견고하지 않아
한바탕 꿈과 같고
세간을 위해
자비를 베풀기 때문에
항상 보시를 하면서
세간에 물들지 않느니라.

나란 생각 없는 보시로써
번뇌를 청정하게 하고
이러한 보시로써
부처님의 가르침을 세우며
어떠한 마군도
그 틈을 엿보지 못하게 하니
이러한 보시의 마음은

헤아리기 어려우니라.

보시의 마음으로
십력十力을 설하고
마땅히 청정한 계율의
행에 머무니
이로 말미암아 수행하여
정려靜慮와 지혜를
문득 원만히 성취하는 것이니라.

보시와 계율이
마음과 더불어 청정하면
모든 번뇌를 태워
다시는 나지 않으며
자타自他가 다 이로움을 얻고
함이 없는 열반의 즐거움을
얻느니라.

보시를 닦아 탐욕을 제거함으로써
어떤 것에도 더럽혀지거나
집착하지 않고
유정들로 하여금
다 고뇌를 벗어나
스스로 청정한 보리의 인因을

성취하게 하느니라.

보시하는 마음에 물러남이 없으면
이로 말미암아
보살의 성품을 얻게 되고
보리의 청정한 공덕을
얻게 되거니와
곧 능히 한량없는 유정들을
제도하느니라.

◎

그때 세존께서   爾時世尊欲重宣此義 而說偈曰 :
이 뜻을 거듭 펴시려고   成就於施輪   智者清淨心
게송으로 말씀하셨다.   盡離於五欲   令衆得妙樂
                                  乃至施少分   皆爲除衆苦
보시의 바퀴[施輪] 성취한   不令受少果   應獲上福田
지혜로운 이의 청정한 마음   雖復種種施   而不離五欲
오욕락 모두 여의고   此施非聖印   不墮決定聚
중생들에게   捨欲而行施   施微而報重
미묘한 즐거움을 얻게 하네.   聲聞辟支佛   俱以爲福田
                                  是故應離欲   常得清淨施
마침내 조그만 보시로도   安樂諸衆生   是名眞福田
중생들의 괴로움 다 없애고
                                  대방광십륜경 7권

조그마한 과보도
받기를 바라지 않기에
마땅히 최상의 복전 얻는다네.

비록 갖가지 보시를 하였어도
오욕락 여의지 못하면
성인은
이런 보시 인가하지 않나니
[8]결정취決定聚에 떨어지지
않아야 하느니라.

욕심을 버리고 보시 행하면
조그마한 보시로도
큰 과보 받나니
성문과 벽지불의
복전이라 말하네.

그러므로 마땅히 욕락 여의고
언제나 깨끗한 보시 행하여
모든 중생 안락하게 하면

---

8 사람의 성질을 셋으로 나눈 것. 정정취(正定聚): 항상 진전하여 결정코 성불할 종류. 사정취(邪定聚):
  성불할 만한 소질이 없어 더욱 타락하여 가는 종류. 부정취(不定聚): 연(緣)이 있으면 성불할 수 있고
  연이 없으면 미할 일류로서 향상과 타락에 결정이 없는 기류. 이 셋은 어느 경론에서도 인정하지만 선
  천적이냐 후천적이냐, 또는 필연이냐 우연이냐에 대해서는 각기 견해가 다르다.

이것을 참다운 복전이라 하네.

◎

이때 세존께서
이 질문을 들으시고
무소유를 위하여 해석하시면서
어울러 게송으로 말씀하셨다.

항상 삼보三寶에 대해
공양하기를 게을리하지 말지니
만약 또 세간世間에서
공양할 저 지혜로운 사람이
사라지면
보리심菩提心 일으킨 곳에
공양을 해야 함은
중생들을
즐겁게 하기 위함이라네.

이런 사람은
참다운 진리[菩提]를 짊어지고서
남들을 위해 수용受用할 것을
말하거니와
모든 부처님의 지혜로써

爾時世尊聞此問已 爲無所有而爲
解釋 復說偈言：
恒常於三寶　供養不疲倦
若復斷世間　彼智者供養
所發菩提心　爲樂衆生故
彼荷擔菩提　爲他說受用
一切一切智　爲與衆生說
是故彼有財　一切時無盡
作如是業已　種如是子已
一切所生處　福饒多有財
若麤若細食　飮已淨如法
若得新衣服　先他後自著
是故生生中　一切具足勝
不加用功力　而得無盡財
是故一切施　捨施無慳悋
身肉及與頭　彼等無不施

무소유보살경

중생에게 말씀을 하나니
이런 까닭으로
그에게는 재물이 있으므로
어느 때든 다하는 일이 없노라.

이 같은 업業 짓기를 마치고
이 같은 씨앗 심기를 마치면
태어나는 모든 곳마다
복이 풍요롭고 재물은 많으리라.

혹은 거칠고 혹은 적어도
먹고 마시는 것은
법과 같이 깨끗할 것이며
만약 새 옷을 얻으면
먼저 남에게 양보하고
나중에 내가 입는다네.

이러한 까닭으로 모든 생生 가운데
모든 것이 완전히 갖추어지고
뛰어나리니
공덕의 힘을 더하지 않더라도
다함없는 재물을 얻을 것이고

이런 까닭으로 보시를 할 때마다

아낌없이 보시하여
인색함이 없을 것이니
몸이며 살이며 머리까지도
저들에게 보시하지 않는 것이
없으리라.

◎

이때 세존께서
게송으로 말씀하셨다.

아끼고 탐하여 보시하지 않고
몰래 훔치고 부모 봉양 않으며
저장하여 둔 것 없어질세라
늙은이에게 자비하지 않으며

처자나 노비들에게
하나도 주지 않고
앉아서 재물 지키다 죽으면
아귀 되어서 매우 괴롭다.

몸에는 옷을 볼 수가 없고
배는 큰데 목구멍은 바늘과 같아
동서로 다니며 밥을 구하지만

爾時世尊以偈頌曰：
慳貪不布施　　私竊不養親
藏積恐亡遺　　無慈於老人
妻子及奴婢　　一皆不給與
坐守財物死　　餓鬼甚爲苦
身不見衣裳　　腹大咽如針
東西行求食　　洋銅灌其口
不欲得飮之　　拍口強令咽
一口入腹中　　肝肺腸胃爛
如是之勤苦　　更歷數萬年
罪畢乃得出　　生爲貧賤人

변의장자자경

구리 녹인 물 그 입에 부은 듯

마시려고 하나 되지 않아서
억지로 입 벌려 삼키게 하여
한 모금 배 속에 들어가면
간, 허파, 위, 장 물크러진다.

이와 같이 쉼 없는 괴로움 받다가
다시 수만 년 지나서
죄를 다하여 벗어난대도
빈천한 사람으로 태어나노라.

◎

그때 세존께서
게송으로 말씀하셨다.

더할 나위 없는 맛있는 음식
시주施主는 항상
이와 같은 행을 닦나니
이 선행이 한량없기에
난타難陀 동산 가운데서
쾌락을 누리네.

爾時世尊而說偈言：

食噉舐嘗無上味　施主恒修如是行
以此善行無有量　難陀園中受快樂
業報一生下世間　得大人相七處滿
手脚柔軟無有比　以此相故得上味
在家出家皆如是　如來永斷三界漏
是故得成無上尊

우바이정행법문경 수학품

71

그 선업의 과보로
일생보처로 인간 세상에 오셔서는
대인의 모습을 얻었으니
일곱 곳이 원만하고
팔과 다리가 유연하여
비할 데 없으니
이런 모습 때문에
최상의 맛을 얻네.

재가在家든 출가出家든
다 이와 같아서
여래는 영원히
삼계三界의 번뇌를 끊으셨으니
그런 까닭에
무상존無上尊을 이루었도다.

◎

그때 세존께서
거듭 게송으로 말씀하셨다.

성내거나 분노하는 마음을
내지 않고
항상 참회하고 부끄러워하여

爾時世尊重說偈言:

不生瞋恚心　恒慚愧剋責
布施細妙衣　上氎無價物
恒施與衆生　施已心歡喜
踊躍無恪惜　譬如人失火
出物大歡喜　積業無有量

자신을 엄하게 꾸짖으며
곱고 미묘한 옷을 보시하니
최상의 모직물은
값으로 헤아릴 수 없는 물건이네.

늘 중생에게 보시하고
보시를 하고 나면 마음이 기뻐서
뛸 듯이 좋아하여
인색하지 않으니
마치 사람이 불을 끄듯 하였네.

물건 내놓는 것을 크게 기뻐하고
선업善業을 쌓은 것이
한량이 없어서
천상에 태어나 쾌락을 누리고
이로부터 인간 세계에 하생하니
대인의 모습을 얻어
신체가 황금색인데
마치 금으로 된 산왕山王과 같네.

재가자라면 전륜성왕이 되리니
사천하를 잘 보호하고
부드러운 촉감의 옷을
많이 얻어서

生天受快樂　從此生人間
而得大人相　身體黃金色
猶如金山王　在家轉輪王
善護四天下　大得柔軟觸
一衣直千萬　若學道成佛
化天人龍神　衣服亦如是

우바이정행법문경 수학품

73

하나의 옷이
천만千萬의 값어치이며
도를 배운다면 성불하리니
천상과 인간과
용과 신神 등을 교화하고
의복 또한 그와 같으리라.

◎

부처님께서 이 일에 대하여
게송으로 말씀하셨다.

질투를 이미 멀리 제거하여
마음엔 언제나 보시를 좋아하며
가진 것이 아무리 좋아도
끝내 버리니
태어나는 곳마다
부호富豪의 집이라네.

태어나는 곳에는
언제나 마음이 즐거우며
보시하기 좋아하고 기뻐하니
중생들이 사랑하는 바가 되어
집에 있던 자 마침내 집을 떠나네.

佛於是說偈言：

已遠除於嫉妬　意常好布施者
持上妙而終亡　生即於豪富家
所生處意常樂　而好喜於布施
爲衆生所愛念　居家者及出學
於衆會無所畏　所至處無疑難
其名聲遠而聞　於郡國及縣邑
其手足常柔軟　所欲得不復難
即爲得善知識　諸佛及其弟子
終不復生嫉妬意　意常好樂欲布施
以持上妙而終亡　於是行事無嫉妬
即生於大豪富家　意常喜樂而布施
爲若干億人所愛　好布施者有是行
得善知識不復難　常見諸佛及弟子
見已即樂供養之　其布施者有是行

불설월등삼매경

대중들 모임에서
두려워하는 것 없으며
가는 곳마다 의심도 논란도 없어
그 명성名聲 멀리 퍼져서
군국郡國은 물론
현읍縣邑까지 미치네.

그 사람의 손과 발
언제나 유연하고
얻고자 하는 것 또한 어렵지 않아
곧바로 선지식 만나게 되니
모든 부처님과 제자들일세.

끝끝내 다시는
질투하는 마음 내지 않고
언제나 좋아하고
즐거운 마음으로 보시하기에
아무리 좋은 것 가졌어도
끝내 버리니
이렇게 수행하는 일로
질투하는 마음 없앴네.

큰 부호 집안에 태어나서
그 마음 언제나 기쁘고

즐겁게 보시하며
수억의 사람들에게 사랑 받으니
보시하기 좋아하는 사람들
이런 수행 한다네.

선지식 만나서
다시는 어려움 없고
언제나 부처님 뵙고 그 제자 되며
부처님 뵙고 나서
즐겁게 공양 올리니
그렇게 보시하는 사람
이런 수행 한다네.

◎

그때 부처님께서 이 뜻을 밝히시
고자 게송으로 말씀하셨다.

보살은 언제나 법을 구하되
또한 법 보시도 늘 행하라.
이런 까닭에 여러 가지 법에서
바른 생각을 끝내 잃지 않네.

한량없는 중생 교화하여

爾時世尊欲明此義而說偈言：
菩薩常求法　亦常行法施
是故於諸法　終不失正念
以化無量衆　令住佛道故
世世轉身時　常得不失念
習近佛所讚　甚深空寂法
是故此菩薩　疾得無生忍
亦不生無生　無生即無生
以是深忍故　常不失正念
是菩薩智者　不亂心命終

부처님 도에
머무르게 하기 때문에
몸을 옮겨 다시 태어날 때도
언제나 바른 생각 잃지 않네.

부처님께서 칭찬하신
매우 깊고 공하며
고요한 법 익히라.
이런 까닭에 보살은
무생인無生忍을 빨리 얻네.

태어나지 않기에[無生]
태어남이 없고
태어남이 없으므로
태어난다는 것이 없다.
이 깊은 지혜[忍]를 쓰는 까닭에
언제나 바른 생각 잃지 않네.

이런 보살과 지혜로운 이는
어지러운 마음으로
숨 거두지 않나니
언제나 여러 부처님만
온전히 생각하기에
여러 부처님의 깊은 법에

常專念諸佛　　及諸佛深法
是人命終時　　其心不退沒
故世世轉身　　常不失正念
是故若有人　　欲得無上道
當一切修習　　如是諸四法
是法最第一　　諸佛之所讚
我今亦稱揚　　汝等當修學
如來所說法　　爲利汝等故
佛爲利益者　　非強爲汝說
若汝求佛智　　當修學是道
修學是道故　　從此生佛慧
若人懷懈怠　　及生退沒者
終不得佛道　　當遠離是法
若人計我心　　及住衆生想
若依止諸法　　不能證佛道
當離是諸心　　常修學空相
壞散一切法　　及獲甚深智
亦勿有所依　　有依即動相
好樂動法故　　往來生死中

불설화수경 중잡품

도달한다네.

이 사람 숨 거둘 때
그 마음 물러나 사라지지 않고
이 까닭에 몸 옮겨 태어날 때마다
바른 생각 언제나 잃지 않네.

이런 까닭에 어떤 사람이
위없는 도 얻고자 하면
한마음으로 이와 같은 네 가지 법
마땅히 닦아 익혀야 하리.

이 법이 제일이라고
여러 부처님들 칭찬하시어
나도 이제 또한 칭찬하니
너희들은 꼭 배워 닦으라.

여래가 법을 설하심은
너희들을 이롭게 하기 위함이니
부처님께서 이익되고자
너를 위해 억지로 설하심 아닐세.

그대가 부처님 지혜 구하려면
이 도를 꼭 배워 닦으라.

이 법을 배워 닦기 때문에
이로부터 부처님 지혜 생기네.

어떤 사람이 게을러서
물러나 사라질 생각을 내면
부처님 도는 끝내 얻지 못하리니
이 법은 꼭 멀리 여의라.

혹 어떤 사람이 있어
나라는 마음 내고
중생이란 생각 갖거나
여러 가지 법에 의지하면
부처님의 도
능히 증득하지 못하리.

이 여러 가지 마음 꼭 여의고
공한 모습 늘 닦아 배워서
온갖 법 헐고 흩어지게 하면
매우 깊은 지혜 얻으리.

또한 의지하는 바가 있어선
안 되거니와
의지하는 것 있으면
곧 움직이는 모습[動相]과

움직이는 법을 즐기고
좋아하기 때문에
나고 죽는 가운데 오가느니라.

◎

그때 부처님께서
이 뜻을 거듭 설명하고자
게송으로 말씀하셨다.

내가 생각하니 전생에
한량없고 수없는 겁 동안
어떤 때엔 임금이었다가
또 왕자도 되었네.

항상 크게 보시를 했고
애착하는 몸도 버렸으니
생사에서 벗어나
깨달음에 이르길 원했네.

예전에 큰 나라 있었는데
임금 이름은 대거大車이며
왕자의 이름은 용맹勇猛이니
아끼는 맘 없이 보시하였네.

爾時世尊欲重宣此義而說頌曰：
我念過去世　無量無數劫
或時作國王　或復爲王子
常行於大施　及捨所愛身
願出離生死　至妙菩提處
昔時有大國　國主名大車
王子名勇猛　常施心無悋
王子有二兄　號大渠大天
三人同出遊　漸至山林所
見虎飢所逼　便生如是心
此虎飢火燒　更無餘可食
大士覩如斯　恐其將食子
捨身無所顧　救子不令傷
大地及諸山　一時皆震動
江海皆騰躍　驚波水逆流
天地失光明　昏冥無所見
林野諸禽獸　飛奔喪所依
二兄怪不還　憂感生悲苦
即與諸侍從　林藪遍尋求
兄弟共籌議　復往深山處

왕자에게 두 형 있으니
대거大渠와 대천大天
셋이 같이 놀러 나갔다가
차츰 산 숲에 이르러

호랑이가 굶주리는 것 보고
문득 이러한 생각을 냈네.
이 호랑이 굶주림이 불타오르면
곧 남김없이 먹으리라.

보살이 이런 광경 보고
호랑이가 제 새끼 잡아먹을까 봐
돌보지 않고 몸을 내던져
그의 새끼들을 구제하였네.

대지와 여러 산이
한꺼번에 요동하여
강과 바닷물이 치솟고
물결은 놀라 거슬러 흘렀네.

천지는 광명을 잃어
캄캄하여 보이지 않고
숲과 들의 여러 짐승들은
날고 뛰어 의지할 데 없었네.

四顧無所有　　見虎處空林
其母并七子　　口皆有血污
殘骨并餘髮　　縱橫在地上
復見有流血　　散在樹林所
二兄既見已　　心生大恐怖
悶絕俱躄地　　荒迷不覺知
塵土坌其身　　六情皆失念
王子諸侍從　　啼泣心憂惱
以水灑令蘇　　舉手號咷哭
菩薩捨身時　　慈母在宮內
五百諸婇女　　共受於妙樂
夫人之兩乳　　忽然自流出
遍體如針刺　　苦痛不能安
欻生失子想　　憂箭苦傷心
即白大王知　　陳斯苦惱事
悲泣不堪忍　　哀聲向王說
大王今當知　　我生大苦惱
兩乳忽流出　　禁止不隨心
如針遍刺身　　煩宛胸欲破
我先夢惡徵　　必當失愛子
願王濟我命　　知兒存與亡
夢見三鴿鶵　　小者是愛子
忽被鷹奪去　　悲愁難具陳
我今沒憂海　　趣死將不久
恐子命不全　　願爲速求覓
又聞外人語　　小子求不得
我今意不安　　願王哀愍我

두 형이 이상히 여겨
돌아가지 않고
근심 걱정하다
슬퍼하고 괴로워하며
여러 시종들과 같이
숲속을 두루 찾아 헤맸네.

형제가 함께 의논하여
다시 깊은 산으로 가니
사방 돌아봐도 아무것도 없고
빈 숲에 있는 호랑이만 보았네.

호랑이 어미와 일곱 새끼
입에 모두 붉은 피 묻어 있고
남은 뼈와 머리털이
땅 위에 어지러이 널렸네.

다시 흘린 피를 보니
나무숲 여기저기 낭자한데
두 형이 이것 보고서
크게 무서운 생각이 나서

똑같이 기절하여 땅에 쓰러져
혼미하여 아무것도 몰랐네.

夫人白王已　　舉身而躄地
悲痛心悶絕　　荒迷不覺知
婇女見夫人　　悶絕在於地
舉聲皆大哭　　憂惶失所依
王聞如是語　　懷憂不自勝
因命諸群臣　　尋求所愛子
皆共出城外　　各隨處追覓
涕泣問諸人　　王子今何在
今者爲存亡　　誰知所去處
云何令我見　　解我憂悲心
諸人悉共傳　　咸言王子死
聞者皆傷悼　　悲歡苦難裁
爾時大車王　　悲號從座起
即就夫人處　　以水灑其身
夫人蒙水灑　　久乃得醒悟
悲啼以問王　　我兒今在不
王告夫人曰　　我已使諸人
四向求王子　　尚未有消息
王又告夫人　　汝莫生煩惱
且當自安慰　　可共出追尋
王即與夫人　　嚴駕而前進
號動聲悽感　　憂心若火然
士庶百千萬　　亦隨王出城
各欲求王子　　悲號聲不絕
王求愛子故　　目視於四方
見有一人來　　被髮身塗血
遍體蒙塵土　　悲哭逆前來

흙먼지로 몸 더러워지고
[9]육정六情은 모두 정신을 잃었네.

왕자의 여러 시종
울며불며 근심 걱정하다
얼굴에 물 뿌려 소생시키니
손을 뻗치며 소리 높여 우네.

보살이 몸 버릴 때
어머니는 궁중에서
오백 명 채녀婇女와
오묘한 즐거움 함께 받고 있었네.

부인의 두 젖에서
홀연히 저절로 젖 흐르고
온몸은 바늘로 찌른 듯이
고통스러워 편치 않았네.

자식 생각이 불현듯 나더니
근심의 화살 맞아 마음 괴로워
곧 대왕에게 나아가

王見是惡相　倍復生憂惱
王便擧兩手　哀號不自裁
初有一大臣　惢忙至王所
進白大王曰　幸願勿悲哀
王之所愛子　今雖求未獲
不久當來至　以釋大王憂
王復更前行　見次大臣至
其臣詣王所　流淚白王言
二子今現在　被憂火所逼
其第三王子　已被無常吞
見餓虎初生　將欲食其子
彼薩埵王子　見此起悲心
願求無上道　當度一切衆
繫想妙菩提　廣大深如海
即上高山頂　投身餓虎前
虎羸不能食　以竹自傷頸
遂噉王子身　唯有餘骸骨
時王及夫人　聞已俱悶絕
心沒於憂海　煩惱火燒然
臣以栴檀水　灑王及夫人
俱起大悲號　擧手椎胸臆
第三大臣來　白王如是語
我見二王子　悶絕在林中
臣以冷水灑　爾乃暫蘇息

---

9 육정(六情)은 육근(六根)을 뜻하며, 눈·귀·코·혀·몸·뜻의 여섯 가지 감각기관을 이른다.

이 괴로운 일을 자세히 아뢰었네.

못 견디게 슬피 울며
애절한 소리로 왕에게 여쭙기를
대왕이여, 아사이다.
나에게 큰 괴로움 생겼소.

두 젖이 갑자기 흘러나와
뜻대로 멈추지 아니하며
온몸이 바늘로 찌르는 것 같고
번열증으로 가슴 터질 듯합니다.

내가 나쁜 징조의 꿈 꿨는데
필시 사랑스러운 막내
잃은 듯합니다.
원컨대 왕이시여, 저를 살리려면
아들의 생사를 알려 주소서.

꿈에 본 세 비둘기
작은 것은 사랑스러운 막내,
갑자기 매가 와서 채 가니
슬픔과 수심
말로 다할 수 없습니다.

顧視於四方　如猛火周遍
暫起而還伏　悲號不自勝
擧手以哀言　稱歎弟希有
王聞如是說　倍增憂火煎
夫人大號咷　高聲作是語
我之小子偏重愛　已爲無常羅刹吞
餘有二子今現在　復被憂火所燒逼
我今速可之山下　安慰令其保餘命
即便馳駕望前路　一心詣彼捨身崖
路逢二子行啼泣　椎胸懊惱失容儀
父母見已抱憂悲　俱往山林捨身處
既至菩薩捨身地　共聚悲號生大苦
脫去瓔珞盡哀心　收取菩薩身餘骨
與諸人衆同供養　共造七寶窣堵波
以彼舍利置函中　整駕懷憂趣城邑
復告阿難陀　往時薩埵者
即我牟尼是　勿生於異念
王是父淨飯　后是母摩耶
太子謂慈氏　次曼殊室利
虎是大世主　五兒五苾蒭
一是大目連　一是舍利弗
我爲汝等說　往昔利他緣
如是菩薩行　成佛因當學
菩薩捨身時　發如是弘誓
願我身餘骨　來世益衆生
此是捨身處　七寶窣堵波
以經無量時　邃沈於厚地

나는 지금 근심 바다에 빠져
머지않아 죽을 것 같습니다.
아들 목숨 온전치 않을까
두려우니
어서 빨리 찾아 주소서.

바깥 사람들의 말을 들으니
막내아들은 찾지 못했다 합니다.
저의 마음 몹시 불안하니
대왕이여, 저를 가엾이 여기소서.

부인은 왕께 여쭙고 나서
땅에 쓰러졌네.
비통한 마음에 기절하여
혼미한 채 깨어나지 않았네.

궁녀들은 부인이
바닥에 기절해 있는 것을 보고
모두가 소리 내어 통곡하며
근심으로 어쩔 줄 몰라 했네.

왕이 이 이야기 듣고 나서
근심을 이기지 못해
여러 신하에게 명령 내려

由昔本願力　隨緣興濟渡
爲利於人天　從地而涌出

금광명최승왕경 사신품

사랑스러운 막내 찾도록 했네.

모두 함께 성城을 나서
각처로 찾아다니며
여러 사람에게 울면서 물었네.
왕자는 지금 어디 있는가.

살았는가, 아니면 죽었는가.
누가 그가 간 곳을 아는가.
어떻게든지 나에게 보여 주어
나의 슬픔을 풀어 주오.

여러 사람이 모두들 전하기를
왕자는 죽었다고 말하니
듣는 이마다 모두 불쌍히 여겨
슬퍼하고 탄식하며
괴로워 마지않네.

이때 대거왕大車王이
울부짖으며 자리에서 일어나
부인 있는 데 급히 가서
물을 그의 몸에 뿌렸네.

물을 뿌리고 나서 부인은

오랫동안 있다 겨우 깨어나
슬피 울면서 왕께 묻기를
아들이 지금 살았소, 죽었소.

왕이 부인에게 하는 말,
내가 벌써 여러 사람 시켜
사방으로 왕자를 찾는데
아직 아무 소식 없구려.

왕은 계속해서 부인께 말하되,
당신은 너무 상심 말구려.
마음을 편안히 달래어
나와 함께 나가서 찾아봅시다.

왕이 곧 부인과 함께
수레를 급히 몰아 앞으로 나가니
통곡 소리 요란하여 처량하고
근심하는 마음 불타는 듯하네.

백천만 백성들도
왕을 따라 성을 나서서
각기 왕자 찾고자
슬피 울부짖는 소리 끊이지 않네.

왕이 사랑스러운 막내 찾고자
사방을 두루 바라보니
어떤 한 사람 이리로 오는데
쑥대머리에 온몸은 피투성이.

전신이 진흙투성이로
슬프게 울면서 앞으로 오니
왕이 이 궂은 꼴을 보고
근심과 괴로움 갑절이나 더했네.

왕이 문득 두 손 뻗쳐
통곡하며 몸 가누지 못하는데
처음엔 대신 한 사람이
바쁘게 왕 있는 데 오더니

대왕 앞에 나와 하는 말이,
대왕이시여, 슬퍼 마십시오.
대왕의 사랑스러운 막내아들
지금은 비록 찾지 못했지만

머지않아 반드시 여기 오리니
대왕은 근심 푸소서라고 하였네.
왕은 다시 앞으로 나가다가
다음 대신이 오는 것 보았네.

보시布施

그 대신 왕 있는 데로 나아가
눈물 흘리며 왕에게 아뢰었네.
두 아드님은 살아 있으나
시름에 휩싸여 있고

아우인 셋째 왕자님은
이미 무상無常한 몸 되었습니다.
주린 호랑이가 새끼 낳고 배고파
장차 제 새끼 먹을까 봐

저 살타 왕자께서
이것을 보고 대비심 내어
위없는 도를 구하여
모든 중생 제도하기를 바라기에

바다처럼 넓고 깊은
미묘한 깨달음 생각하며
곧바로 높은 산꼭대기에 올라가
몸을 주린 호랑이 앞에 던졌는데

호랑이가 기운 없어 먹지 못하자
대나무로 왕자 스스로 목 찌르니
드디어 호랑이가 왕자를 먹고
오직 뼈만 남았습니다.

이때 왕과 부인은
듣고 나서 똑같이 기절하였네.
마음은 근심 바다에 빠졌고
번뇌의 불은 온몸을 태워

대신들이 전단향 물을
왕과 부인 얼굴에 뿌리니
함께 일어나 슬피 통곡하며
손으로 가슴을 마구 쳤네.

세 번째로 온 대신이
왕에게 이런 말을 아뢰었네.
제가 두 왕자님 보았는데
기절해서 숲속에 있어

차가운 물 뿌렸더니
얼마 있다가 깨어났습니다.
사방을 돌아다보니
맹렬한 불 두루 붙은 듯

잠시 일어났다 다시 엎어져
슬피 울며 어쩔 줄 몰라
두 손 뻗쳐 애처로이
아우의 희유한 일 칭찬합니다.

왕은 이런 말 듣고
시름의 불로 배나 더 졸아들고
부인은 큰 소리로 울부짖으며
소리쳐서 이렇게 말했네.

내가 특히 막내를
애지중지하였더니
이미 덧없이 나찰이 삼켜 버렸네.
남은 두 왕자
지금 현재 살아 있으나
시름의 불로 온몸이 불타네.
나는 이제 빨리
이 산 밑으로 내려가서
그들을 달래어
남은 목숨 보전케 해야겠네.

그러고는 수레 몰아
앞으로 달리며
한마음으로 저 몸 보시한
언덕으로 나아갔네.

도중에서 만난 두 아들
눈물이 범벅되어
체면도 모르고

가슴 치며 괴로워하네.
부모가 보고 나서는
더욱 근심과 슬픔 안고
함께 몸 보시한
산 숲으로 나아갔네.

보살이 몸 보시한
그곳에 당도하니
모두 슬픔 북받쳐
통곡하며 괴로워하네.
영락을 벗어놓고
애절한 마음 극진히 하여
보살의 남은 뼈를 거두어 모아
여러 사람들과 함께 공양 올리고

함께 칠보로 솔도파率堵婆[塔] 지어
저 사리를 함函 속에 안치하고서
수레에 올라 근심 품고
성읍城邑으로 나아갔네.

다시 아난다에게 말씀하시되,
그 옛적 살타는
바로 나 석가모니이니
다른 생각 아예 내지 말아라.

왕은 지금의 부왕인

정반淨飯이시고

왕후는 어머니 마야부인

태자는 [10]자씨慈氏요

둘째는 [11]만수시리曼殊室利니라.

호랑이는 대세주大世主요

새끼 다섯 마리는

지금의 다섯 비구比丘

또 한 마리는 대목건련이요

또 한 마리는 사리불이니라.

내가 너희들을 위하여

옛적에 남을 도운 인연 말했도다.

이러한 보살행은

부처 되는 인因이니 배워야 하네.

보살이 몸 보시할 때에

이런 큰 서원 세웠네.

바라건대 내 몸의 남은 뼈

---

10 자씨(慈氏)는 현겁(賢劫)에 출현하는 미륵보살(彌勒菩薩).

11 문수보살(文殊菩薩)이다. 문수사리(文殊師利, Manjusri), 만수시리(萬殊尸利), 만수실리(曼殊室利)라
    쓰기도 하는데 번역하면 묘덕(妙德)이다.

미래세 중생에게 이익 주리니
이 몸 보시한 이곳에
칠보탑을 세워 주소서 하였으니

한량없는 세월을 지나면서
깊은 땅 속에 묻혔으나
옛적 본래의 원력으로 말미암아
연緣 따라 구제해 주고
인간과 천상에 이익 주기 위하여
땅에서 불쑥 솟아 나왔네.

◎

그때 세존께서
게송으로 말씀하셨다.

만일에 청정한 마음으로써
여래가 멸도한 후에
사리에 공양하려는 이는
혹 탑묘塔廟를 조성하거나
여래의 형상을 조성하여라.

탑묘와 불상 앞에서
만다라漫陀羅로 쓸고 바르며

爾時世尊而說頌曰：
若以淸淨心　於如來滅後
供養舍利者　或造於塔廟
及如來形像　於彼塔像前
掃塗漫陀羅　以種種花香
散布於其上　以諸妙香水
而浴於佛像　上妙諸飮食
淨持以供養　讚禮佛功德
無量難思議　智慧及神通
諸善巧方便　悉皆到彼岸

불설욕상공덕경

갖가지 꽃과 향으로
그 위에 흩뿌려라.

여러 가지 묘한 향수로
불상을 목욕시키고
최상으로 미묘한 모든 음식을
조촐히 가져다 공양하여라.

부처님의 공덕 무량하고
가히 생각할 수 없는
지혜智慧와 신통神通과
모든 선교방편善巧方便을 예찬하면
모두가 저 언덕에 도달하리라.

◎

그때 부처님께서
게송으로 말씀하셨다.

어진 이가 보시를 좋아하면
하늘 사람이 보살펴 주나니
하나를 보시하면 만 배를 얻어
안락하고 수명도 장구하리라.

佛時頌曰:
賢者好布施　天人自扶將
施一得萬倍　安樂壽命長
今日施善人　其福不可量
皆當得佛道　度脫於十方

불설죄복보응경

95

오늘 보시하는 착한 사람은
그 공덕을 헤아릴 수 없으니
모두가 불도佛道를 성취하여
시방十方을 두루두루 제도하리라.

◎

그때 세존께서
이 뜻을 다시 거두어
게송으로 말씀하셨다.

爾時世尊重攝此義而說頌曰:

世間諸有情　若了知惠施
能感大果報　明見似如來
其心必不爲　慳悋所纏染
唯有食一摶　而亦能分施
由不知施果　明見似如來
雖有多財食　慳悋不能捨
若於凡聖田　三時心喜施
感人天果報　往返量無邊

본사경 일법품

세간의 모든 유정들이
은혜로운 보시를 통해
커다란 과보를 받는 줄
확실히 안다면
분명한 소견이 여래와 같을진대

그 마음 억지로 하고자 아니해도
인색함에 물들거나
얽매이지 않는 까닭에
한 덩어리의 밥만 있을지라도
나누어 보시할 줄 아느니라.

보시의 과보를 알지 못하면

분명한 소견이
여래와 같지 못하리니
비록 재물과 먹을 것이 많아도
아까워 베풀지 못하거니와

만일 범부나 성현의 복밭에
기쁜 마음 세 때로 보시하면
인간과 하늘의 과보를 받아
가없는 경계를 가고 오리라.

◎

그때 세존께서
이 뜻을 다시 거두어
게송으로 말씀하셨다.

두 가지 보시 가운데
법 보시가 제일이니
능히 법 보시를 행하는 이는
선서善逝께서
가장 높다 하시느니라.

재물의 보시 받을 복밭 중에는
여래가 제일이시니

爾時世尊重攝此義而說頌曰:
於二種施中　法施爲第一
能行法施者　善逝最爲尊
受財施田中　如來爲第一
行財施不定　受法施衆生
財施令衆生　得世安隱樂
法施令受者　究竟證涅槃

본사경 이법품

97

재물 보시하는 이는
정해져 있지 않고
법 보시를 받는 이는 중생이니라.

재물 보시는 중생들로 하여금
세간의 편안함과
즐거움을 얻게 하고
법 보시는 받는 이로 하여금
끝내 열반을 증득하게 하느니라.

◎

그리고 게송으로 말씀하셨다.

언제나 문을 열어 크게 베풀면
그는 [12]상호相好의 언덕으로
건너가며
갖가지 보시하기 참 좋아하면
그는 분명 정토에 있으리라.

언제나 교만을 부리는 일 없고
항상 부처님 지혜 구하고 모으며

而說頌曰:

常開門大施　彼到相好岸
善好種種施　斯當有淨土
常無有憍慢　恒求集佛智
集聞無滿足　斯有利智慧
如是勝妙相　方便起道根
是巧心所轉　集先諸功德

대방광여래비밀장경

---

12 상호(相好)란 통상적으로 '32상(相) 80종호(種好)'를 가진 부처님의 얼굴상을 뜻한다.

많은 것 듣고도 만족함이 없는
그에게 날카로운
지혜가 있으리라.

이와 같은 훌륭하고
미묘한 모양에서
방편으로 도의 뿌리 일으키나니
이는 묘한 마음을 굴려
이전의 온갖 공덕을
모은 것이니라.

◎

이때 세존께서 이를
게송으로 말씀하셨다.

爾時世尊說此伽他:

衆生若入僧　亦念於僧業

復合於僧利　彼能淨施福

제법최상왕경

중생이 만약
수행자의 무리에 들어가고
또한 수행자가 해야 할 일을
생각하고
다시 수행자의 이익에 부합하면
그것으로 능히
깨끗한 보시의 복전이 되네.

제
2
장

持戒

지계

계율을 지니면 늙어서도 편안하며
계율로 편안하게 머물게 되거니와
지혜로 사람의 보배가 되고
저 복은 도적도 뺏지 못하느니라.

◎

부처님께서 게송으로 말씀하셨다.

너는 장차 이 세상에서
풀을 깔고 나무 아래 앉아서는
계율과 선정과 지혜의 힘으로
악마의 권속들을 항복시키리라.

너는 성인의 도량에 가서
감로의 북을 치고 울리며
중생들을 가엾이 여겨
잇따라 위없는
법 바퀴를 굴리리라.

너는 장차 이 세상에서
좋은 방편과 위없는 지혜로
아흔여섯의 외도들에게
법의 눈을 다 얻게 하리라.

너는 장차 이 세상에서
자비로써 [13] 네 가지 은혜를 행하고

佛說偈言 :

汝當於是世　把草坐樹下

戒力定慧力　降伏魔官屬

汝行聖人場　打震甘露鼓

愍念衆生故　續轉無上輪

汝當於是世　善權無上慧

九十六外道　皆令得法眼

汝當於是世　慈哀行四恩

施惠法甘露　滅除三毒病

수행본기경 상권, 변화를 나타내는 품

---

13 사은(四恩)은 사람으로 대어나서 받는 네 가지의 은혜다. 부모은(父母恩) · 중생은(衆生恩) · 국왕은
(國王恩) · 삼보은(三寶恩)이라고 『심지관경(心地觀經)』에 기록되었고, 부모은(父母恩) · 사장은(師
長恩) · 국왕은(國王恩) · 시주은(施主恩)이라고 『석씨요람(釋氏要覽)』에 기록되어 있다.

법의 감로를 베풀면서
삼독三毒의 병을 없애 주리라.

◎

보살마하살도
성낼 때 오히려 계를 지키거니와
하물며 사람으로 태어나서야
마땅히 굳게 지니지 않겠는가.

菩薩摩訶薩　處瞋猶持戒
況生於人中　而當不堅持

보살본연경 하권, 용품

◎

부처님께서 가섭을 위하여
게송으로 말씀하셨다.

계율을 지니면 늙도록 편안하고
믿음이 바르면
머무는 곳이 선하며
지혜는 몸을
가장 편안하게 하나니
뭇 악이 편안함을
범하지 못하니라.

佛爲迦葉而作頌曰：

持戒終老安　信正所止善
智慧最安身　衆惡不犯安

불설중본기경 상권, 가섭을 교화하는 품

◎

부처님께서 바사닉을 위하여
게송으로 말씀하셨다.

무릇 사람들은 악을 행하면서
스스로가 능히 깨닫지 못하고
어리석어서 기분 좋아하다가
뒤에는 모진 고통을
받게 되느니라.

살면서 선한 행이 없으면
죽어서는 나쁜 길에 떨어지는데
빨리 무간지옥無間地獄에 가서
도울 수 없는 곳에 도달하느니라.

자신을 스스로 사랑하는 이는
삼가서 지킬 바를 지키며
마음을 고르고
몸을 바르게 하나니
복은 마땅히 하늘에 오르리라.

사람이 믿음과 행이 있으면
성인에게 칭찬을 받게 되나니
스스로를 사랑함이 이와 같으면

佛爲波斯匿而作頌曰 :

凡人爲惡　不能自覺
愚癡快意　後受熱毒
生無善行　死墮惡道
往疾無間　到無資用
自愛身者　愼護所守
調心正體　福應上天
士有信行　爲聖所譽
自愛如是　快解無憂
惡行危身　愚謂爲易
善最安身　愚人謂難
信法奉戒　慧意能行
上天衛之　智者樂茲
仁愛不邪　安止無憂
能除恚怒　從是脫淵

불설중본기경 하권, 제 자신을 스스로 사랑한다는 품

상쾌히 깨달아서
근심이 없느니라.

나쁜 행은
자신을 위태롭게 하거늘
어리석은 이들은 소홀히 여기고
선행은 자신을
가장 편안하게 하거늘
어리석은 사람은
어렵다고 하느니라.

법을 믿으며 계율을 받들어서
슬기로운 뜻으로 능히 행하면
위의 하늘들이 호위하나니
슬기로운 이는
이를 좋아하느니라.

어짊과 사랑이 삿되지 아니하면
편안히 머물러서 근심이 없으리니
능히 성냄을 없애게 되면
이로부터 못[淵]을 벗어나느니라.

◎

세존께서 이어
게송을 말씀하셨다.

해를 섬기는 것은 밝음 때문이요
어버이를 섬기는 것은
은혜 때문이며
임금을 섬기는 것은
세력 때문이요
도인을 섬기는 것은
법을 듣기 위함이라.

사람은 목숨을 위해
의사를 섬기고
이기기 위해 세력에 의지하거늘
법은 지혜 있는 곳에 있고
복을 지으면 세상마다 밝다네.

벗을 찾는 것은
도모할 일이 있어서고
벗과 헤어지는 것은
위급한 일이 있어서며
아내를 찾는 것은
방의 쾌락 때문이거니와

於是世尊即說偈言：
事日爲明故　事父爲恩故
事君以力故　聞故事道人
人爲命事豎　欲勝依豪強
法在智慧處　福行世世明
察友在爲務　別伴在急時
觀妻在房樂　欲知智在說
爲能師見道　解疑令學明
亦與淸淨本　能奉持法藏
聞能今世利　妻子昆弟友
亦致後世福　積聞成聖智
能攝爲解義　解則戒不穿
受法猗法者　從是疾得安
是能散憂恚　亦除不祥衰
欲得安隱吉　當事多聞者

법구비유경 1권, 다문품

107

알고자 하는 것은
지혜로운 설법에 있네.

훌륭한 스승은 도를 나타내어
의심을 풀어 주고
지혜[明]를 얻게 하며
더불어 청정한 근본으로
법장法藏을 받들어 지니게 한다네.

많이 들으면 현세를 이롭게 해
처자와 형제와 벗이 따르고
또한 후세의 복을 가져오나니
들음을 쌓아
성인의 지혜 이룬다네.

능히 모든 것을 거두어
이치를 깨닫고
이치를 알기에
계율을 깨뜨리지 않으며
법을 받아 법에 의지하는 이
그로부터 빨리 안락을 얻으리.

그것은 근심과 성냄을
흩어 버리고

상서롭지 못한
쇠망衰亡을 없애나니
안온하고 길함을 얻고 싶거든
많이 들은 이를 섬겨야 한다네.

◎

세존께서 이어
게송을 말씀하셨다.

배워서 들은 것 많고
계율을 지녀 잃지 않으면
그는 두 세상에서 칭찬을 받고
원하는 바를 모두 얻으리라.

배우고도 들은 것 적고
계율을 완전하게 지키지 못하면
그는 두 세상에서 고통을 받고
본래의 소원까지 잃고 만다네.

무릇 배움에는 두 가지가 있나니
언제나 많이 들은 사람과 친하고
진리에 안주하고 이치를 잘 알아
아무리 곤궁해도

於是世尊即說偈言:

學而多聞　持戒不失
兩世見譽　所願者得
學而寡聞　持戒不完
兩世受痛　喪其本願
夫學有二　常親多聞
安諦解義　雖困不耶

법구비유경 1권, 호계품

삿되지 않아야 하네.

◎

세존께서 이어 대중 속에서
게송을 말씀하셨다.

계율의 공덕은 믿을 수 있으니
복의 과보가 항상 그를 따르리라.
법을 보고 사람들의 어른이 되어
마침내 세 가지 나쁜 길
멀리하리라.

계율을 지녀
괴로움과 두려움을 버리면
그 복덕은 삼계三界에 존귀하리니
귀신이나 용들의 삿된 독과 해도
계율을 가진 이는
범하지 못하리라.

於是世尊在於大衆中央而說偈言 :
戒德可恃怙　福報常隨己
見法爲人長　終遠三惡道
戒愼除苦畏　福德三界尊
鬼龍邪毒害　不犯有戒人

법구비유경 4권, 도리품

◎

계율을 감로甘露의 길이라 하고
방일放逸을 죽음의 길이라 하니

戒爲甘露道　放逸爲死徑
不貪則不死　失道爲自喪

출요경 5권, 무방일품

탐하지 않으면 죽지 않을 것이며
도를 잃으면 스스로 죽을 것이다.

◎

언제나 도를 생각하고
스스로 굳게 바른 행을 지켜라.
굳센 사람이 깨달음을 얻나니
이것이 위없는 길상吉祥이다.

常當惟念道　自強守正行
健者得度世　吉祥無有上
출요경 5권. 무방일품

◎

마음을 다하여 방일하지 않고
능인能仁의 계율을
마음으로 익히면
마침내 근심 걱정의
괴로움이 없고
산란한 생각이 그치리라.

專意莫放逸　習意能仁戒
終無愁憂苦　亂念得休息
출요경 6권. 무방일품

◎

법을 좋아하여 계율을 성취하고
지성과 믿음으로 즐겁게 익히며
자기 자신을

樂法戒成就　誠信樂而習
能自勅身者　爲人所愛敬
출요경 8권. 염품

다스릴 수 있는 사람은
남의 사랑과 존경을 받는다.

◎

지혜로운 사람은 계율을 지켜
그 복이 삼보三寶에 이르나니
명성을 얻고 이로움을 얻으며
다음 생에는
천상의 즐거움을 누리리라.

언제나 법이 머무는 곳을 보고
계율 지키는 것을 등불로 삼으면
진실한 견해를 성취하리니
그는 사람 가운데 길상吉祥이니라.

계율을 지니면 늘 편안하여
그 몸에 괴로움이 없을 것이니
밤에는 누워서 편히 자고
깨어서는 언제나 즐거우리라.

慧人護戒　福致三寶
名聞得利　後上天樂
常見法處　護戒爲明
得成眞見　輩中吉祥
持戒者安　令身無惱
夜臥恬惔　寤則常歡

출요경 9권, 계품

◎

계율을 지니면 늙어서도 편안하며

戒終老安　戒善安止

계율로 편안하게 머물게 되거니와
지혜로 사람의 보배가 되고
저 복은 도적도 뺏지 못하느니라.

慧爲人寶　福盜不取

출요경 9권, 계품

◎

계율을 닦고 보시를 행하며
복을 짓고 복을 행하면
이생에서도 저생에서도
언제나 안온한 곳에
이르게 되리라.

修戒布施　作福爲福
從是適彼　常到安處

출요경 9권, 계품

◎

계율로써 마음을 항복 받고
뜻을 지켜 바른 선정에 머물되
안으로는 지관止觀을 닦아
바른 지혜를 잃지 않도록 하라.

以戒降心　守意正定
內學止觀　無忘正智

출요경 9권, 계품

◎

계율과 선정과 지혜의 해탈
이것을 언제나 생각하면
온갖 번뇌를 모두 떠나고

戒定慧解　是當善惟
都已離垢　無禍除有

출요경 9권, 계품

재앙도 없고 존재도 없으리라.

◎

어떤 꽃향기도
그 기운이 미약하여
그것은 진짜라고 할 수 없거니와
계율을 지닌 그의 향기는
하늘에까지 이를 정도로
훌륭하도다.

華香氣微　不可謂眞
持戒之香　到天殊勝

출요경 9권, 계품

◎

비록 백 년을 살더라도
계율을 훼손하고
그 뜻이 고요하지 못하면
단 하루 동안이나마
계율을 지니는 이에게
공양하는 것만 못하니라.

雖復壽百年　毀戒意不定
不如一日中　供養持戒人

출요경 22권, 광연품

◎

그러므로 많이 들어 아는 사람과
또 계율을 가진 이를 섬기라.

是故事多聞　并及持戒者
如是人中上　猶月在衆星

출요경 22권, 친품

그들은 사람 중의 최상으로서
마치 달이
별들 속에 있는 것과 같다.

◎

비구란 별다른 존재 아니니
교만하고 속이면
계율이 없는 것이며
탐욕을 버리고 그 도를 사유해야
비로소 비구라 할 수 있느니라.

마음을 쉬는 것은
별다른 일 아니니
방탕하면 믿음이 없는 것이며
온갖 괴로움을 잘 없애야
훌륭한 사문이라 할 수 있느니라.

比丘非別　慢誕無戒
捨貪思道　乃應比丘
息心非別　放逸無信
能滅衆苦　爲上沙門

출요경 29권, 사문품

◎

몸과 입을 스스로 잘 단속하고
뜻을 단속하여 아무 악도 없으면
나중에는 금지하는
계율의 법을 성취하리니

能自護身口　護意無有惡
後獲禁戒法　故號爲比丘

출요경 29권, 사문품

그러므로 비구라 부르느니라.

◎

계를 지키면
마땅히 높은 명성을 얻고
또한 다시 삼마지를 증득하나니
계를 지켜
모든 중생을 이롭게 하면
나중에 반드시
불보리를 증득하리.

마음으로 ¹⁴연각과 성문을
중히 여기되
계를 어기는 것을 보고
다른 사람의 잘못을 이야기하면
비록 진실로
보리를 구하기 위하여
계를 지키더라도
이것은 계를 지켜
오욕락을 행하는 것이라 일컫네.

持戒當得高名稱	亦復證得三摩地
持戒爲利諸衆生	後當證於佛菩提
心重緣覺及聲聞	及見破戒說他過
雖實持戒爲菩提	是名持戒行五欲
欲證菩提功德法	持戒具足行利樂
若行毀破於尸羅	是則滅壞於菩提
菩薩雖樂受五欲	歸命佛法及聖衆
念我當證一切智	是住尸羅波羅蜜
菩薩經歷俱胝劫	奉行十善無間斷
心樂緣覺及羅漢	是犯波羅夷重罪
持戒迴向佛菩提	而不作念求自益
但念利他諸衆生	是則持戒波羅蜜
菩薩若行佛道	於衆生離種種相
不見破戒諸過患	此爲最上善持戒
菩薩要離於諸相	無我無人及壽者
不著戒相及行相	是則持戒之殊勝
如是具足而持戒	一切無礙無分別
頭目手足施無悋	一切所愛皆無著
了知法本空無我	乃於此身無戀著

---

14 『법화경(法華經)』에서는 10대제자 중 가섭·수보리·가전연·목건련을 총칭하여 4대 성문이라 한다.
   연각(緣覺)은 12인연법을 깨달은 수행자이며, 벽지불(辟支佛)이라고도 번역한다.

보리의 공덕법을 증득하려 하면
계를 지킴에
모자람이 없어야 하며
이익과 안락을 주어야 하나니
만약 계[尸羅]를 비방하고 어기면
이것은 곧 보리를 부수어
없애는 것이네.

보살이 비록 오욕을
기쁜 마음으로 받아들였더라도
부처님과 법과 스님들[聖衆]께
귀명歸命하고
'나는 반드시 일체지를
증득하리라.'고 다짐하면
이것이 지계바라밀[尸羅波羅蜜]에
머무는 것이네.

보살이 ¹⁵구지겁 동안

況外財物而不捨
於內外施生我慢
或起嫉妬生鬼趣
知彼衆生貧賤因
施如四洲草木數
大智菩薩行施已
菩薩亦爲彼衆生
如是行施無所著
名大智者爲一切
乃至三有諸衆生
如供養佛及菩薩
大智菩薩以方便
當令一切衆生類
如假琉璃寶大聚
迴施世間一切衆
菩薩行施於世間
修行而得大增長

及彼非處而嫉妬
是菩薩病非爲施
或得爲人處貧賤
菩薩發心恒布施
如是廣大亦無相
復念三有諸衆生
悉皆迴向於菩提
亦復不求於果報
施因雖少果無量
一切皆以尊重施
緣覺聲聞之功德
用彼施福get迴向
皆悉證得無上覺
不及一眞琉璃寶
不及迴施無上覺
不作我慢無所愛
如月離障出雲中

불설불모보덕장반야바라밀경 출법품

---

15 구지겁(俱胝劫)은 아승기겁(阿僧祇劫)을 이르는 말로 헤아릴 수 없는 시간을 뜻하는 산스크리트어
asaṃkhyeya-kalpa의 음역어이다. 팔리어로는 asaṅkheyya-kalpa라고 하며, 무량겁(無量劫)으로 의
역된다. 아승기는 헤아릴 수 없는 무한히 큰 수를 뜻하는데 아승(阿僧)・아승가(阿僧伽)로 음역되거
나 불가산계(不可算計)・무량수(無量數)・무앙수(無央數)로 의역된다. 아승기는 인도의 숫자 단위
중 하나인 60가지의 수목(數目) 단위 중 52번째 단위이며, 경전마다 그 수의 크기가 다르게 나타난다.
『화엄경』「승기품」은 120종류의 대수(大數) 중에 백천(百千)의 자승[제곱]을 1구지(俱胝)라 할 때 구
지를 반복적으로 100번 이상 곱한 것을 아승기라고 한다. 『대지도론』은 아승기를 무수(無數)로 의역
했는데, 아승기란 더 이상 헤아릴 수 없는 단위의 숫자를 의미한다고 하였다.

¹⁶십선법十善法을 받들어 행함에
잠시도 쉬거나 끊어짐이 없더라도
마음으로 연각과
아라한 법을 즐거이 구하면
이것은 바라이波羅夷의
무거운 죄를 범하는 것이네.

계를 지켜 불보리에 회향하면서
자신의 이익을 구하려
생각하지 않고
다만 다른 모든 중생들을
이롭게 하려고 생각하면
이것이 곧 지계바라밀이네.

보살이 만약
모든 불도佛道를 행하고
중생에 대한
갖가지의 상을 벗어나서
계를 어기는 것과
어떠한 잘못도 보지 않으면
이것이 더없이 훌륭하게

---

16 십선(十善)은 불살생(不殺生), 불투도(不偸盜), 불사음(不邪淫), 불망어(不妄語), 불양설(不兩舌), 불악
  구(不惡口), 불기어(不綺語), 불탐(不貪), 부진(不瞋), 불사견(不邪見)이다. 십업도(十業道)라고도 한다.

계를 지키는 것이네.

보살은 반드시
모든 상을 벗어나야 하나니
[17]아상我相도 없고 인상人相도 없고
수자상壽者相도 없고
계를 지킨다는 상[戒相]과
행한다는 상[行相]에
집착하지 않으면
이것이 곧 계를 지키는 것 중에
가장 훌륭한 것이네.

이와 같이
모자람 없이 계를 지키고
모든 것에 걸림이 없고
분별도 없어지면
머리, 눈, 손과 발을 베풀어도
아까운 생각이 없으며
모든 사랑하는 것에 대한
집착이 없어지네.

---

17 『금강경』에서는 사상(四相)을 말하는데, 아상(我相)은 '나라는 존재가 항존한다는 생각'이고, 인상(人相)은 '대상이나 상대라는 존재가 항존한다는 생각'이며, 중생상(衆生相)은 '중생이라는 존재가 항존한다는 생각'이고, 수자상(壽者相)은 '영원히 사는 존재로서의 집착심'이다.

법이 본래 공하여
'나'라고 할 것이 없음을
분명히 알면
자신의 몸에 대한 사랑과 집착이
없어지나니
하물며 몸 이외의 재물을
버리지 않겠으며
적당하지 않은 곳[非處]에 대하여
질투하는 마음이 있겠는가.

몸과 몸 이외의 재물을
보시한 후에 아만我慢이 일어나면
이것은 보살의 병이요
보시가 아니니
질투하는 마음이 일어나면
귀신세계[鬼趣]에 태어나며
혹 사람이 되더라도
가난하고 비천하게 살게 되리.

저 중생들의
가난하고 비천한 원인을 알기에
보살은 항상
보시하기를 발심하거늘
네 주洲에 있는

풀과 나무의 수만큼 보시하나니
이와 같이 광대한 보시를 행하고도
또한 행했다는 상이 없네.

큰 지혜를 이룬 보살은
보시를 행하고 나서
다시 [18]삼유三有의 모든 중생을
마음에 담아 두며
보살은 또 저 중생들을 위하여
모든 것을 보리에 회향迴向하네.

이와 같이 보시를 행하고도
집착이 없고
또한 다시 과보를
구하지도 않는 것을
큰 지혜를 이룬 이가
모든 중생을 위한다고 일컫나니
비록 보시한 인因은 적더라도
과보는 한량없다네.

삼유에 있는 모든 중생에게도
모두 존중하고 보시하나니

---

18 유(有)는 존재한다는 뜻으로 욕유(欲有)·색유(色有)·무색유(無色有). 삼계(三界)와 같다.

마치 부처님과 보살님,
연각과 성문의 공덕에
공양하듯 하네.

큰 지혜를 이룬 보살은 방편으로
저 보시한 복을 회향하여
반드시
모든 종류의 중생들이 모두
[19]무상각無上覺을 증득하도록
해야 하네.

가령 가짜 유리보琉璃寶를
아무리 많이 보아도
하나의 진짜 유리보에
미치지 못하는 것과 같이
세간의 모든 중생에게
회향 보시하더라도
무상각無上覺에
회향 보시하는 것에는
미치지 못하네.

---

19 무상각(無上覺)은 무상정등정각(無上正等正覺)을 이르는 말로서, '아뇩다라(anuttara)삼먁(samyak)
삼(sam)보리(bodhi)'이다. '위없는 바르고 동등한 깨달음'이라 번역된다.

보살이 세간에 보시를 행하고도
아만을 내지 않고 애착도 없으면
수행이 더욱 커지고
자라날 것이니
달이 장애를 헤치고
구름 속에서 나오는 것과 같네.

◎

그때 세존께서
게송으로 말씀하셨다.

모든 슬기로운 사람은
계 지니고 널리 아는 이 보거든
마땅히 기쁜 마음으로
그를 청하여 맞이할지니라.

그를 청하여 맞이하고는
법대로 공양하되
싫증내거나 뉘우침 없이
베푸는 것에 아낌이 없어야 하네.

이것이 신심의 견고堅固한 법이요
가까이 모시는 방법이거니와

爾時世尊而說頌曰：
諸有智慧等　見持戒多聞
應生歡喜心　往彼而請命
既爲請命已　如法供養之
無有厭悔心　所施無悋惜
是取堅牢法　所爲親近者
種種智相應　於難而速得
如斯深信意　趣向大菩提
是智之所行　佛道非難證
恒爲上活命　應受最勝財
希求殊妙法　證無上涅槃
當生豪族家　顏貌甚端嚴
得上妙衣服　證最上涅槃
如佛所稱譽　行於最上乘
以佛乘能證　清涼妙涅槃
是爲最勝果　如其所造業
獲果亦等流　設經百億劫

온갖 지혜와 서로 응하여
얻기 어려운 도 빨리 얻으리라.

是業終無壞

대보적경 3권. 삼률의회

이러한 깊은 신심으로
큰 보리를 향해 나아가면
이것이 슬기로운 이의 소행이니
불도를 얻기 어렵지 않으리라.

항상 상승의 도를 위하여 산다면
가장 수승한 재물을 받게 되며
수승하고 오묘한 법을 희구하면
위없는 열반을 증득하리라.

장차 호족 가운데 태어나서
얼굴이 매우 단정하고
가장 좋은 의복을 입으며
최상의 열반을 증득하리라.

부처님의 칭찬하심과 같이
최상승을 닦아 행하면
부처님 최상승의 법으로써
청량하고 오묘한 열반을
증득하리라.

이것이 가장 수승한 과보이며
그 지은 업과 같이
과보도 또한
그에 맞추어지는 것이어서
설사 백억 겁을 지날지라도
이 업은 끝내 무너지지 않으리.

◎

그때 세존께서
게송으로 말씀하셨다.

재가자는 오계를 닦으며
굳게 지키고 잘 보호하되
여인을 가까이 말고
생활 속에서 악을 멀리할지니라.

이와 같은 법문을
부지런히 구하며 싫증내거나
만족함이 없어야 하리니
나쁜 짓 하는 곳일랑
재빨리 놓고 떠날지니라.

온갖 착한 법을

爾時世尊而說頌曰 :

在家修五戒　堅守善護持
不親近女人　於中生厭惡
如是等法門　勤求無厭足
所有惡作處　應速捨離之
一切諸善法　悉迴向菩提
以此諸善根　速離於五欲
常獲勝多聞　爲衆生說法
發生大慈意　求無上菩提
是故聞此利　應生賢善心
不近於諸欲　速疾轉法輪

대보적경 3권, 삼률의회

다 보리에 돌리되
이러한 모든 착한 뿌리로써
재빨리 오욕락 여의라.

항상 훌륭한 지식을 쌓아
중생 위하여 법을 설하여
대자심大慈心을 일으켜
무상보리를 구하게 하라.

이러한 법문을 들은 이익으로
마땅히 어질고
착한 마음이 생기리니
오욕락에 가까이 말고
재빨리 법 바퀴를 굴려야 하리라.

◎

그때 세존께서
거듭 이 뜻을 펴시고자
게송으로 말씀하셨다.

남의 목숨을 해치는 중생과
타인의 재물을 빼앗고
도둑질하거나

爾時世尊欲重宣此義而說頌曰：
諸害命衆生　劫盜他財物
行諸邪欲行　速墮於地獄
麁言離間語　妄語乖寂靜
綺語等凡夫　愚癡之所縛
貪著他資財　數起於瞋恚
興種種邪見　是人趣惡道
三種由身起　四種語業生

삿된 음행을 행하면
이 사람은 빨리
지옥에 떨어지리라.

意能成三惡　故名惡行者
行諸惡業已　牽趣惡道中
吾今現世間　拔濟令出離
대보적경 35권, 보살장회

사나운 말과 이간질하는 말
거짓말은 적정에 어긋나는 것
꾸밈말 하는 범부는
어리석음에 얽매이게 되리라.

남의 재물에 탐착하고
자주 성내는 마음 일으키며
온갖 삿된 소견을 일으킨다면
이 사람은 악도에 떨어지리라.

세 가지는
몸으로 말미암아 일어나고
네 가지는
말로 짓는 업으로 생기며
뜻은 능히 세 가지 악을 이루나니
그러므로 이것을
악행이라 하느니라.

온갖 나쁜 짓 행함이 끝날 때
악도 가운데로 끌려가나니

내가 이제 세간에 나타남은
그들을 건져 내어
벗어나게 하기 위함이니라.

◎

그때 세존께서
거듭 이 뜻을 펴시고자
게송으로 말씀하셨다.

어떤 이가
몸과 말과 뜻이 청정하되
수행할 때에
온갖 청정함을 항상 닦으며
언제나 청정한
모든 금계禁戒에 머무르면
이것을 보살이
[20]시라를 갖춘 것이라 하느니라.

성현이요 총명한 모든 보살은
[21]십업도十業道를

爾時世尊欲重宣此義而說頌曰：
若有身語意清淨　行時恒修一切淨
常住清淨諸禁戒　是名菩薩具尸羅
賢聖聰慧諸菩薩　能善護持十業道
不由身語及意作　如是智者說尸羅
若非造作非所生　非執無形亦無顯
由無有形有顯故　未曾可得而建立
尸羅無爲亦無作　非眼能見非耳聞
非鼻非舌亦非身　又非心意所能識
若非六根之所識　則無有能施設者
如是觀察尸羅淨　曾未依執住尸羅
不恃持戒生憍慢　不計我想護尸羅
善護尸羅無戒想　具足尸羅行覺行
妄有身見已除遣　見與見者曾無有
無有能見無彼處　不觀持戒犯戒者
善入無護法理趣　威儀具足不思議
妙善正知能守護　除斯更無具戒者

---

20 시라(尸羅, Sila)는 계율(戒律), 율(律)이라 번역한다. 부처님이 제정한 법을 지켜 허물이 없도록 하고
　　악을 멀리 여의는 것을 말한다.
21 십선법(十善法)을 이른다.

잘 보호하고 지니나니
몸과 말과 뜻으로 짓지 않는지라
이렇게 지혜 있는 이에게
시라를 말한다.

만일 조작함도 아니고
생기는 것도 아니라면
집착하지 않기에
형상 없고 드러남도 없나니
형상과 드러남이 없는 까닭에
일찍이 건립하지도 않았느니라.

시라는 만들거나
짓는 것도 없으며
눈으로 보거나
귀로 듣는 것도 아니며
코도 혀도 몸도 아니요
마음과 뜻으로 아는 것도
아니니라.

만일 ²²육근六根으로

無我想者無尸羅　無所依我能依戒
我說究竟常無畏　不執身我與尸羅
說無我者不取戒　說無我者戒無依
說無我者不希戒　說無我者戒無心
不毀尸羅不執戒　亦不計我起尸羅
無所依我及我想　甚深慧行菩提行
如是尸羅無所畏　此人常不犯尸羅
若能不執有諸法　如是尸羅聖所讚
若住我見諸愚夫　計我具戒能持戒
彼受護戒果終已　於三惡趣常纏縛
若有斷盡諸我見　彼無有我及我所
是真持戒無見故　無復怖畏墮諸惡
若能如是知戒行　無有能見犯尸羅
尚不觀我及三有　況見持戒及犯戒

대보적경 42권, 보살장회

---

22 육근(六根)은 눈[眼根], 귀[耳根], 코[鼻根], 혀[舌根], 피부[身根]의 집합체이며 정신작용인 마음[意]을
　　더하여 여섯 가지 감각기관인 육근(六根)에서 인식이 비롯된다는 의미이다.

아는 것이 아니라면
곧 시설할 수 있는 이도 없나니
이와 같이
시라의 청정함을 관찰하면
일찍이 의지하고 집착하고
머무를 시라도 없느니라.

계율을 지닌다고
교만심을 내지 않고
나라는 생각으로
시라를 수호하지 않으며
시라를 잘 수호하면서도
계라는 생각이 없으면
시라의 행과 깨달음의 행을
두루 갖춘 것이니라.

망령되이 지니는
몸과 견해를 없애 버리면
보는 것과 보는 이가
일찍이 없나니
볼 수 있는 것도 없고
볼 대상도 없으면
계율을 지닌 이도
계율을 범한 이도 보지 않느니라.

수호할 것조차 없는
법의 이치에 잘 들어가면
위의가 구족하여 불가사의하며
오묘하고 선하고 바르게
능히 수호하게 되나니
이것을 제외하고는
계 갖춘 이[具戒者]가
다시 없느니라.

나라는 생각 없으면 시라도 없고
나에게 의지할 것이 없으므로
능히 계에 의지하나니
내가 설하는
완전한 깨달음[究竟]에는
늘 두려움 없고
몸과 나와 더불어
시라에도 집착하지 않느니라.

나 없음을 말하는 이는
계율을 취하지 않고
나 없음을 말하는 이는
계율에 의지함 없으며
나 없음을 말하는 이는
계율을 바라지 않고

나 없음을 말하는 이는
계율이라는 마음도 없느니라.

시라를 훼손하지 않고
계율에 집착하지 않으며
또한 나라고 헤아려서
계율이란 생각 일으키지 않고
의지할 대상인 나와 계율이란
생각도 없어서
매우 깊은 지혜의 행이요
보리의 행이니라.

이와 같은 시라에
두려울 것 없으므로
이 사람은 항상
시라를 범하지 않나니
만일 모든 법에
집착하지 않게 되면
이러한 시라를
성인께서 칭찬하는 바니라.

만약 나라는 소견 지닌
모든 범부가
나를 헤아리고 계를 갖추어

능히 계율을 지닌다면

그는 계율을 수호한

과보 받는 것이 끝나면

²³삼악취三惡趣에

항상 얽매이게 되리라.

만일 나라는 소견을 끊어 없애면

그에게는

나와 내 것[我所]이 없는지라

진실하게 계율 지닌 이요

사견 없는 이므로

두려움과 악취에

떨어짐이 없느니라.

만일 이렇게 계의 행[戒行]을 알면

시라 범함을 보는 것 없고

오히려 나와 ²⁴삼유三有도

---

23 육도(六道)는 전통적인 관점에서는, 불교에서 중생이 깨달음을 증득하지 못하고 윤회할 때 자신이 지
    은 업(業)에 따라 태어나는 세계를 여섯 가지로 나눈 것으로, 지옥도(地獄道)·아귀도(餓鬼道)·축
    생도(畜生道)·아수라도(阿修羅道)·인간도(人間道)·천상도(天上道)를 말한다. '나아가는 세계 또
    는 장소'라는 뜻의 취(趣)를 써서 6취(六趣)라고도 한다. 이들 중 앞의 세 가지, 지옥도·아귀도·축
    생도를 5악·10악·바라이죄·5역죄 등의 불선한 업으로 인해 태어나는 고통스러운 나쁜 세계 또는
    악한 세계 또는 박복한 세계라는 뜻에서 3악도(三惡道)·3악처(三惡處) 또는 3악취(三惡趣)라고 하
    며, 간단히 악도(惡道)·악처(惡處) 또는 악취(惡趣)라고도 한다.
24 유루법은 12연기의 유(有)의 인(因)과 연(緣)이 되어 욕유·색유·무색유의 3유에 포섭된다는 의미
    이다.

133

보지 않거늘
하물며 계율 지님과
계율 범함을 보게 되랴.

◎

그때 세존께서
거듭 이 뜻을 펴시고자
게송으로 말씀하셨다.

묘한 빛깔과 묘한 음성으로
법을 좋아하는 이를 잘 구제하며
보살로서 아직 어려움이 없음은
청정한 시라에 머무르기
때문이니라.

얼굴과 눈이 모두
원만하고 깨끗하며
소경, 절름발이,
곱사등이로도 나지 않고
모든 몸의 부분이
얌전하고 바름은
모두가 청정한 계율 때문이니라.

爾時世尊欲重宣此義而說頌曰:

妙色妙音聲　能濟樂法者
菩薩未爲難　住淨尸羅故
面目皆圓淨　不生盲跛傴
諸身分端正　皆由淨戒生
具大力大勢　赫奕大威光
復由精進慧　令惡魔驚怖
諸王咸供養　天龍所尊敬
善斷諸疑網　深心行大慈
安住於戒聚　法行大名稱
苦逼不生畏　終不墮惡道
衆生皆惛睡　菩薩能覺之
常無有暫眠　遍四方求法
安住於戒聚　爲求菩提道
捨最上名珍　妻子身肉等
求最勝法教　及無上佛法
於世間所依　應修諸供養
若訶責罵詈　惱害興惡行
加哀及讚美　斯由住忍故
如所說修行　言常不虛詃

큰 힘과 큰 기세 두루 갖추고
아름답고 거룩한 광명을 갖추며
다시 정진하는 지혜로 말미암아
악마가 놀라고
두려워하게 되느니라.

모든 왕들이 다 함께 공양하고
하늘과 용 등의 존경을 받으면서
모든 의심 그물을 잘 끊으며
깊은 마음으로
큰 자비 행하느니라.

계율에 편안히 머무르고
법대로 행하여 큰 명칭名稱 있으며
핍박이 있다 해도
두려움 내지 않고
끝내 악도惡道에는
떨어지지 않느니라.

중생은 모두가 혼몽하여
잠을 자나
보살은 능히 그들을 깨우며
항상 잠시라도 잠이 없으면서
두루 사방 다니며

安坐道場已　震動於大地
於佛法無疑　捨離邪天衆
恒事天所尊　謂佛薄伽梵
世間諸衆生　刀杖等相加
能令彼和合　是爲聰敏相
衆生受重苦　多百拘胝劫
雖不來見求　若覩常無捨
善友交談論　義利由斯獲
而衆生不求　反更相加害
我以贍部洲　及諸佛國土
滿中珍寶聚　用資求善友
假使以利刀　割斷我支節
於彼衆生類　常行平等心
捨愚夫作業　爲佛法因緣
常守淨尸羅　安住微妙法
修習法隨法　行菩提妙行
爲求佛菩提　三明慧甘露
安住於戒聚　修學諸佛法
是爲聰慧者　天世應修供
一切法無疑　善達諸工巧
深曉衆生意　弘揚美妙法
戒聚已淸淨　安坐菩提樹
降伏惡魔軍　悟無上正覺
揚暉滿世界　猶如日月光
菩薩有情尊　能開聖慧眼
授手引群生　問道皆開示
常歡笑先言　曾無懷嫉恚

법을 구하느니라.

계율에 편히 머물면서
보리의 도를 구하기 위하여
가장 좋고 이름난 값진 보배와
아내와 아들이며
몸과 살을 버리느니라.

가장 훌륭한 법의 가르침과
위없는 부처님 법 구하므로
세간에서 의지할 대상이니
마땅히 모든 공양으로
닦아야 하느니라.

설령 꾸짖고 욕설을 퍼부으며
괴롭히고 나쁜 행을
일으킨다 해도
더 가엾이 여기면서 찬미하나니
이것은 인욕忍辱에 머무르는
까닭이니라.

말씀하신 대로 닦아 행하고
말은 언제나 거짓되지 않으므로
도량道場에 편히 앉은 뒤에는

捨無量自身　及施多財寶
未嘗有遠離　最上佛菩提
信戒已圓具　善住諦實言
曾無有幻偽　安住尸羅聚
諸來菩薩所　或設虛妄言
有聞皆信受　而恒依諦語
若有許菩薩　假言衣食施
終無有惠及　菩薩無恚心

대보적경 43권. 보살장회

대지大地가 진동하느니라.

불법에 대하여 의심함이 없고
삿된 하늘 신들을
버리고 여의면서
하늘 신들이 존경하는 이를
항상 섬기나니
그분이 바로
[25]불 · 박가범이시니라.

세간에 있는 모든 중생들이
칼과 몽둥이로 서로 해칠 적에
능히 그들을 화합하게 하나니
이것이 총명하고
민첩한 모습이니라.

중생들이 여러 백 구지겁 동안
무거운 고통을 받고 있으면서
비록 와서
구하지 못한다 할지라도

---

25 박가범(薄伽梵)은 산스크리트어 bhagavat, 팔리어 bhagavā, bhagavant의 음역이다. 고타마 붓다를
비롯한 부처님의 지위를 증득한 이를 칭하는 호칭 가운데 하나이다. 박아범(薄阿梵) · 바가범(婆伽梵) ·
바가반(婆伽伴) · 바아부저(婆誐嚩底) · 바아부제(婆誐嚩帝) 또는 박가발제(薄伽跋帝)라고도 음역한
다. 이러한 호칭을 '모든 부처 또는 여래에게 통용되는 호칭' 즉 부처님의 다른 명칭이라는 뜻에서 전
통적인 용어로 제불통호(諸佛通號)라고 한다.

보게 되면 언제나
버리지 않느니라.

착한 벗과 서로가
담화하고 의논하기에
의義 있는 이익을
이 때문에 얻건만
중생들은 그것을 구하지도 않고
도리어 그에게 해를 끼치느니라.

나는 ²⁶남섬부주南贍部洲와
모든 부처님의 국토國土에
가득 찬 값진 보배 더미로
밑천 삼아 착한 벗을 구하느니라.

가령 잘 드는 날카로운 칼로써
나의 뼈마디를 끊고 벤다 해도
그 중생들에 대하여
항상 평등한 마음으로 행하고

---

26 설일체유부의 논서인『아비달마구사론』의「분별세품」에는 기세간(器世間), 곧 세계의 형상에 대한 묘
사가 나온다. 이에 따르면 세계의 가운데에는 수미산(須彌山)이 있고, 그 바깥에는 일곱 개의 산이 겹
겹이 수미산을 둘러싸고 있다. 이 일곱 겹의 산 바깥에는 다시 동서남북으로 네 개의 대륙이 있다. 동
쪽의 비제하주(毘提訶洲, Videha), 서쪽의 구타니주(瞿陀尼洲, Godaniya), 남쪽의 섬부주(贍部洲,
Jambu), 북쪽의 구로주(俱盧洲, Kuru)가 그것이다. 남섬부주는 이 가운데 남쪽에 있는 대륙인 섬부
주를 말하는 것이자 인간이 사는 세계다.

어리석은 범부로 하여금
짓는 업을 버리고
부처님 법의 인연因緣을 위하여
항상 청정한 시라를 수호하며
미묘한 법에
편히 머무르게 하느니라.

법을 생각하고
법을 따라 수습하며
보살의 묘한 행을 행하는 것은
부처님의 보리를 구하기 위함이며
[27]삼명三明과 지혜의 감로甘露를
위해서이니라.

계율에 편안히 머물면서
모든 불법을 닦고 배우는 이
그가 바로
총명하고 지혜로운 사람이니
하늘이나 세상에서
응당 공양 받으리.

---

27 삼명(三明)은 아라한의 지혜에 갖추어 있는 자재하고 묘한 작용. 지혜가 분명해 대경을 아는 것을 명
  (明)이라 한다. 6신통(神通) 중의 숙명통, 천안통, 누진통에 해당하는 숙명명(宿命明), 천안명(天眼
  明), 누진명(漏盡明)인데, 숙명명은 자기와 남의 지난 세상에 생활하던 상태를 아는 것, 천안명은 자
  기나 다른 이의 다음 세상의 생활 상태를 아는 것, 누진명은 지금 세상의 고통을 알아 번뇌를 끊는 지
  혜다.

온갖 법에서 의심이 없고
모든 공교工巧를 잘 통달하며
중생의 뜻을 깊이 알아서
아름답고 묘한 법을
널리 드날리느니라.

계율이 이미 청정하면
보리수菩提樹 아래에 편안히 앉아
악마의 군사들을 항복 받은 뒤에
위없고 바른 깨달음[無上正覺]을
이루느니라.

빛을 드날려 세계에 가득 참이
마치 해와 달의 광명과 같나니
보살은 유정 가운데 높은 분이라
성스러운 지혜의 눈[慧眼]
능히 뜨게 하리라.

손을 주어서 중생을 인도하고
도道를 물으면 모두 열어 보이며
항상 기쁜 듯 웃고 먼저 말하면서
질투나 성냄을 품는 일이
없느니라.

한량없는 자기의 몸을 버렸고
많은 재보財寶를 보시하였으며
부처님의 최상의 보리를
일찍이 멀리한 일이 없느니라.

믿음과 계율을 원만히 갖추었고
진실한 말에 잘 머무른지라
요술과 같은 거짓 없이
시라尸羅[戒]에 편히 머무르니라.

모든 사람이 보살에게로 와서
혹은 허망한 말을 한다 해도
듣게 된 것은 모두 믿고 받으면서
한결같이 진실한 말에만
의지하느니라.

설령 어떤 이가
보살에게 거짓말로써
옷과 밥을 주겠다고 허락해 놓고
끝내 보시하는 일이 없다 해도
보살은 성내는 마음이 없느니라.

◎

그때 세존께서 거듭
게송으로 말씀하셨다.

계율을 지니면서
청정하여 때 없음은
마치 마니주摩尼珠와 같으며
잘난 체하는 마음을 내면서
나는 계율을 잘 지닌다고
말하지 않느니라.

다시 이 계선戒善으로써
점차로 많은 이들에게
가르쳐 주나니
항상 이와 같기를 희망하면
부처님의 계율을 성취하느니라.

그들은 비어 있고 조용하며
청정한 아란야처에 머물면서
또한 나라는 생각도 내지 않고
목숨을 받았다는 생각도
내지 않느니라.

남자 · 여자를 자세히 살피면서

爾時世尊重說偈言：

持戒淨無垢　猶如摩尼珠
不生貢高心　言我能持戒
復以此戒善　轉教於多人
常懷如是望　成就於佛戒
彼等住空閑　清淨蘭若處
亦不生我想　及以壽者想
觀察男女色　猶如於草木
不生男女想　及以吾我想
彼住四聖種　無懈怠諂曲
至心恒修行　遠離於放逸
求多聞功德　精勤常修習
願成一切智　最上功德處
衆生處牢獄　無有救護者
輪轉於生死　求財以自給
我當求法船　濟度彼生死
煩惱海衆生　令其至彼岸
衆生無歸依　亦無救護者
衆生在有爲　無能令其出
我當作導師　救之令解脫
是故我發心　求於菩提道

대보적경 80권, 호국보살회

마치 풀과 나무 같다 여기며
남자와 여자라는 생각도
내지 않고
나라는 생각도 내지 않느니라.

그는 [28]사성종四聖種에 머물면서
게으르거나 아첨함이 없으며
지극한 마음으로 항상 수행하면서
방일함을 멀리 여의느니라.

견문과 많은 공덕을 구하면서
부지런히 항상 닦아 익히되
일체지一切智 이루기를
원하는 것이
가장 으뜸가는 공덕이니라.

중생은 견고한 감옥에 있으므로
구호하여 줄 이가 없고
나고 죽음에 바퀴 돌 듯하면서
재물을 구하며 살아가고 있나니

---

28 수행자[聖者]의 네 가지 행법(行法). 항상 밥을 빌어 먹음. 항상 분소의(糞掃衣)를 입음. 늘 나무 아래
에 앉음. 진기약(陳棄藥)을 먹음.

나는 마땅히 법의 배[法船]를 구하여
그들을 생사生死에서 제도하며
번뇌 바다에 있는 중생들을
저 언덕에 이르게 하리라.

중생들은 귀의歸依할 곳이 없고
또한 구호하여 줄 이가 없으며
중생들은 유위有爲에 있으므로
그들을 벗어나게 할 이도 없나니

나는 마땅히 길잡이가 되어서
구제하여 해탈케 하리니
그러므로 내가 마음을 일으켜
보리의 도를 구하는 것이니라.

◎

그때 세존께서 거듭
게송으로 말씀하셨다.

부모와 스승과 어른에게
항상 교만을 품고서
공경하지 않으며
은혜를 저버리고

爾時世尊重說偈言:

彼於父母及師長　　常懷憍慢不恭敬
違背恩養心諂曲　　諸根散亂多愚癡
常念利養不休息　　諂曲詐現精進相
自謂持戒及苦行　　一切無有如己者
惡口麤言喜鬪諍　　常求人過不休息
彼恒違離沙門行　　營理田作及販賣
未來世中諸比丘　　棄捨功德及戒行

마음으로 아첨하며
모든 감관이 산란하면서
어리석음이 많거나

항상 쉼 없이 이익을 생각하며
아첨과 거짓으로 정직한 체하며
'스스로 계율을 지녀
고행하는 이로서
누구도 나만큼 한 이가 없다.'고
하거나

추악한 말을 하고
싸움하기 좋아하며
항상 남의 허물을
쉴 새 없이 구하고
항상 사문沙門으로서의 행을
여의면서
농사를 짓고 장사를 하는

미래 세상 속의 이러한 비구들은
공덕과 계행을 버리고
질투를 품으며 싸우기 때문에
나의 바른 법을 없애고
파괴하리니

以懷嫉妬鬪諍故　覆滅損壞我正法
彼去菩提甚懸遠　亦復遠離七聖財
違背解脫八正路　流轉五道生死中

대보적경 80권, 호국보살회

그들은 보리와는 아주 동떨어지고
또한 일곱 가지 거룩한 재물도
멀리 여의며
해탈과 ²⁹팔정도八正道를
저버린지라
다섯 갈래 세계의 생사 가운데
헤매게 되리라.

◎

세존께서 대답하셨다.

살생하지 않으면 오래 살게 되고
남의 근심 없애 주면 병이 적으며
다툰 이들을 화합시킨다면
쉽게 깨어지지 않는 권속을
얻느니라.

世尊答曰 :
不害得長壽　除他憂少病
諍訟使和安　得難壞眷屬

대보적경 106권, 아사세왕자회

---

29 8성도(八聖道) 또는 8지성도(八支聖道)는 사성제 가운데 마지막의 도제에서 가르치는, 깨달음[滅諦]
을 성취하는 원인이 되는 '여덟 개의 부분으로 이루어진 성스러운 길, 수단 또는 실천 덕목'이다. 1. 정
견(正見): 바르게 보기, 2. 정사유(正思惟) · 정사(正思): 바르게 생각하기, 3. 정어(正語): 바르게 말하
기, 4. 정업(正業): 바르게 행동하기, 5. 정명(正命): 바르게 생활하기, 6. 정정진(正精進) · 정근(正勤):
바르게 정진하기, 7. 정념(正念): 바르게 깨어 있기, 8. 정정(正定): 바르게 삼매(집중)하기.

◎

그리고 게송으로 말씀하셨다.

而說頌曰 :

재가 보살은 [30]오계를 지니고
불법을 보호하고 입을 단속하며
여자를 친하지 말지니
이런 하천한 일은 업신여기라.

이런 비슷한 법으로
닦고 모아 [31]무루無漏를 구족하되
의혹하는 자 있으면
빨리 깨닫도록 가르치라.

在家持五戒　　護持善守護

離親近女人　　輕毁斯下處

如是相似法　　修集無漏足

若有疑惑者　　敎令速解了

一切諸善根　　悉迴向菩提

以此諸善根　　速捨五欲樂

常有於多聞　　爲衆生說法

生起大悲心　　求於菩提道

是故聞是已　　生賢善妙欲

終不親近欲　　速疾轉法輪

대방광삼십계경 하권

---

30 5계(五戒)는 산스크리트어 판차실라(pañca-śīla)를 번역한 말로서, 재가인(在家人)이 지켜야 할 5종
의 계(戒)를 말한다. 5계를 어기는 것을 5악(五惡)이라고 한다. 또는 5악(五惡)을 막기 위해 제정된
계율(행동지침)이 5계이다. 5계를 5학처(五學處)라고도 한다. 1. 불살생(不殺生): 살아 있는 것을 죽
이지 않는다. 2. 불투도(不偸盜): 도둑질하지 않는다. 3. 불사음(不邪婬): 아내 이외의 여성, 남편 이외
의 남성과 부정한 정교를 맺지 않는다. 4. 불망어(不妄語): 거짓을 말하지 않는다. 5. 불음주(不飮酒):
술을 마시지 않는다.

31 번뇌 또는 고(苦)의 누출을 더욱더 증장시키고 있는 상태나 증장시키는 작용을 하는 법들을 유루(有
漏, sāsrava) 또는 유루법(有漏法, sāsrava-dharma)이라고 한다. 즉 번뇌와 유루는 흔히 같은 말로 사
용되지만 엄격히 구분하자면, 번뇌는 현재 생겨나 있는 또는 미래에 생겨날 수 있는 번뇌 그 자체를
말하고 유루는 세간·출세간의 선법(善法)으로 이끌어 가지 않고 그대로 두면 번뇌를 증장시키는 작
용을 하는 모든 법들을 통칭한다. 그리고 모든 번뇌는 그 자신을 증장시키는 작용을 하므로 언제나 유
루이다. 따라서 유루는 '모든 번뇌들'과 '번뇌는 아니지만 번뇌를 증장시키는 작용을 하는 모든 법들'
을 통칭한다. 예를 들어, 4성제 가운데 집제는 번뇌 그 자체를 말하므로 유루이고, 고제는 번뇌 그 자
체는 아니지만 번뇌를 증장시키는 작용을 하므로 유루이다. 이러한 유루의 뜻과 반대의 경우를 무루
(無漏, anāsravah) 또는 무루법(無漏法, anāsravah-dharma)이라고 하는데, 번뇌가 끊어진 상태나 번
뇌가 끊어지게 하는 작용을 하는 법들을 무루 또는 무루법이라고 한다.

일체 모든 선근을
다 보리로 회향시키고
이 모든 선근으로
다섯 쾌락을 빨리 버리라.

항상 많이 들은 것 가지고
중생들 위해 법을 말하며
큰 자비심 일으켜
보리의 도를 구하라.

그러므로 이 법을 듣고는
어질고 착하고 오묘한
욕심을 내되
끝내 쾌락과 친하지 않으면
빨리 법륜을 굴리리라.

◎

그때 세존께서
다시 게송을 설하셨다.

중생이 살생할 마음을 내고
남의 재물을 빼앗아 가지며
애욕의 삿된 행을 두루 행하면

爾時世尊重說偈言 :

衆生起殺命　侵取他財物
欲邪行遍行　速墮於地獄
兩舌及惡口　妄言無決定
愚者綺飾語　異生煩惱縛
貪心樂他富　瞋起諸過失

지옥에 빨리 떨어지느니라.

이간질하는 말과 욕설을 하고
망령되이 말하거나 결정 없거나
어리석거나 말을 꾸며 내기에
범부들의 번뇌에
속박을 받느니라.

탐하는 마음으로
남의 재물 즐기고
분노하여 온갖 허물을 일으키며
삿된 견해로 파괴가 많나니
그리하여 악취에 떨어지느니라.

몸에는 세 가지 허물이 있고
말에는 네 가지 허물 있음도
알아야 하느니라.
뜻의 세 가지 죄도
또한 그러하나니
그 죄를 짓는 이
악취에 떨어지느니라.

만일 누구나 죄를 지으면
그는 반드시 악취에 떨어지지만

邪見破壞多　當墮於惡趣
身有三種罪　語四種應知
意三罪亦然　作者墮惡趣
若造諸罪者　定墮於惡趣
若離此三罪　必不墮惡趣

대승보살장정법경 2권, 장자현호품

149

이 세 가지 죄를 짓지 않으면
결코 악취에 떨어지지 않으리라.

◎

그때 세존께서
게송으로 말씀하셨다.

가진바 더러움을 떠난 계율은
나라든가 남이라는 상에
집착하지 않으며
범함도 없고 가짐도 없으며
결박도 없고 해탈도 없느니라.
미묘하고 매우 깊은 선善으로
온갖 의혹을 멀리 버려라.
가섭아, 이것이 계율의 모습이니
여래의 진실한 말씀이니라.

가진바 더러움을 떠난 계율은
저 세간에서
제 몸과 목숨을 위하지 않고
모든 중생을 두루 제도해
다 함께 진여의 경계에
들어가느니라.

爾時世尊而說頌曰 :
所持離垢戒　非住我人相
無犯亦無持　無縛亦無解
微妙甚深善　遠離於疑惑
迦葉此戒相　如來真實說
所持無垢戒　而於彼世間
非爲自身命　普濟諸群生
同入眞如際　迦葉此戒相
如來真實說
所持離垢戒　於彼我人中
無染亦無淨　無暗亦無明
無得亦無失　不住於此岸
不到於彼岸　亦非於中流
縛脫而平等　無住如虛空
非相非非相　迦葉此戒相
如來真實說
所持無垢戒　不著於名色
不住於等引　恒以淨妙心
離我有無相　於彼別解脫
遠離持犯等　無戒無不戒
無定亦無散 ·依此而行道

가섭아, 이것이 계율의 모습이니
여래의 진실한 말씀이니라.

가진바 더러움을 떠난 계율은
나와 남 가운데서
더러움도 없거니와 깨끗함도 없고
어두움도 없거니와 밝음도 없고
얻음도 없거니와 잃음도 없고
이쪽 언덕에도 머무르지 않으며
저쪽 언덕에도 이르지 않으며
또한 중류中流에 있지도 않느니라.
결박과 해탈에 평등하고
머무름 없어 허공과 같으며
상도 아니면서
상 아님도 아니니라.
가섭아, 이것이 계율의 실상이니
여래의 진실한 말씀이니라.

가진바 더러움을 떠난 계율은
이름과 형체에 집착하지 않고
³²등인等引에도 또한

智觀無二取　此戒淨微妙
安住三摩地　三摩地生觀
智慧自淸淨　是名具足戒

대가섭문대보적정법경 4권

---

32 삼매는 삼마제(三摩提, 三摩帝), 삼마지(三摩地)로 음역되었고, 정(定)·등지(等持)·정수(正受)·
조직정(調直定)·정심행처(正心行處)라고 번역된다. 원효는 그의 역저 『금강삼매경론』에서 삼매에
대해 여덟 가지로 정리하고 있다. 첫째는 삼마희다(三摩呬多, 等引)이니 혼침과 도거의 편벽됨을 멀

머무르지 않으며

항상 깨끗하고 묘한 마음으로

나라는 존재를 떠나 모습이 없고

저 별해탈別解脫에서

지니고 범하는 것조차

멀리 떠나기에

계율도 없고 계율 아님도 없으며

선정도 없거니와 산란도 없으며

이를 의지해 도를 행하며

지혜로 관찰하되

[33]능취能取 소취所取가 없나니

이러한 계율의

깨끗하고 미묘함으로

삼마지三摩地에 편히 머물며

삼마지로 잘 관찰하여

지혜는 자연히 청정하거니와

이것을 일러

구족계具足戒라 하느니라.

리 떠났기 때문에 '등'이라고 하고, 신통력 등의 여러 가지 공덕을 끌어냈기 때문에 '인'이라 하며, 삼
마지의 즐거움을 이끌어 내는 무회(無悔)환희와 안락이 이끄는 것이기 때문에 등인이라고 한다.

33 능취(能取)는 모든 색근(色根)과 심(心)·심소(心所)를 말한다. 즉 안근·이근·비근·설근·신근
의 5색근과 마음(8식, 즉 심왕, 즉 심법)과 마음작용(심소법)을 통칭한다. 소취(所取)는 능취에 의해
취해지는 법을 말하는 것으로 곧 일체(一切)를 말한다. 즉 일체법을 달리 말하여 소취라고 한다. 또
한 소연경(所緣境), 즉 인식대상이라고도 한다.

◎

이렇게 부처님께서
게송을 설하셨다.

계행을 지키는 것이 즐거움이니
몸으로 모든 고통 받지 않으며
잠잘 때 편안함을 얻게 되고
깨고 나면 마음이 기쁘고 즐겁다.

의복이나 음식을 받았을 때와
경전 읽고 외우며 거닐 때에나
산림 속에 고요히 앉아 있는 것
이것이 가장 좋은 즐거움이다.

누구나 중생들을 대할 때마다
밤낮으로 자비심 항상 닦으면
그 때문에 즐거움 얻게 되리니
다른 이를 괴롭히지 않는
까닭이다.

욕심 적어 만족함을 알아 즐겁고
많이 듣고 분별함도 즐거움이니
고집함이 없어진 아라한들도
이런 즐거움 받는다고 이른다.

如佛說偈:

持戒則爲樂　身不受衆苦
睡眠得安隱　寤則心歡喜
若受衣食時　誦習而經行
獨處於山林　如是爲最樂
若能於衆生　晝夜常修慈
因是得常樂　以不惱他故
少欲知足樂　多聞分別樂
無著阿羅漢　亦名爲受樂
菩薩摩訶薩　畢竟到彼岸
所作衆事辦　是名爲最樂

대반열반경 12권

보살마하살들이
필경에 열반 언덕 이르러서
여러 가지 할 일을 마치고 나면
이것을 가장 좋은 낙이라 한다.

◎

이때 부처님께서
게송으로 말씀하셨다.

중생의 목숨 해치지 않고
여러 가시 세율을 굳게 지니며
부처님의 미묘한 가르침 받으면
곧 ³⁴부동국不動國에 태어나리라.

다른 이의 귀한 재물 빼앗지 않고
항상 모두에게 보시를 하며
³⁵초제招提와 승방을 지으면

爾時世尊卽說偈言：

不害衆生命　堅持諸禁戒
受佛微妙教　則生不動國
不奪他人財　常施惠一切
造招提僧坊　則生不動國
不犯他婦女　自妻不非時
施持戒臥具　則生不動國
不爲自他故　求利及恐怖
愼口不妄語　則生不動國
莫壞善知識　遠離惡眷屬
口常和合語　則生不動國
如諸菩薩等　常離於惡口

---

34 부동국(不動國)은 갈등과 나뉨이 없는 행복한 세상이다. 『대반열반경』에 중생의 목숨 해치지 않고 모든 금계를 굳게 지키며 부처님의 미묘한 가르침 받으면 곧 부동국에 태어난다고 하였다.

35 초제(招提)는 척투제사(拓鬪提奢)의 준말. 사방(四方). 사방에서 모여드는 사람. 한 곳에 머물지 않는 수행승. 이들이 잠시 쉬어 가도록 마련한 절이 바로 사방승방(四方僧坊)이다. 초(招)는 본래 척(拓)이던 것이 쓰는 이의 잘못으로 언제부턴가 초(招)로 읽혔다. 『대당서역구법고승전(大唐西域求法高僧傳)』 상권의 법현전(法顯傳)에 의하면 인도와 서역에 초제(招提)가 있고, 중국에서는 후한 때에 지은 낙양의 백마사(白馬寺)가 본래는 초제사라 하였다고 한다.

곧 부동국에 태어나리라.

남의 여자를 범하지 않고
때가 아니면
자기 처도 범하지 않으며
계행 지키는 이에게
와구臥具를 보시한다면
곧 부동국에 태어나리라.

더불어 이익되는 것 구할 때
두려워하지 않으며
입을 삼가고
거짓말을 하지 않으면
곧 부동국에 태어나리라.

언제라도 선지식을 헐뜯지 않고
좋지 못한 권속들을 멀리 떠나며
입으로는 화합하는 말
항상 말하면
곧 부동국에 태어나리라.

저 모든 보살마하살처럼
나쁜 말은 입안에서 멀리 여의고
사람들이 즐겨 듣는 말만 한다면

所說人樂聞　則生不動國
乃至於戱笑　不說非時語
謹愼常時說　則生不動國
見他得利養　常生歡喜心
不起嫉妬結　則生不動國
不惱於衆生　常生於慈心
不生方便惡　則生不動國
邪見言無施　父母及去來
不起如是見　則生不動國
曠路作好井　種殖果樹林
常施乞者食　則生不動國
若於佛法僧　供養一香燈
乃至獻一花　則生不動國
若爲恐怖故　利養及福德
書是經一偈　則生不動國
若爲惜利福　能於一日中
讀誦是經典　則生不動國
若爲無上道　一日一夜中
受持八戒齋　則生不動國
不與犯重禁　同共一處住
呵謗方等者　則生不動國
若能施病者　乃至於一果
歡喜而瞻視　則生不動國
不犯僧鬘物　善守於佛物
塗掃佛僧地　則生不動國
造像及佛塔　猶如大拇指
常生歡喜心　則生不動國

곧 부동국에 태어나리라.

희롱으로 웃는 말을 할 때에라도
때가 아닌 말은 하지 않고
조심조심 말해야 할 때
말을 한다면
곧 부동국에 태어나리라.

중생들을 고뇌하게 하지 않고
어느 때나 인자한 마음을 내며
방편으로 짓는 악도 내지 않으면
곧 부동국에 태어나리라.

잘못된 소견으로 말하며
보시도 없고
부모와 과거 미래도 없다고 하는
이러한 나쁜 소견 내지 않으면
곧 부동국에 태어나리라.

넓은 벌판 먼 길에 우물을 파고
간 데마다 과실나무 많이 심으며
걸인에게 좋은 음식 항상 준다면
곧 부동국에 태어나리라.

若爲是經典　自身及財寶
施於說法者　則生不動國
若能聽書寫　受持及讀誦
諸佛秘密藏　則生不動國

대반열반경 21권

부처님과 법보와 스님들에게
향 한 대나 등불 하나 공양하거나
하다못해 꽃 한 송이 바치더라도
곧 부동국에 태어나리라.

두려움을 모면하기 위하여서나
이양이나 복덕을 얻기 위하여
이 경전 한 게송만 쓴다 하여도
곧 부동국에 태어나리라.

어떤 이가 복덕·이양 얻기 위하여
여러 날은 그만두고
하루 동안만이라도
이 경전을 외우고 읽는다면
곧 부동국에 태어나리라.

어떤 이가 무상도를 얻기 위하여
하루 낮과 하룻밤 동안이라도
정성으로 ³⁶팔계재<small>八戒齋</small>를

---

36 팔관재법이란 재가신자들이 사찰에서 여덟 가지 계법을 지키며 지내는 것이다. 1. 살생하지 않으며,
2. 도둑질을 하지 않으며, 3. 음행을 일삼지 않고, 4. 거짓말을 하지 않고, 5. 술을 마시지 않으며, 6. 과
도한 몸치장을 하지 않고, 7. 높고 넓은 평상에 앉지 않으며, 8. 때가 아닌 때에 먹지 않는 것이다. 부
처님의 가르침을 깨치기 위해서라면 출가자처럼 전일하게 수행에 매진할 필요가 있겠지만, 사회생활
을 영위해야 하는 재가자들로서는 이를 따르는 데 한계가 있다. 팔관재법은 그런 재가자들이 매월 8
일, 14일, 15일에 사찰에서 하루 종일 계행을 하도록 독려한다.

받아 지니면
곧 부동국에 태어나리라.

크고 중한 계율을 범한 사람과
한곳에서 함께 있지 않거나
방등경전 훼방한 이 꾸짖는다면
곧 부동국에 태어나리라.

어떤 이가 병난 사람 살펴보거나
맛난 과실 한 개라도 보시하거나
즐거운 마음으로 간호한다면
곧 부동국에 태어나리.

스님들이 쓰는 물건 범하지 않고
부처님의 상주常住물을 잘 지키며
절 도량을 잘 치우고 소제한다면
곧 부동국에 태어나리라.

부처님 형상이나 부처님 탑을
엄지손가락만 하게라도
조성해 놓고
어느 때나 즐거운 맘 항상 낸다면
곧 부동국에 태어나리라.

이 경전을 위하는 마음
내 몸이나 재물 보배 아끼지 않고
설법하는 법사에게 보시한다면
곧 부동국에 태어나리라.

부처님의 비밀한 이런 법장을
듣거나 배우거나 읽고 외우며
쓰거나 통달하여 해설한다면
곧 부동국에 태어나리라.

◎

그때 세존께서
게송으로 말씀하셨다.

계율을 지키고
고요한 마음으로 더러움 없어야
능히 일체의 번뇌를 제거하여
얻을 바 없고
몸·입·뜻의 업에
하자가 없어야만
일체의 위의를
구족할 수 있느니라.

爾時世尊說伽他曰:

護戒寂靜心無垢　能除熱惱無所得
身語意業無瑕疵　一切律儀皆具足
智者不以戒憍逸　內心恒寂而無亂
智者常依菩提心　而於心意不染著
遠離諸業無思慮　如是不生諸分別
旣離靑黃及赤白　亦不住於名色中
無取無捨無染心　譬如虛空無障礙
此戒智者所稱讚　不見所讚諸句義
是戒能令心寂靜　亦能寂靜諸煩惱
悉得止觀之邊際　了然顯現得解脫
解脫諸縛之聖者　悉皆安住於尸羅
是故戒爲勝解脫　亦爲菩提根本句

지혜로운 이는 교만하지 않아
마음이 고요하여 산란함이 없고
지혜로운 이는
언제나 보리심에 의지하여
그 마음과 뜻이 번뇌에
물들지 않느니라.

모든 업을 여의고 상념이 없어
온갖 분별을 내지 않는가 하면
푸르고 누렇고
붉고 흰 색상을 여의듯
또한 온갖 물질에
머무르지 않느니라.

취함도 없고 버림도 없고
물듦 없는 마음
마치 허공이
걸림 없는 것과 같나니
이런 계율의 지혜 있는 이를
찬탄하는 바이나
경전 구절의 뜻만 가지고
찬탄하지 않느니라.

이런 계율은

諸有杜多居蘭若　小欲喜足絕貪求
遠離憒閙而住禪　心獲輕安離煩惱
如是戒是爲根本　思惟寂靜解脫句
是故尸羅爲莊嚴　一切處爲安樂道
亦令遠離於散動　斷諸煩惱及諸見
慈心遍布如虛空　能靜邊執令淸淨
決定不捨菩提故　而於菩提無分別
智者若具如是德　皆由於戒到彼岸

대집대허공장보살소문경 2권

마음을 고요하게 하고
또한 모든 번뇌를 고요하게 하며
모든 지관止觀의 경계를 얻게 하여
깨달아 해탈을 나타내 보이게
하느니라.

모든 속박에서 해탈한 성자는
모두 다 계율에 편히 머물거니와
계율은 뛰어난 해탈이 되고
또한 보리의 근본 구절이
되느니라.

온갖 [37]두타杜多로 수행처에 머물되
작은 것으로도 기쁘고 만족하여
탐욕을 끊고
번잡함을 멀리 여의고
선정에 머물며
마음이 편안하여
번뇌를 여의느니라.

이와 같이 계율을 근본 삼아서
고요히 해탈의 구절을 사유하고

---

37 출가자가 세속의 욕심이나 속성을 버리고 몸과 마음을 닦으며 고행을 능히 참고 행하는 불교수행법.

이로 말미암아 계율을 장엄하니
일체의 처소가
안락한 길이 되느니라.

또한 산란한 행위에서 멀리 떠나
모든 번뇌와 모든 소견을 끊고
자비로움은 허공처럼 두루하여
단견과 상견을 쉬고
청정하게 하느니라.

반드시 보리를 버리지 않기에
보리에 대해 분별함도 없으니
지혜로운 자가
이 같은 공덕을 갖추는 것은
모두 계율로 말미암아
피안彼岸에 이르기 때문이니라.

◎

그때 세존께서
게송으로 말씀하셨다.

爾時世尊而說偈言：
瞻蔔華雖萎　勝於諸餘華

³⁸첨복화瞻蔔華가 비록 시들어도
다른 꽃보다 나은 것처럼
계율 깨뜨린 모든 비구가
여러 외도보다는
그래도 나으니라.

破戒諸比丘　猶勝諸外道
대방광십륜경 3권

◎

그때 세존께서
게송으로 말씀하셨다.

爾時世尊而說偈言 :
十輪罪等一婬舍　十婬罪等一酒家
十酒家等一屠兒　十屠兒罪等一王
대방광십륜경 4권

³⁹십륜의 죄는
음녀의 집 한 채로 지은 죄와 같고
음녀의 집 열 채로 지은 죄는
술집 한 채로 지은 죄와 같으며
열 채의 술집으로 지은 죄는
한 채의 도살장으로
지은 죄와 같고
열 채의 도살장으로 지은 죄는
한 명의 왕이 지은 죄와 같다.

38　첨복화(瞻蔔華)·수마나화(須摩那華) 등은 천상(天上)에 있는 꽃의 이름이다.
39　오무간죄(五無間罪), 사근본죄(四根本罪), 방삼보죄(謗三寶罪)를 이른다.

◎

그때 세존께서 이 뜻을 거듭
펴시려고 게송으로 말씀하셨다.

우바새優婆塞의 율의와
해탈계解脫戒에 머물며
[40]이승二乘과 함께한다 하더라도
보살마하살이라고 하지는 않네.

만약 공의 진리 닦아
세간에 의지하지 않고
또한 모든 존재에
의지하지 않으면
지혜로운 이로서
깨끗한 계율이 지켜 주네.

계라는 상相에 집착하지 않고
청정함으로 모든 번뇌 여의나니
이와 같이
계율 잘 지키는 사람을
가장 훌륭한 복전이라 하네.

爾時世尊欲重宣此義 而說偈言 :

優婆塞律儀　住於解脫戒
雖與二乘共　不名摩訶薩
若修於空法　不依於世間
亦不依諸有　智者護淨戒
不取於戒相　淸淨離諸漏
如是護戒者　最勝之福田

대방광십륜경 7권

---

40 두 가지의 수레라는 뜻으로 이승은 일반적으로 소승과 대승을 말하지만, 성문승(聲聞乘), 연각승(緣
覺乘), 보살승(菩薩乘)의 삼승(三乘) 중에서 앞의 두 가지, 성문승과 연각승을 의미한다.

◎

부처님께서
이 게송으로 말씀하셨다.

서원을 내어 보리에 이르고
불·법·승 삼보에 귀의하나니
열 가지 계율을 받아 지님도
역시 서원으로
보리에 이르는 것이라네.

육바라밀과 [41]사등四等을
모두 다 원만히 갖출 것이니
이와 같이 수행하는 자가
대승에 걸맞은 것이라네.

佛說此祇夜：

發誓至菩提　歸依於三寶
受持十種戒　亦誓至菩提
六度及四等　皆當令具足
如是修行者　與大乘相應

문수사리문경 세간계품

◎

부처님께서
이 게송으로 말씀하셨다.

佛說此祇夜：

有出世戒人　無垢無所有

---

41 한량없는 중생에 대하여 일으키는 네 가지 마음. 자무량심(慈無量心): 한량없는 중생에게 즐거움을
주려는 마음. 비무량심(悲無量心): 한량없는 중생의 괴로움을 덜어 주려는 마음. 희무량심(喜無量
心): 한량없는 중생이 괴로움을 떠나 즐거움을 얻으면 기뻐하려는 마음. 사무량심(捨無量心): 한량없
는 중생을 평등하게 대하려는 마음.

출세간의 계율을 지닌 사람은
더러움이 없고 소유도 없으며
교만도 없고 의지함도 없고
[42]무명無明과 얽매임도 없는지라

이러한 모든 [43]과환過患의
일체가 다 없으며
안의 고요함과
바깥의 고요함도 없고
안팎의 고요함도 없으며
안팎의 깨달음도 없으므로
지혜로운 이로서 해탈한다네.

憍慢及所依　無明與繫縛
如是諸過患　一切皆無有
無內寂外寂　亦無內外寂
內外覺亦無　知者得解脫

문수사리문경 상출세간계품

◎

부처님께서 그때에
게송으로 말씀하셨다.

죽이는 자의 마음은
어질지 못하여
강한 자와 약한 자가

佛時頌曰 :
殺者心不仁　強弱相傷殘
殺生當過生　結積累劫怨
受罪短命死　驚怖遭暴患
吾用畏是故　慈心伏魔宮

불설팔사경

---

42 무아의 진리를 깨닫지 못하고, 자아가 있다고 집착하는 무지의 상태.
43 적멸의 즐거움[寂滅樂] · 정각의 즐거움[正覺樂] 등에 빠지지 않는 것.

서로 잔인하게 상해를 입히니
살생의 업은
마땅히 여러 생을 거치면서
여러 겁의 원한을 맺으며
쌓는다네.

그 죄과를 받으면 단명하여 죽고
포악한 대가를 받아
두려움에 떠니
나는 이를 두려워했기 때문에
자비를 행하여
마궁魔宮을 항복 받았네.

◎

부처님께서 그때에
게송으로 말씀하셨다.

도둑은 주지 않은 것을 취하고
다른 사람의
재산과 보배를 빼앗으니
잃어버린 자에게 적지 않은
분노와 번민의 마음을
품게 한다네.

佛時頌曰：

盜者不與取　劫竊人財寶
亡者無多少　忿恚懷憂惱
死受六畜身　償其宿債負
吾用畏是故　棄家行學道

불설팔사경

죽어서는
여섯 가지 축생의 몸을 받아
그가 전생에 진 채무를 배상하니
나는 이를 두려워했기 때문에
집을 버리고 도를 배우고
실천했다네.

◎

부처님께서 그때에
게송으로 말씀하셨다.

술에 취하면 불효하게 되고
원망과 화禍가
안으로부터 생겨나니
행실이 깨끗하고
덕이 높은 장부를 미혹하여
덕을 어지럽히고
맑고 곧은 마음을 무너뜨리네.

나는 이것을 알기 때문에
술을 마시지 않고
자비로운 마음으로
중생을 구제하며

佛時頌曰 :

醉者爲不孝　怨禍從內生
迷惑淸高士　亂德敗淑貞
吾故不飮酒　慈心濟群生
淨慧度八難　自致覺道成

불설팔사경

깨끗한 지혜로

[44]여덟 가지 어려움[八難]을 넘어

스스로 깨달음에 이르러

도를 성취했네.

◎

세존께서 일러 주셨다.

世尊告日:

邪思爲盜賊　尸羅智者財

於諸天世間　犯戒能劫盜

천청문경

삿된 생각이 도둑이고

[45]시라[尸羅]가

지혜로운 이의 재산이며

모든 하늘과 인간 세상에서

계율을 범한 자를

큰 도둑이라 부르느니라.

---

44 『중아함경(中阿含經)』 권29에 있는 『팔난경(八難經)』에서는 지옥에 떨어짐, 아귀로 태어남, 동물로 태어남, 외도의 수행자가 태어나는 오백 겁을 사는 천에 태어남, 변방인 울단월(鬱單越)에 태어나 교화를 받지 못함, 마가다국에 태어났지만 업장이 깊어 신체가 온전하지 못함[맹인, 농아 등], 총명하지만 외도의 문헌에 빠져 정법을 믿지 못함, 현재불의 앞에 또는 과거불의 뒤에 태어남이라고 하여 붓다의 말씀을 들을 수 없는 여덟 가지 상황을 팔난이라고 설명하고 있다.

45 지계(持戒, sila)란 '계를 지킨다'는 의미이다. 일반적으로 계(戒)에는 재가신자들이 지켜야 할 오계(五戒)와 출가한 비구와 비구니가 갖추어야 할 250계와 348계가 있지만 대승의 보살계에는 열 가지가 있다. 이 열 가지는 십선(十善)이라고 하는데 이는 불살생(不殺生), 부도(不盜), 불사음(不邪淫), 불망어(不妄語), 불악구(不惡口), 불양설(不兩舌), 불기어(不綺語), 무탐(無貪), 무진(無瞋), 정견(正見) 등의 착한 행동을 하는 것이다. 그런데 대승의 지계(持戒)는 이전의 소승처럼 수동적이고 타율적이지 않으며 능동적이고 자율적 정신을 강조한다. 계(戒)를 지키는 데 있어서 그 본래의 정신을 망각하게 되는 상황을 경계하는 것이다. 계(戒) 역시 공한 것이기 때문에 거기에 집착하지 않고 자발적으로 지키며, 타인에게도 그렇게 하도록 하는 것이 지계바라밀의 본질이다.

◎

그때 세존께서
이 뜻을 거듭 펴시고자
게송으로 말씀하셨다.

계율을 지니는 것이 가장 즐거워
몸에 모든 번뇌 받지 않게 되네.
잠잘 때는 안락함을 얻을 것이요
깨어나면 마음이 즐거우리라.

爾時世尊欲重宣此義 而說偈言:
持戒最爲樂　身不受諸惱
睡眠得安樂　悟則心歡喜

불설인연승호경

◎

그때 세존께서
이 뜻을 다시 거두어
게송으로 말씀하셨다.

속이거나 명예를 위해서
이익과 공경을 구하면
진실로 범행梵行을 닦는 것 아니니
이것은 허망한 출가이니라.

바르게 끊고 계율을 위하고
최상의 이치를 빨리 깨치면
이것이 참으로

爾時世尊重攝此義 而說頌曰:
爲矯誑名譽　利養及恭敬
非眞修梵行　是虛妄出家
爲正斷律儀　速證最上義
是眞修梵行　非虛妄出家

본사경 이법품

범행을 닦는 것이요
허망한 출가가 아니니라.

제 3 장

忍辱

인욕

참음의 힘은 보시와 지계를 이루고
아울러 정진바라밀과 선정바라밀
그리고 반야바라밀도 성취하여
능히 육바라밀을 원만히 하네.

◎

인욕忍辱하면 원수를 이기고
선善이 선하지 않은 것을 이기며
이긴 사람은 능히 보시할 수 있고
지극한 정성으로 속임을 이긴다.

忍辱勝怨　善勝不善
勝者能施　至誠勝欺

출요경 16권. 분노품

◎

많은 사람이 모두 업신여겨도
힘이 있는 사람은 참는다.
참는 것이 제일이니
언제나 마땅히 인욕하여라.

舉衆輕之　有力者忍
夫忍爲上　宜常忍羸

출요경 20권. 예품

◎

그때 세존께서
거듭 게송으로 말씀하셨다.

현재의 생生에서 늘 괴로워하고
인욕을 여의면서 성을 많이 내며
원수를 갚으려는 마음을 내는 것
이것이 쓸데없는
논변의 허물 때문이니라.

爾時世尊重說偈言：
現生常苦惱　離忍多瞋恚
怨讎生害心　是名戲論過
魔及魔眷屬　皆生歡喜心
喪失諸善法　是名戲論過
未生善不生　常住於鬪諍
造於惡趣業　是名戲論過
身體多醜陋　生於下劣家
發言常謇澁　是名戲論過
聞法不能持　或聞不入耳

악마와 악마의 권속이
모두 기뻐하는 마음을 내는 것은
모든 착한 법을 상실하는 것이니
이것이 쓸데없는
논변의 허물 때문이니라.

아직 생기지 못한 선善을
생기지 않게 하고
항상 다투고 싸움을 하면서
나쁜 갈래의 업을 짓는 것
이것이 쓸데없는
논변의 허물 때문이니라.

신체는 추루醜陋하게 생기고
하열한 집에 태어나며
말을 하면 항상 떠듬거리나니
이것이 쓸데없는
논변의 허물 때문이니라.

법을 들어 지니지 못하고
듣는다 하여도
귀에 들어오지 않으며
항상 모든 착한 벗을
여의게 되나니

常離諸善友　是名戲論過
值遇惡知識　於道難出離
常聞不順語　是名戲論過
隨彼所生處　常懷疑惑心
於法不能了　是名戲論過
常生八難中　遠離無難處
具足無利益　是名戲論過
於善多障礙　退失正思惟
所受多怨嫉　是名戲論過
如是諸過失　皆因戲論生
是故有智人　速疾當遠離
如是戲論者　難證大菩提
是故有智人　亦應不親近
戲論諍論處　多起諸煩惱
智者應遠離　當去百由旬
亦不近於彼　造立諸舍宅
是故出家人　不應住諍論
汝等無田宅　妻子及僮僕
乃至榮位等　何緣興諍論
出家住寂靜　身被於法服
諸仙咸敬事　當修忍辱心
如是戲論者　增長毒害心
當墮於惡趣　是故應修忍
囚禁及繫縛　刑害而捶楚
如是等諸苦　皆由諍論生
如是戲論者　常遇惡知識
名稱不增長　曾無歡喜心

이것이 쓸데없는
논변의 허물 때문이니라.

악지식을 만나게 되고
악도에서 벗어나기 어려우며
항상 유순하지 않은 말을
듣게 되나니
이것이 쓸데없는
논변의 허물 때문이니라.

그는 태어나는 곳마다
항상 의혹하는 마음을 품으며
법을 분명히 모르게 되나니
이것이 쓸데없는
논변의 허물 때문이니라.

항상 팔난八難 속에 태어나고
재난 없는 곳은 멀리 여의며
이익이 없는 일을 두루 갖추나니
이것이 쓸데없는
논변의 허물 때문이니라.

착한 일에는 장애가 많고
바른 생각에서 물러나게 되며

若捨於諍論　　無能伺其便
眷屬不乖離　　當遇於善友
於乘得淸淨　　業障盡無餘
摧伏於魔軍　　勤修忍辱行
諍論多諸過　　無諍具功德
若有修行者　　當住於忍辱

대보적경 92권, 발승지락회

177

받을 원한과 시샘이 많나니
이것이 쓸데없는
논변의 허물 때문이니라.

이와 같은 모든 허물은
다 쓸데없는 논변에서 생기나니
그러므로 지혜 있는 사람은
속히 멀리 여의어야 하느니라.

이와 같이
쓸데없는 논변을 하는 이는
큰 보리를 증득하기 어렵나니
그러므로 지혜 있는 사람이라면
역시 가까이하지
말아야 하느니라.

쓸데없는 논변으로 다투는 곳에는
모든 번뇌를 많이 일으키나니
지혜 있는 이는
멀리 여의어야 하며
백 유순쯤 떨어져야 하느니라.

또한 저 모든 집을 지은 이나
세우는 이들을

가까이하지 않나니
그러므로 집을 떠난 사람은
이론을 다투지 않아야 하느니라.

너희들은 논밭과 집도 없고
아내와 아들과 하인들도 없으며
나아가 영화로운 지위 등도
없거늘
무엇 때문에
이론을 다투는 것이냐.

집을 떠난 이는
고요한 곳에 머무르고
몸에는 법복法服을 입고 있으며
신선들도 다 함께
공경하고 섬기나니
인욕하는 마음을
닦아야 하느니라.

이와 같이
쓸데없는 논변을 하는 이는
독하고 해로운 마음이
더욱 자라서
장차 나쁜 갈래에 떨어지나니

그러므로
인욕을 닦아야 하느니라.

감옥에 갇히거나 속박을 당하여
형벌과 박해로 매를 맞게 되는
이러한 모든 고통은
모두가 이론을 다투는 데서
생기느니라.

이와 같이
쓸데없는 논변을 하는 이는
언제나 악지식을 만나게 되며
명성은 더 자라나지 못하고
일찍이 기뻐하는 마음이
사라지느니라.

만일 다툼들을 버린다면
그의 틈[便]을 엿볼 수 없으며
권속들도 어기거나 여의지 않으니
당연히 착한 벗을
만나게 되느니라.

법[乘]에서는 청정함을 얻게 되고
업장은 다하여 남음이 없어지며

악마의 군사를 꺾어 조복하면서
힘써 인욕의 행을 닦게 되느니라.

이론을 다투면 허물이 많아지고
다툼이 없으면 공덕을 갖추나니
만일 수행함이 있는 이는
마땅히 인욕에
머물러야 하느니라.

◎

그때 세존께서
게송으로 대답하셨다.

참음은 세간의 으뜸이 되니
참음은 곧 안락의 길이고
참음은 고독을 여의게 되므로
성현이 흔쾌히 즐기는 바이네.

참음은 능히 중생을 알게 하고
참음은 능히 친한 벗을 맺으며
참음은 아름다운 명예를 늘리므로
참음은 세간의 사랑을 받네.

爾時世尊以偈答曰：

忍爲世間最　忍是安樂道
忍爲離孤獨　賢聖所欣樂
忍能顯衆生　忍能作親友
忍增美名譽　忍爲世所愛
忍得富自在　忍能具端正
忍能得威力　忍照於世間
忍得諸欲樂　忍能成工巧
忍力降伏怨　及以除憂惱
忍得好容色　忍能具眷屬
忍招諸勝報　忍能超善道
忍得人樂觀　忍能得妙好
忍能息諸苦　忍得壽命長
忍得大梵王　忍得欲自在

참음은 부富의 자재로움을 얻고
참음은 능히 단정함을 갖추고
참음은 능히 위력威力을 얻으므로
참음은 이 세간을 비추는 것이네.

참음은 온갖 욕락을 얻게 하고
참음은 능히 [46]공교工巧를 이루며
참음의 힘은 원수를 항복 받고
아울러 근심과 괴로움을 제거하며

참음은 능히 좋은 얼굴빛을 얻고
참음은 능히 많은 권속을 갖추고
참음은 모든 훌륭한 괴보를
초래하고
참음은 능히 착한 도에 나아가며

참음은 다른 사람을
낙관하게 되고
참음은 능히 미묘한 상호를 얻고
참음은 능히 모든 괴로움을
쉬게 하고
참음은 장구한 수명을 얻게 하네.

忍得天帝釋　輪王具神通
忍得人中主　忍力難降伏
忍得龍夜叉　修羅中自在
忍能息諸怨　不害於衆生
忍能離偸盜　忍能捨婬欲
忍能止妄語　兩舌綺惡言
忍能除貪瞋　及離邪見意
忍力成施戒　精進及禪那
般若波羅蜜　能滿此六度
忍能除諸惑　忍得羅漢樂
亦得辟支佛　及住無生忍
忍能具十地　速得菩提道
忍於諸衆生　得爲無上勝
忍能降衆魔　及伏諸外道
忍能於世間　轉最無上輪
忍令多衆生　枯竭三惡道
忍斷煩惱障　及能淨法眼
忍授衆生記　三乘隨所求
忍能伏剛惡　夜叉羅刹等
忍與種種人　授記最勝道
忍已降諸怨　亦能滅衆惡
忍能息一切　非時暴風雨
忍能作大集　此諸所來衆
我恕汝波旬　於我諸獷戾

---

46 교묘함과 아름다움.

참음은 큰 범왕梵王이 될 수 있고
참음은 욕망의 자재로움을 얻고
참음은 제석천帝釋天이 될 수 있고
전륜왕轉輪王도 되어서
신통을 갖추며

참음은 사람 가운데 주인이 되고
참음의 힘은
어려움을 항복시키고
참음은 용·야차도 될 수 있고
아수라 중에서는 자재로우며

참음은 모든 원수를 쉬게 하고
참음은 중생을 해치지 아니하며
참음은 능히 도둑질을 여의고
참음은 능히 음욕을 버리며

참음은 능히 망령된 말을 그치고
거짓말과 꾸민 말도 그치며
참음은 능히
탐냄과 성냄을 없애고
삿된 소견의 뜻을 여의게 하며

참음의 힘은

但自謝己心　是我第一恕
今於大衆前　證知勸誡汝
莫壞我所習　一切佛正法

대방등대집경 49권

183

보시와 지계를 이루고
아울러 정진바라밀과 선정바라밀
그리고 반야바라밀을 성취하여
능히 육바라밀을 원만히 하네.

참음은 능히 모든 의혹을 없애고
참음은 아라한의 즐거움을 얻고
또한 벽지불도 되어서
[47]무생법인無生法忍에 머물며

참음은 능히 [48]십지十地를 갖추어
조속히 보리도를 얻게 하고

---

47 존재하는 모든 것은 태어난 바가 없다는 깨달음의 확신을 의미한다. 무생인(無生忍)·무생인법(無生
忍法)·수습무생인(修習無生忍)이라고도 한다. 여기에서 인(忍)은 인가(忍可)·인지(認知)를 뜻하
여 여실한 진리를 그대로 받아들이고 이해한다는 것을 뜻한다.

48 『화엄경』에서 열 가지 보살의 깨달음. 1. 환희지는 처음으로 성자가 되어 진실로 희열이 가득 찬 지위
이고, 2. 이구지(離垢地)는 잘못을 일으켜 계(戒)를 파하거나 번뇌를 더하는 것을 떠나 맑고 깨끗한
지위이며, 3. 발광지(發光地)는 선정(禪定)에 의하여 지혜의 빛을 얻고, 나아가 문혜(聞慧)·사혜(思
慧)·수혜(修慧)의 세 가지 지혜를 닦아 진리가 밝혀지는 자리이다. 4. 염혜지(焰慧地)는 앞의 3지에
의하여 사견을 여의고 번뇌를 태워서 지혜의 본체를 깨닫는 지위이고, 5. 난승지(難勝地)는 지혜와
지식이 조화를 이룩한 자리로서 확실한 지혜를 얻어서 그 이상의 지위로 올라가기가 곤란한 지위일
뿐 아니라, 출세간(出世間)의 지혜를 얻어서 자유자재한 방편으로 구하기 어려운 중생을 구원하는 지
위이며, 6. 현전지(現前地)는 반야바라밀(般若波羅蜜)의 대지(大智), 마음의 모습이 눈앞에 나타난
지위이다. 7. 원행지(遠行地)는 무상행(無相行)을 닦아 마음의 작용이 세간(世間)을 뛰어넘었으며,
지혜로운 방편을 가지고 멀리 가는 지위이다. 특히 이 지위의 특징은 위로 구해야 할 깨달음이 없고
아래로 구원하기 어려운 중생도 없기 때문에 무상적멸(無相寂滅)의 이치에 잠겨 수행을 중단하는 위
험이 뒤따른다고 하였다. 8. 부동지(不動地)는 무상(無相)의 지혜가 끊임없이 일어나서 다시는 번뇌
에 의하여 동요되지 않는 지위이다. 9. 선혜지(善慧地)는 보살이 거리낌 없는 힘으로 설법하여 이타
행(利他行)을 완성하고 지혜의 작용이 자재한 지위이며, 10. 법운지(法雲地)는 대법신(大法身)을 얻
어서 자재력을 갖춘 자리로 대자비(大慈悲)가 구름처럼 일어나는 지위이다.

참음은 모든 중생에게
위없는 훌륭함을 얻게 하네.

참음은 능히 뭇 마군을 항복 받고
또 모든 외도를 굴복시키며
참음은 능히 이 세간에서
가장 위없는 바퀴를 굴리며

참음은 이 많은 중생으로 하여금
삼악취를 고갈시키게 하고
참음은 번뇌의 장애를
끊어 버리고
능히 청정한 법의 눈을 얻게 하네.

참음은 중생에게 [49]수기授記하되
삼승三乘이 추구하는 바를 따르고
참음은 저 굳세고 사나운
야차와 나찰 따위도 항복 받으며

참음은 갖가지 사람에게 수기하되
가장 훌륭한 도로써 수기하고

---

49 수기(授記)는 수행자가 미래에 최고의 깨달음을 성취하게 되리라고 부처님이 약속하고 예언하는 것을 말한다. 수기는 범어 비가라나(vykarana)의 번역으로서 화가라나(和伽羅那) 또는 화라나(和羅那)로 음역하며 기별(記別), 기설(記說), 수결(受決), 수결(授決), 기(記) 등으로도 번역하고 있다.

참음은 모든 원수를 항복 받고서
또 능히 온갖 나쁨을 없애 버리네.

참음은 때 아닌 폭풍우를
일체 쉬게 할 수 있으며
참음은 능히
모든 곳에서 모여드는
이러한 대중의 모임을
만들 수 있네.

나는 이제 그대 파순이
내게 온갖 사납게 한 것을
용서하노니
다만 스스로
자기 마음을 사과함이
이것이 나의 제일가는 용서라네.

이제 나는 이 대중 앞에서
너를 권유하고 훈계함을
증명하노니
나의 닦아 익힌 바 이 모든
부처님의 바른 법을 헐지 말라.

◎

그때 세존께서
게송을 읊어 말씀하셨다.

청정한 무생법인을 성취해야만
그 지혜가 경계에 물들지 않으며
안팎이 고요하여
의지하는 것이 없어야만
저 인욕의 마음이 허공처럼
청정하니라.

이 몸은 그림자나 초목과 같고
이 마음은 허깨비와 같아
진실이 없고
이 법의 성품은 공_空하여
몸과 마음에 차별을 볼 수 없네.

결과야 어떻든
기쁨도 성냄도 없고
분별도 없으며
높고 낮음도 없으니
땅과 문지방과 같이
인욕을 알아서
그 가르침대로

爾時世尊說伽他曰:
盡智無生淸淨忍　於境不染意成就
內外寂靜無所依　心淨忍辱虛空等
是身如影如草木　心形如幻無眞實
是法性空無所見　身心變異等於彼
設有毀譽無喜怒　無所分別無高下
知忍如地如門閫　依敎忍辱度有情
雖知一切法性空　無人無我無壽命
不違因緣及造作　此忍最爲眞實行
聞彼惡言不瞋恚　知語言性如虛空
修習身心空亦然　當淨有情修此忍

대집대허공장보살소문경 2권

187

유정을 제도하느니라.

비록 일체 법의 성품이
공함을 알더라도
나[我]·사람[人]·수명壽命에 대한
생각이 없더라도
저 인연과 지음에
어긋나지 않아야만
그 인욕이 바로
최상의 진실한 행이니라.

그러므로
어떤 나쁜 말을 듣더라도
그 말을 허공처럼 알고서
성내지 않고
몸과 마음도 다 허공처럼
그렇게 닦으며
유정을 위해
이 청정한 인욕을 닦느니라.

◎

그때 세존께서
이 뜻을 거듭 펴시려고

爾時世尊欲重宣此義 而說偈言:
此忍說二種　有相及無相

게송으로 말씀하셨다.

인욕에 두 가지가 있다고
설하나니
그것은 곧 유상有相과 무상無相인데
상相을 가지고
인욕을 수행하는 것을
지혜로운 이는
귀하게 여기지 않네.

유상에는 삼업三業을 설하나니
곧 50인취忍聚에 의지하는 것이며
이것을 번뇌가 있는
인욕이라 하나니
이것은 큰 사람의 모습[大人相]이
아니네.

51네 가지 뒤바뀜 속에
집착 없는 인욕 닦아

有相修行忍　智者所不貴
有相說三業　卽依於忍聚
是名有漏忍　非是大人相
於四顚倒中　修於無著忍
寂滅於三業　是忍爲最勝
滅於一切行　不依相無相
心猶如虛空　是忍爲最勝
衆生皆一相　諸法空寂滅
心無有所著　是忍最大利

대방광십륜경 7권

---

50 인취(忍聚)는 번뇌가 있는 인욕이라 한다.
51 '전도(顚倒)'라고 하면 상(常)·낙(樂)·아(我)·정(淨)에 대한 뒤집힌 견해인 사전도(四顚倒)를 말한
　　다. 사전도에는 유위에 대한 전도인 상전도(常顚倒)·낙전도(樂顚倒)·아전도(我顚倒)·정전도(淨
　　顚倒)의 유위사전도(有爲四顚倒)가 있으며, 무위에 대한 전도인 무상전도(無常顚倒)·무락전도(無樂
　　顚倒)·무아전도(無我顚倒)·무정전도(無淨顚倒)의 무위사전도(無爲四顚倒)가 있다. 그리고 이들을
　　통칭하여 팔전도(八顚倒)라 한다.

세 가지 업이 적멸해지는
이러한 인욕이
가장 뛰어난 것이네.

모든 작용 멸하여 고요해지고
상相과 무상無相에
의지하지 않으며
마음이 마치 허공과 같아지는
이러한 인욕이
가장 뛰어난 것이네.

중생은 모두 한 가지 모습이고
모든 법은 공하고 적멸한 것이니
마음에 집착함이 없으면
이러한 인욕 가장 큰 이익 된다네.

◎

부처님께서 그때에
게송으로 말씀하셨다.

때리고 욕하더라도 성내지 않고
헐뜯어도 원망하지 않네.
보살의 참음 이와 같나니

佛時頌曰：

搥罵不以恚　輕毁亦不恨
菩薩忍如是　所問悉可得
愼言不欺慢　未曾起亂意
不犯不有惡　是行得佛疾
開士常以忍　敦誠行大慈

모르는 것 다 알게 되리라.

말은 삼가여 속이지 않으며
어지러운 마음 일으킨 적 없네.
범하지 않아 악을 쌓지 않으니
이런 행 부처 얻기 빠르네.

보살[開士]은 항상 참으며
도탑고 정성스레 큰 사랑 행하니
이러므로 성불하여
32상 밝아라.

악을 따르는 이
항상 때리기 즐기며
해치는 마음 남에게 베푸나니
이는 나쁜 갈래 벗어나지 못하네.

삿된 소견은 스스로 높은 체하고
조급하여 성내기 좋아하나니
그는 스스로를 어둠에 던져
끝내 보살에
가까이 가지 못하거니와

어리석어 강함과 거침 탐내고

是用得成佛　三十二相明
從事於惡者　常意加捶杖
害心施於人　是不離惡道
邪見自貢高　急憋好瞋恚
彼爲自投冥　終不近菩薩
愚以貪強梁　自用無禮敬
不知孝父母　是以有獄苦
夫欲疾得佛　常修戒德本
依受善師教　等心施於人

보살생지경

잘난 맛에 예의와 공경 없으며
부모에게 효도할 줄 모르나니
이러므로 옥고獄苦가 있도다.

빨리 부처가 되려거든
항상 계율과 덕의 근본 닦으며
훌륭한 스승에 의지해
가르침 받아
평등한 마음으로 남에게 베풀라.

◎

부처님께서 그때에
게송으로 말씀하셨다.

때리고 욕하더라도 잠자코 있고
본래 형상 없음을
스스로 헤아리며
설령 원한의 마음 일어나더라도
마음을 즉시 되돌려
스스로 멈추어라.

온화한 마음에 기쁜 얼굴빛
여러 사람 모두가 공경하리니

佛於是頌曰 :

撾罵令默然　自計本無形
設有恨意起　心輒還自止
和心顏色悅　衆人咸恭敬
用是得成佛　三十二相明

불설연도속업경

이로써 부처님을 이루고
32상 뚜렷하게 나타나리라.

◎

그리고 게송으로 말씀하셨다.

자신의 안락을 구하지 않고
언제나 남들에게
이익과 즐거움 주네.
그들은 이와 같은 인욕 지니기에
부처님의 보리를 길로 삼느니라.

而說頌曰 :
不求於自樂　常爲利樂他
斯有如是忍　佛菩提爲道
대방광여래비밀장경

제 4 장

精進

정진

모든 법의 평등한 성품을 잘 알고
항상 정진하며 여래를 생각하고
일체의 모든 선근을 잘 회향하면
어떤 악마도 그 틈을 엿보지 못하느니라.

◎

만약 지성스러운 마음을 내어

[52]수희隨喜하면서

더없이 훌륭한 보리에서

물러나지 않고 수행한다면

삼천대천三千大千세계의

수미산의 무게 한량없으나

선법善法을 수희하는 무게는

그것보다 훨씬 크다네.

중생이 해탈법解脫法을

구하기 위하여

모든 것에 수희하여

복의 공덕[福蘊]을 짓고

부처님의 공덕법功德法을 좇아

[53]회시廻施하나니

마땅히 세간을 위하여

모든 괴로움을 없애려 함이네.

보살은 모든 법이

若發志心而隨喜　最上菩提不退行
三千須彌重無量　隨喜善法重過彼
衆生爲求解脫法　一切隨喜作福蘊
作佛功德法迴施　當爲世間盡諸苦
菩薩不著諸法空　了知無相無罣礙
內心亦不求覺智　是行最上波羅蜜
如虛空界無障礙　無所得故亦不有
大智菩薩亦復然　住寂靜行如虛空
如有幻師作幻人　衆人見幻而皆喜
幻人雖現種種相　名字身心俱不實
行般若行亦復然　爲世間說證菩提
乃至種種所作事　如幻師現悉無著
佛佛化現諸佛事　所作皆無彼我相
菩薩大智行亦然　一切現行如幻化
如木匠人心善巧　一木造作種種相
菩薩大智亦復然　無著智行一切行

불설불모보덕장반야바라밀경 환화품

---

52 수희는 산스크리트어로 아누모다나(anumodanā)를 옮긴 말인데, 사전에서는 '다른 사람이 선한 일을
   해서 덕을 쌓는 것을 기뻐하는 일, 타인의 선한 행위를 찬탄하는 일, 타인의 착한 일을 보고 함께 기뻐
   하는 일'이라고 풀이한다.
53 자기가 쌓아 모은 선근 공덕을 다른 이에게 베풀어 줌.

공함에 집착하지 않고
상相이 없음을 분명히 알아
막히거나 걸림이 없으며
마음속으로도 또한 지혜조차
깨닫기를 구하지 않나니
이것이 더없는
훌륭한 바라밀을 행하는 것이네.

마치 허공계에 장애가 없고
얻을 것이 없는 것처럼
있어도 있는 것이
아닌 것과 같거늘
큰 지혜를 이룬 보살 또한
그러하나니
적정에 머물러
허공과 같이 행하네.

마치 마술사가
마술로 거짓 사람을 만들면
많은 사람이 거짓 사람을 보고
모두 기뻐하나니
거짓 사람이 비록
갖가지의 모습을 나타내어도
이름과 몸과 마음이 모두

실제가 아니듯

반야행을 행하는 것 또한
그러하여
세간을 위하여
보리를 증득하도록 하는 말이나
갖가지로 하는 일까지도
마치 마술사가
나타내 보이는 것처럼
집착할 것이 없네.

부처님마다 화현하여
모든 불사를 이루더라도
하시는 일에 모두
저 아상我相이 없듯
보살의 큰 지혜행 또한 그러하여
모든 나타내 보이는 행이
허깨비와 같네.

마치 솜씨 좋은 목수가
뛰어난 재주로
하나의 나무로
갖가지의 모습을 만들어 내듯
보살의 큰 지혜도 또한 그러하여

집착이 없는 지혜로
모든 행을 행하네.

◎

보살은 사랑하고
아끼는 중생을 위하여 수행으로써
[54]불찰佛利을 청정하게 하고
행을 청정하게 하나니
항상 정진바라밀을 수행함에
티끌만큼도 물러나거나
싫은 마음이 없네.

큰 지혜를 이룬 보살이
구지겁 동안
오래도록 고행苦行을 닦는 것은
보리를 구하기 위함이니
정진바라밀을 벗어나지 않으면
게으르고 나태함이 없어
마침내 증득하게 되리라.

보리를 구하려고

菩薩愛樂爲衆生	修治佛利淸淨行
恒行精進波羅蜜	無如微塵心退倦
大智菩薩俱胝劫	久修苦行爲菩提
不離精進波羅蜜	無懈怠心終得證
從初發心爲菩提	乃至得獲寂靜證
恒於晝夜行精進	大智菩薩應如是
有言能破於須彌	方證無上菩提果
聞已懈怠而退心	是彼菩薩之過失
大智菩薩聞是言	謂須彌盧甚微小
於一念間可破壞	亦不住證佛菩提
於身心語行精進	度脫世間作大利
或著我相起懈怠	而不能證佛菩提
無身心相無衆生	離諸相住不二法
爲求無上佛菩提	是行精進波羅蜜
大智菩薩行利樂	令人聞言悉歡喜
說法無說無聽人	名最上忍波羅蜜
譬如寶滿三千界	施佛緣覺及羅漢
不如知法忍功德	百千萬分不及一
持忍菩薩得淸淨	三十二相到彼岸

---

54 부처님 세계. 부처님을 모신 사찰.

처음 발심할 때부터
적정을 증득할 때까지
항상 밤낮으로 정진을 행하나니
큰 지혜를 이룬 보살은
마땅히 이와 같이 수행하네.

누군가 말하기를
수미산을 부술 수 있어야
비로소 위없는 보리과菩提果를
얻을 수 있다 하니
이 말을 듣고 나서
수행할 마음이 사라지고
물러날 마음이 생긴다면
이것은 그 보살의 잘못이네.

큰 지혜를 이룬 보살은
이런 말을 듣고서
수미산[須彌盧]은 아주 작으니
잠깐 사이에
부술 만하다고 생각하지만
또한 불보리를 증득함에
머물지도 않네.

몸과 마음과 말로 정진을 행하고

一切衆生悉愛樂　聞法信受而調伏
或有衆生以栴檀　塗菩薩身爲供養
或有持火遍燒然　行平等心無瞋喜
大智菩薩持是忍　或爲緣覺及聲聞
乃至世間諸衆生　悉皆迴向佛菩提
譬如世間貪五欲　甘忍三塗無邊苦
菩薩爲求佛菩提　今何不勤持忍辱
割截首足劓耳鼻　禁縛捶拷諸楚毒
如是苦惱悉能忍　是住忍辱波羅蜜

불설불모보덕장반야바라밀경 상환희품

201

세간의 중생을
생사에서 건져 내어
크나큰 이익을 주었더라도
혹시 아상我相에 집착하거나
게으르고 나태한 마음을 낸다면
불보리를 증득할 수 없으리라.

몸이라는 상相도
마음이라는 상도
중생이라는 상도 없이
모든 상을 벗어나서
둘이 아닌 법[無二法]에 머물러
위없는 불보리를 구하면
이것이 정진바라밀을
행하는 것이네.

큰 지혜를 이룬 보살은
이익과 안락을 주는 행을 하며
말을 하면 사람들이 듣고
모두 기뻐하게 하나니
법을 말할 때 말한다는 생각도
듣는 사람이라는 생각도 없어야
일컬어 더없이 훌륭한
인바라밀忍波羅蜜이라 하네.

비유하면 삼천대천세계에

가득한 보배를

부처님과 연각과 아라한에게

보시하더라도

[55]법인法忍을 아는 공덕과

같지 못하나니

백천만분의 일에도

미치지 못하네.

법인을 지닌 보살이 청정함과

32상三十二相을 얻어

피안에 다다르면

모든 중생이 사랑하고 존경하며

법을 듣고 굳게 받아 지니며

조복하나니

혹 전단향栴檀香으로

보살의 몸을 칠하여

공양하는 중생이 있거나

혹 불을 두루 지펴

---

55 구마라집 스님은 인(忍)이라 옮겼고 현장 스님은 감인(堪忍)이라 옮긴 산스크리트어 끄산띠(kṣānti)
는 참고 견디는 그 자체만을 일컫는 것이 아니라 그럼으로써 얻어지는 진정한 지혜까지 포함된 것이
라 할 수 있다. 무생법인의 인(忍)에 대해 육조혜능 스님은 모든 법에 통달하여 능소심(能所心)이 없
는 상태를 가리킨다 하였는데, 능소심이란 우리의 마음속에 잠재되어 있는 주관적인 측면과 객관적
인 측면을 가리키는 것으로서 흔히 나와 남을 분별하는 마음을 말한다.

보살을 태우는 중생이 있더라도
평등을 행하므로
마음에 성냄도 기쁨도 없네.

큰 지혜를 이룬 보살은
이러한 인욕忍辱을
지니고 있더라도
연각과 성문, 나아가
세간의 모든 중생들을 위하여
모두 불보리에 회향하나니

비유하면 세간의 중생이
오욕五欲을 탐하여
삼도의 가이없는 괴로움을
달게 받는 것처럼
보살은 불보리를 구하기 위함이니
이제 어찌 인욕을 지킴에
힘쓰지 않겠는가.

머리와 다리가 잘리거나
귀와 코가 베이거나
갇히고 묶이거나 곤장을 맞거나
온갖 잔인한 형벌을 받거나
이와 같은 괴로움을

모두 참을 수 있어야
이것이 인욕바라밀에
머무는 것이네.

◎

그때 세존께서
거듭 이 뜻을 펴시고자
게송으로 설하셨다.

저 복인伏忍보살은
불법을 장양長養하여
[56]13심心을 견고하게 하였으니
불퇴전이라 한다.

처음 평등한 성품 깨달아
여러 부처님 가문에 태어나고
처음 깨달음을 얻으면
환희지歡喜地라 한다.

爾時世尊欲重宣此義而說偈言 :

彼伏忍菩薩　於佛法長養

堅固三十心　名爲不退轉

初證平等性　而生諸佛家

由初得覺悟　名爲歡喜地

遠離於染汚　瞋等種種垢

具戒德清淨　名爲離垢地

滅壞無明闇　而得諸禪定

照曜由慧光　名爲發光地

清淨菩提分　遠離身邊見

智慧焰熾然　名爲焰慧地

如實知諸諦　世間諸伎藝

種種利群生　名爲難勝地

觀察緣生法　無明至老死

能證彼甚深　名爲現前地

---

56 부파불교에서는 16심(心)을 말했다. 인내[忍]하는 예비적 수행 즉 범부위(3현위와 4선근위)의 수행
끝에 마침내 범부의 마음이 16찰나에 걸쳐 16가지 지혜[慧], 즉 8인(八忍)·8지(八智)와 상응함으로
써 모든 견혹(見惑) 즉 모든 이지적인 번뇌들, 달리 말하면 후천적으로 습득한 그릇된 앎에 의해 일어
나는[分別起] 모든 견해성[見]의 번뇌[惑]들을 제거하여 범부의 상태를 벗어나 성인의 지위에 오르게
하는 것이기 때문에 16심이라고 한다.

더러움에 물듦과 성냄 등의
가지가지 때[垢] 멀리 여의고
계戒를 갖추어 공덕 청정하면
이구지離垢地라 한다.

무명의 어둠 깨어 없애면
모든 선정 이루어서
지혜의 빛으로 비추니
발광지發光地라 한다.

청정한 보리분법菩提分法은
57신견身見과 변견邊見 멀리 여의고
지혜의 불꽃 훨훨 디니
염혜지焰慧地라 한다.

실답게 모든 진리[諦] 알고
세간의 모든 기예技藝로써
가지가지 많은 중생 이롭게 하니

方便三摩地　示現無量身
善巧應群生　名爲遠行地
住於無相海　一切佛加持
自在破魔軍　名爲不動地
得四無礙解　一音演一切
聞者悉歡喜　名爲善慧地
智慧如密雲　遍滿於法界
普灑甘露法　名爲法雲地
滿足無漏界　常淨解脫身
寂滅不思議　名爲一切智

인왕호국반야바라밀다경 봉지품

---

57 신견(身見), 변견(邊見), 사견(邪見)의 삼혹(三惑)이라 한다. 신견은 『대승오온론』과 『대승광오온론』
에 따르면, 살가야견(薩迦耶見, 유신견)의 본질적 성질[性] 즉 본질은 5취온을 보고[觀] '나[我]'라고 생
각하거나 '내 것[我所]'이라고 생각하는 염혜(染慧) 즉 염오혜(染污慧) 즉 오염된 지혜이다. 변집견(邊
執見)은 단(斷)과 상(常)의 두 극단[邊]에 집착하는 견해, 즉 단견(斷見)과 상견(常見)을 말한다. 변집
견은 줄여서 변견(邊見)이라고도 하며, 두 가지 변견이라는 뜻에서 2변(二邊)이라고도 하며, 변견(邊
見)을 번역하여 극단적인 견해라고도 하고 2변(二邊)을 번역하여 두 극단이라고도 한다. 『대승광오온
론』에 따르면 변집견 즉 단견과 상견은 중도(中道)와 출리(出離)를 장애하는 작용[業]을 한다.

난승지難勝地라 한다.

인연[緣]하여 생기는 법을
관찰하여
무명에서 늙고 죽음에 이르기까지
능히 그 매우 깊음을 깨달으면
현전지現前地라 한다.

방편의 삼마지三摩地로
한량없는 몸 나투어
선교善巧로 교묘하게
온갖 중생 대하면
원행지遠行地라 한다.

모양 없는 바다[無相海]에 머물러
일체 부처님 가호로
자재로이 마군 무너뜨리면
부동지不動地라 한다.

네 가지 걸림 없는 지혜 얻어
한 음성[一音]으로 일체를 연설하여
듣는 이 모두 기뻐하면
선혜지善慧地라 한다.

지혜는 짙은 구름같이
법계에 두루 가득하여
널리 감로법으로 씻어 주면
법운지法雲地라 한다.

번뇌 없는 세계[無漏界]에 만족하여
항상 청정한 해탈의 몸이
적멸하여 불가사의함을
일체지一切智라 한다.

◎

그때 세존께서
게송으로 말씀하셨다.

팔정도를 거두어 가지기 위하여
모든 법행을 연설하였나니
만일 이 도 가운데 머무르면
이것이 큰 정진이 되리로다.

착한 법을 닦아 행하는 이는
능히 어느 때에나
불선법不善法을 짓지 않으므로
이러한 행이

爾時世尊而說偈言：

爲攝八正道　演說諸法行
若住此道中　斯爲大精進
善法修行者　能於一切時
不作不善法　斯行攝於道
菩薩修習者　於內如理思
於外求請問　斯行攝於道
菩薩觀察者　如事正了知
如理如法住　斯行攝於道
菩薩依怙者　於內隨覺知
於外無所執　斯行攝於道
菩薩無畏者　自信無分別
令他住淨信　斯行攝於道

정도를 거두어 지니리라.

보살이 닦아 익힐 때에
안으로 이치답게 생각하고
밖으로 청하여 묻기를 구하면
이러한 행이
정도를 거두어 지니리라.

보살이 법을 관찰할 때에
사실과 같이 바로 깨달아 알며
이치대로 법대로 머무르면
이러한 행이
정도를 거두어 지니리라.

보살은 중생의 부모라
안으로 깨달아 앎에 따르고
밖으로 집착이 없으면
이러한 행이
정도를 거두어 지니리라.

보살은 두려움이 없는 이
화합 인연 여의는 행을 닦으니
능히 화합의 인연을 여의면
이러한 행이

菩薩思惟者　淨諸所作業
於業無所執　斯行攝於道
菩薩無繫者　常知苦取蘊
求無苦取蘊　斯行攝於道
菩薩善智者　修離和合行
能離於和合　斯行攝於道
菩薩思義者　隨義能了知
演說無違諍　斯行攝於道
菩薩具慧者　不著於文字
攝持一切法　斯行攝於道
菩薩行法者　能與法相應
亦隨義相應　斯行攝於道
菩薩順道者　正住於堅誓
如說而修行　斯行攝於道
菩薩道清淨　善淨於意樂
住法不放逸　斯行攝於道
菩薩一切時　勤修此諸行
身心獲安樂　斯行攝於道
菩薩正念者　住於清淨道
了知一切法　皆空無有相
菩薩觀察者　能令願清淨
亦不住無願　遠離於諸相
菩薩如理觀　理趣悉平等
於諸法不生　無有少疑惑
菩薩妙智者　能觀一切法
厭離寂滅故　明見而發趣
菩薩觀法者　如理見法生

정도를 거두어 지니리라.

보살은 법의 뜻을 생각하는 이
뜻에 따라 능히 깨달아 알고
연설하되 어긋나고 다툼 없으면
이러한 행이
정도를 거두어 지니리라.

보살은 슬기를 갖춘 이
문자에 집착함 없이
모든 법을 거두어 지니면
이러한 행이
정도를 거두어 지니리라.

보살은 법을 닦아 행하는 이
능히 법으로 응하며
또한 뜻과 서로 응하면
이러한 행이
정도를 거두어 지니리라.

보살은 도에 따르는 이
굳은 맹세에 바로 머물러
말과 같이 닦아 행하면
이러한 행이

不於生見生　不於盡見盡
菩薩精進者　如是觀察時
出離於非法　超昇正位中
菩薩妙智者　斯道爲淸淨
速至大安隱　成就無上忍
菩薩妙智者　隨順觀諸法
超過一切想　常住於無想
菩薩妙智者　斯道能淨治
遠離於道想　亦不住法想
菩薩妙智者　斯道淨治故
出於無明網　獲大法光明
菩薩妙智者　能以明修習
教授諸衆生　由是而發趣
菩薩明修習　爲得一切法
決定甚深義　善巧大方便
菩薩明修習　方便離諸想
隨順祕密法　能知決定義
菩薩妙智者　以大法光明
能滅於想受　由是而發趣
菩薩妙智者　不住於斯道
不住斯道故　於道而發趣
菩薩無畏者　能知一切法
猶若淨虛空　諸相無所覆
菩薩知諸法　其性同虛空
諸法如空故　淸淨而無垢
菩薩如是住　不爲相所礙
速爲諸衆生　演說而教授

정도를 거두어 지니리라.

보살의 도는 청정한 것
뜻으로 즐거함에 깨끗하여
법 방일함 없음에 잘 머무르면
이러한 행이
정도를 거두어 지니리라.

보살이 어느 때든지
부지런히 온갖 행 닦아서
몸과 마음이 안락을 얻으면
이러한 행이
정도를 거두어 지니리라.

보살은 바르게 생각하는 이
청정한 도에 머물러
모든 법이 본디 공호이므로
형상 없는 줄을 깨달아 알라.

보살은 잘 관찰하는 이
능히 원으로 청정케 하며
또한 원 없는 데 머물지 않고
모든 상을 멀리 여의느니라.

菩薩妙智者　一切道淸淨
於道無災患　無礙而發趣
如是淸淨道　速往大菩提
能於無爲證　平等而發趣
菩薩大甲冑　大乘及大道
如空無罣礙　淸淨而發趣
趣斯乘及道　如趣太虛空
遠離於衆相　無相而發趣
大乘平等乘　廣大如虛空
於斯淸淨道　此乘當發趣
一切諸菩薩　尊重於斯法
爲諸衆生故　勇猛而發趣
若詣大菩提　住斯殊勝道
非諸二乘等　於此能發趣
菩薩正憶念　能令道淸淨
以斯淸淨道　最上而發趣

대보적경 22권, 피갑장엄회

보살은 이치대로 관하여
이치의 평등함에 나아가므로
모든 법의 나지 않는 이치에
조금도 의혹함이 없도다.

보살은 오묘한 슬기를 지닌 이
능히 온갖 법을 관하여
싫증내어 여의고 적멸한 까닭에
밝은 눈으로
앞을 향해 나아가도다.

보살은 법을 관하는 이
이치대로 법의
일어나는 것을 보아서
생기는[生] 것에서
생겨남을 보지 않으며
다함에서 다함을 보지 않도다.

보살은 정진하는 이
이렇게 관찰할 때에
법 아닌 것에서 벗어나 여의고
보살의 바른 지위에
뛰어오르도다.

보살은 묘한 슬기를 지닌 이
이 도가 청정하므로
속히 큰 안온에 이르러서
위없는 지혜를 성취하도다.

보살은 묘한 슬기를 지닌 이
수순하여 모든 법을 관찰하고는
일체의 생각을 뛰어넘어서
항상 생각 없는 데 머무르도다.

보살은 묘한 슬기를 지닌 이
이 도를 깨끗이 다스려
도라는 생각 멀리 여의고
또한 법이란 생각에도
머물지 않도다.

보살은 묘한 슬기를 지닌 이
이 도를 깨끗이 다스리므로
무명의 그물을 벗어나
큰 법의 광명을 얻느니라.

보살은 묘한 슬기를 지닌 이
능히 밝은 법을 닦아 행하며
모든 중생을 교화하므로

이로 인하여
도에 나아가게 하도다.

보살이 밝은 법을 닦아 익힘은
모든 법의 결정된 깊은 뜻과
교묘한 방편을 얻기 위함이로다.

보살은 묘한 슬기를 지닌 이
큰 법의 광명으로써
능히 생각과 느낌을 없애나니
이로 인하여
도에 나아가게 하도다.

보살은 묘한 슬기를 지닌 이
이 도에도 머물지 않나니
이 도에 머물지 않으므로
도에 달려 나아가도다.

보살은 두려움 없는 이
능히 온갖 법 자성이
마치 깨끗한
허공 같은 줄을 알므로
모든 형상에 덮인 바 없도다.

정진精進   214

보살은 모든 법 자성이
허공과 같은 줄을 아나니
모든 법이 허공과 같으므로
청정하여 때[垢] 끼임 없도다.

보살이 이렇게 머물러
형상에 걸린 바 없이
재빨리 중생들 위하여
연설하여 교화하도다.

보살은 묘한 슬기를 지닌 이
일체의 도에 청정하며
저 도에 [58]재환災患이 없어서
걸림 없고 그 도에 나아가도다.

이렇게 청정한 도로
재빨리 보리에 이르러
함 없는 법을 증득하므로
평등한 그 도에 나아가도다.

보살의 큰 갑주와
대승과 대도는

---

58 재앙과 근심.

허공처럼 걸림이 없이
청정한 도에 나아가도다.

이러한 승乘과 도에 나아감은
마치 허공에 나아가는 듯
온갖 형상을 멀리 여의고
상 없이 도에 나아가도다.

대승의 평등한 수레는
넓고 크기 허공 같나니
이러한 청정한 도에
이 수레로 마땅히 나아가리라.

과거 · 미래의 모든 보살은
이러한 도법을 존중히 여겨
모든 중생을 위한 까닭에
용맹스럽게 나아가도다.

만일 큰 보리에 나아가려면
이 거룩한 도에 머물라.
모든 성문 · 연각 따위는
이 법을 향하여 나아가지 못하리.

보살은 올바른 한 생각으로

능히 도를 청정케 하나니
이 청정한 도로써
최상의 도에 나아가도다.

◎

그때 세존께서
거듭 이 뜻을 펴시고자
게송으로 말씀하셨다.

나고 죽는 불 치성하여
모든 세간을 불사르므로
괴로움 받아도 구원할 이 없어
성스러운 길 잃어버렸도다.

세상을 비추어 주시는 여래께서
이에 한번 출현하셨으니
찰나라도 여의지 말고
굳은 정진의 마음 일으킬지어다.

올바른 행위 닦아 익혀
슬기롭게 관하여 살펴 알지니
슬기롭게 관하면
마땅히 얻으려니와

爾時世尊欲重宣此義而說頌曰：
生死所熾盛　燒然諸世間
受苦無能救　喪失於聖道
照世諸如來　時乃一興現
無剎那遠離　當起堅精進
修習於正行　慧觀應察知
如慧觀當得　異此非所獲
若於此修習　應知一切空
了達空法已　非心空菩提
貪瞋及與癡　是三毒大火
燒諸世患者　長眠而不覺
生老病及死　愁歎諸苦等
知世逼迫已　勿依諸法住

대보적경 35권, 보살장회

217

이와 달리 하면 얻을 것 없으리라.

만일 이것을 닦아 익히려면
마땅히 온갖 법이 공한 줄 알라.
공한 법을 깨달아 통달해도
마음조차 공한 보리는 아니니라.

탐냄 · 성냄 및 어리석음
이 삼독三毒의 큰불이
세간의 어리석은 자를 불살라도
깊이 잠들어 깨닫지 못하도다.

나고 늙고 병들고 죽음이며
근심 · 탄식의 온갖 괴로움 등이
세상을 핍박하는 줄을 알아
모든 법에 의지하여
머무르지 말라.

◎

그때 세존께서
게송으로 말씀하셨다.

중생들이 게으른 것을 보면서

爾時世尊以偈頌曰：
見衆生懈怠　已身行精進
是故此菩薩　自得歡喜心
見生死過患　而生厭離心

자기 자신은 정진을 행하나니
이 때문에 이 보살은
스스로 기뻐하는 마음을 얻는다.

나고 죽는 허물을 보면서
싫증 내는 마음을 내고
[59]삼계三界의 감옥을 두려워하면서
힘써 마음으로 버릴 것을 찾는다.

중생들은 성내고
원망하기 좋아하나
자기는 자비심에 머무르나니
이 때문에 이 보살은
기쁨과 즐거움을 내게 된다.

중생들이 하고 있는 일은
모두 하지 말아야 할 일들이니
이 때문에 우리는 마땅히

怖畏三界獄　勤心求捨離
衆生樂瞋恨　自住慈悲心
是故此菩薩　生歡喜悅樂
衆生所可作　皆所不應作
是故我當求　無有上佛道
是名真實智　諸佛所稱歎
我當學是智　衆生得歸趣
是故此菩薩　常得歡喜心
從有無空僞　當生真實法

대보적경 77권, 부루나회

---

59 삼계와 육도는 표현만 다를 뿐이지 사실은 같은 세계이다. 삼계란 윤회의 세계를 욕계(欲界), 색계(色界), 무색계(無色界)의 셋으로 구분한 것이다. 욕계란 식욕, 성욕 등의 온갖 욕망이 가득한 중생들의 세계로서 지옥, 아귀, 축생, 아수라, 인간, 그리고 천상세계 중의 여섯 하늘[六欲天]이 여기에 속한다. 색계란 욕망은 벗어났지만 아직 물질[色]의 차원에 머물러 있는 세계로서, 천상세계 중 사선천(四禪天, 세분하면 8天임)이 여기에 속한다. 무색계란 욕망을 벗어남은 물론 물질까지도 사라진 순수한 정신세계로서, 천상세계 중 사무색천(四無色天: 공무변처천 내지 비상비비상처천)이 여기에 해당된다.

219

위없는 불도를 구해야 한다.

이것을 진실한 지혜라 하고
모든 부처님께서 찬탄하는 것이니
우리는 마땅히 이 지혜를 배워서
중생의 귀의할 곳이 되어야 한다.

이 때문에 보살은
항상 기뻐하는 마음을 얻으며
유무有無의 공위空爲에 따라
진실한 법을 나타낸다.

◎

그때 세존께서
이 일을 분명히 알게 하려고
게송으로 말씀하셨다.

법을 구하면 법을 얻을 수 있음이
바로 부처님 도[佛道]의 근본이니
항상 부지런히 법을 닦고 익히면
그릇된 법을
멀리 여의게 되느니라.

爾時世尊欲明了此事而說偈言：
求法能得法　是爲佛道本
常勤修習法　遠離於非法
常行於正道　遠離諸邪道
常修習諸佛　所可親近道
是則離諸難　能得無難處
得無難處已　精進必不虛
在二最尊貴　諸形色中上
眷屬具成就　於諸一切勝
堅心常安住　戒品忍辱品
亦住精進品　增長於禪智

항상 바른 도를 행하면서
모든 삿된 도를 멀리 여의며
언제나 모든 부처님께
친근한 도를 닦아 익히느니라.

이러면 곧 모든 재난을 여의고
재난이 없는 곳을 얻을 수 있으며
재난이 없는 곳을 얻은 뒤에는
그 정진이 반드시
헛되지 않으리라.

두 가지 가장 존귀한 데 있으며
모든 형색形色 중에 으뜸가며
권속들은 두루 성취되고
모든 것에서 가장 뛰어나리라.

견고한 마음으로 계율과
인욕에 항상 머무르고
또한 정진에 머무르면서
선의 지혜[禪智]를
더욱 자라게 할지니라.

모든 중생들 가운데서
언제나 으뜸가는 이[上首]가 되며

於諸衆生中　常能爲上首
功德中亦勝　了義無所畏
대보적경 79권. 부루나회

공덕 가운데서도 또한 뛰어나고
이치를 환히 알면
두려울 바 없느니라.

◎

그때 세존께서
이 뜻을 거듭 펴시려고
게송으로 말씀하셨다.

말씀하신 대로 수행하고
깊은 법인을 잘 이해하며
희고 깨끗한 법[白淨法]을
얻고자 하여
모든 묘한 행을 굳게 지니며

한량없는 중생들을 교화하면서
보리의 마음을 일으키게 하며
이 네 가지 법을 행하는 이는
한량없는 세계를
진동시킬 수 있느니라.

爾時世尊欲重明此義而說偈言:

如所說修行　善解深法忍

欲得白淨法　堅持諸妙行

能教無量衆　發於菩提心

行此四法者　能動無量刹

대보적경 100권, 무구시보살응변회

◎

세존께서 대답하셨다.

뛰어난 깨달음으로
청정한 업을 이루고
정진하여 악마를 꺾어 조복하며
말씀대로 수행하면
날 때마다 대중들의
사랑을 받느니라.

世尊答曰：

勝解成淨業　精進摧伏魔
如說而修行　所生令衆愛

대보적경 106권, 아사세왕자회

◎

그리고 게송으로 말씀하셨다.

죽는다는 생각을 닦아라.
나는 오래지 않아
목숨을 마치리니
그러므로 간직한 모든 것 중에서
이 재물을 마땅히 견고히 하라.

남녀의 일을 구별하여
끝내 이익을 위하지 말고
빨리 견고한 법 구하되
신명과 재물로 구하라.

而說頌曰：

當修習死想　我不久命終
是故諸所藏　此財應修堅
爲別男女事　終不爲利是
速疾求堅法　身命及財物
慇重欲菩提　所作不輕躁
爲求法利故　一切時摧伏
猶如小女戲　亦如光漸現
不樂著於味　欲法者如是
讀誦不休息　善好法莊嚴
其難可修集　於種種諸衆
如是相似法　迦葉我已說
其有聰利者　我悉知是人

간절히 보리를 구하되
행동이 경박하지 말고
법의 이익을 구하기 위해
언제나 꺾어 항복 받아라.

마치 소녀가 장난할 때
광명이 점점 나타나나니
맛을 즐겨도
집착하지 않는 것처럼
법을 요구하는 이도 이래야 한다.

쉬지 않고 경전을 읽고 외우며
그 좋은 법의 장엄과
가지가지 모든 것들은
닦아 모으기 매우 어렵나니

이와 같이 서로 비슷한 법을
가섭아, 나는 이미 말했다.
총명하고 영리한 사람 있으면
내가 그런 사람을 다 아나니

저들은 자신을 잘 알고
스스로 자신을 가엾이 여기리니
저들은 그 때가 되면

彼知已解了　自怜愍於己
是人於彼時　數數與我對

대방광삼계경 하권

자주자주 나를 만나리라.

◎

부처님께서
이에 게송으로 말씀하셨다.

항상 청정한 마음으로
부처님을 생각하며
정진에 뜻을 두어
깊은 법에 머무르고
스스로 힘써서 공덕을 세우면
마魔가 기회를 노리지 못하리라.

佛於是說偈言：

常淨意念於佛　志精進在深法
自勗勉立功德　魔用是不得便

수마제보살경

◎

이때 세존께서
게송으로 말씀하셨다.

모든 법의 평등한 성품을 잘 알고
항상 정진하며 여래를 생각하고
일체의 모든 선근을 잘 회향하면
어떤 악마도
그 틈을 엿보지 못하느니라.

爾時世尊而說偈言：

能知諸法平等性　常起精進念如來
迴向一切諸善根　衆魔不能得其便

수마제경

◎

부처님께서
다음과 같이 읊으셨다.

모든 돌아다니는 곳을 버리고
저 허공과 같은 한 마음을 닦아라.
마음에 방일함이 없으면
정진을 행하고
업을 닦아서
구경究竟에 이르리라.

뜻을 통달해
이들 네 가지 덕을 실행하여
불도佛道를 따라 닦으니
고요하고 묘하니라.
삼매를 얻어서 마음이 담박하니
정각正覺을 이루고서
불도를 행하느니라.

◎

세존께서 다시
게송으로 말씀하셨다.

佛時頌曰 :

棄捐一切周旋處　彼修一心如虛空
志無放逸行精進　所可修業能究竟
意達行此四德事　遵修佛道斯寂妙
便得三昧心憺怕　則成正覺佛道行

불설이구시녀경

爾時世尊而說偈言 :

說有爲多苦　樂獨行如犀
勤進常有智　究竟行善業

유위有爲는
괴로움 많음을 말하거니와
무소처럼 혼자 가기를 즐기며
정진하고 항상 지혜 있으며
끝까지 선업을 행하라.

이런 네 가지 법을 행하면
보리의 행을 구하여
고요한 삼매를 얻고
부처 보리를 빨리 깨치리.

行如是四法　求於菩提行
得寂靜三昧　速覺佛菩提

득무구녀경

◎

그때 세존께서 곧
게송으로 말씀하셨다.

정진을 갖춘 사람은 사자왕이라.
대중 가운데 정진을 찬탄하고
정진·설법 쉬는 때가 없어라.
그러므로 제22의 업에 나아가네.

爾時世尊卽說頌曰：

具精進人師子王　於大衆中讚精進
精進說法無休息　是故進業二十二

대방등대집경 3권

◎

부처님께서 게송으로 말씀하셨다.

佛於是頌曰：

사람 가운데 사자로세.
정진의 힘으로 인해
이 정진의 힘으로써
언제나 뭇 사람들의
찬탄 받으면서
정진의 힘이
[60]손모損耗되지 않으므로
경전의 법을 연설한다네.

또 중생을 법기에 걸맞게 하고자
더욱 정진에 편히 머물면서
[61]구창究暢하지 않음 없으니
몸 · 입 · 마음을
게을리하지 않는다네.

그러므로 정진과 평등으로
아무런 허물이 없으며
그 자비하신 뜻에 따라
항상 중생을 위해 설법한다네.

其人中師子　因精進之力
以此精進力　常而諮嗟之
其精勤勢力　未曾有損耗
所演說經法　用應法器故
安住所精進　無能究暢者
其身口及心　初未嘗勞倦
已精進平等　一切無罪釁
其意懷愍哀　常爲衆生說

대애경 6권

---

60 없어지거나 사라지는 것.
61 깊이 연구하여 가르침을 널리 펼치는 것.

부처님께서 이때에
게송으로 말씀하셨다.

항상 불법을 즐겁게 믿고
정진하여 깊은 지혜 알며
널리 사람 위해 말하되
공양을 탐하거나 얻지 말라.

뜻 잘 알아서 욕심 여의고
항상 부처님 위덕 생각하며
무수한 신통변화 다 보고 알아
과거·미래·현재의 부처님,

사람 가운데 제일 존귀해
여러 가지 상호 갖추시고
[62]유루有漏의 티 없는 황금색으로
견고한 가르침의 지혜 끝없네.

이 법 들으면

佛爾時說偈言 :

常信樂於佛法　精進行解深慧
廣分布爲人說　愼無得貪供養
意善解便離欲　常念佛有威德
悉見知無數變　過去佛及當來
幷現在人中尊　諸相好若干種
黃金色無穢漏　堅固敎無極慧
聽是法無亂心　常捨離懈怠行
無恚害向他人　敬於師當如佛
愼無得疑斯經　一切佛所歌歎
常造立佛形像　常敎人學是法
行如是得三昧

불설반주삼매경 1권

---

62 더러움과 번뇌. 누(漏, āsrava)의 문자 그대로의 의미는 '흐르다' 또는 '새어 나오다'이다. 누(漏)는 인간
이 번뇌 때문에 각종 악업을 행하고 그 결과 고(苦)가 그 사람의 삶에 누출(漏出: 새어 나옴)되어 나타
나고, 번뇌와 고의 이러한 누출로 인해 그 사람은 혹(惑)·업(業)·고(苦)의 윤회3도(輪廻三道)를 전
전하면서 미혹의 세계[迷界]를 유전(流轉: 끊임없이 윤회함)하게 된다는 것을 뜻한다. 이러한 의미에
서 누(漏)를 곧 번뇌라고 할 수 있다.

마음이 산란해지지 않고
항상 게으른 행 여의리.
성내어 남 해침 없고
스승 공경하기를
부처님같이 하리라.

이 경 의심하지 않으면
모든 부처님께서 칭찬하시리.
항상 불상 만들어 세우고
항상 사람에게 가르쳐
이 법 배우게 하라.
이같이 행하면 삼매 얻으리.

◎

그때 부처님께서
게송으로 말씀하셨다.

그 마음 얻을 수 없다면
다툼이 있을 수 없다.
만약 중생을 얻을 수 없다면
이는 제일의 법인法忍이다.

보살이 게으른 마음을 떠나면

佛時頌日：

其心不可得　則無有諍訟
若不得衆生　是爲第一忍
菩薩離懈怠　其志無所行
永無所勤修　乃日最精進
其身及心意　所遣直無邪
菩薩無所說　是第一精進
若有懈怠者　菩薩化立之
無心無所行　住第一精進
其心不可得　內外無所著

그 뜻에 행하는 것 없고
영원히 부지런히 닦는 것 없어도
최고의 정진精進이라고 한다.

그 몸과 마음을 버려
바로 사악한 견해가 없으면
보살은 말하는 것 없어도
이는 제일의 정진이라고 한다.

만약 게으른 이가 있으면
보살은 그를 교화하여 세우면서
마음도 없고 행하는 바도 없어서
제일 정진에 머무른다.

그 마음 얻을 수 없어
안과 밖에 집착하는 것 없다.
만약 마음을 잡을 수 없으면
이는 정의定意이다.

마음에 항상
스스로 부지런히 닦아
자연히 소유할 것 없으면
생각도 없고
정수正受(삼매)도 없으니

若心不可逮　是則爲定意
心常自勤修　自然無所有
無思無正受　乃曰逮三昧
所以言定意　以能作是行
安住名自然　是第一定意
不知慧所在　何所自然法
自然及與慧　二俱無所有
是法不可得　斯識行正法
不以識知法　自然無所有
若有了此行　菩薩意堅強
行第一之義　世所無所趣
衆會無等倫　爲衆而宣法
斯等雖遊居　無衆生望想

불설대방등정왕경

231

이에 삼매에 이르렀다고 한다.

정의定意라고 말함은
능히 이 행을 함으로써
안주하기에 자연스럽다고 하니
이것이 제일의 정의이다.

지혜 있는 곳을 알지 못하니
어느 곳이 자연의 법인가.
자연과 지혜
둘 다 함께 무소유이다.

이 법은 얻을 수 없으므로
이 식識이 정법正法을 행하나
식으로 법을 알 수 없으니
자연히 무소유이다.

만약 이 행行을 알면
보살의 뜻이 견고해져서
제일의 이치를 행하니
세간으로 나아갈 것도 없다.

대중의 모임에서 똑같은 이 없어
대중을 위해서 법을 베푼다.

이들은 비록 돌아다니며 살지라도
중생들의 바라는 생각이 없다.

◎

그때 부처님께서 다시
방일해지는 천자들을 위해
미묘한 법을 연설하면서
다음 게송으로 꾸짖으셨다.

방일은 생사의 근본으로서
여러 하늘사람들이 머무는 곳도
방일의 독에 취하게 되면
모든 존재[有]에
언제든지 빠지게 되리라.

만일 누구나 방일을 떠나면
아주 삼계의 바다를 벗어나리.
방일은 우치를 근본으로 삼으므로
깜깜하여 아무것도
깨닫지 못한다.

광명의 일어남은 근본 있나니
마치 불이나 해에서

爾時如來復爲放逸諸天子等說微
妙法 以偈訶責：

放逸生死本　諸天所住處
放逸毒所醉　沒在於諸有
若有離放逸　永脫三界海
放逸癡爲本　盲冥無所覺
光明起有本　從於火日生
因癡生放逸　大仙如是說
放逸火熾然　由心之所起
誑惑愚癡人　至諸地獄道
天人行放逸　女色之所使
和合相娛樂　不知愛別苦
臨命欲終時　現前受大苦
婇女亦隨盡　諸樂皆磨滅
和合必有離　一切樂皆盡
壯少當衰變　一切業皆盡
一切諸衆生　善惡業所繫
如伎人遊戲　去來各差別
業伎之所繫　流轉於生死
無常業流動　智者不應信
放逸如毒害　應方便捨離

233

생기는 것처럼
우치로 인해 방일이 생긴다고
큰 신선은 이렇게 말씀하신다.

맹렬히 타는 방일의 불은
마음으로 말미암아
일어난 것으로서
어리석은 사람을 미혹시켜
온갖 지옥 길에 이르게 한다.

하늘사람들이 행하는 방일은
여색에 부림을 받아
한데 어울려 서로 오락하면서
사랑과 헤어지는 고통을 모른다.

목숨이 장차 끝나려 할 때
당면한 큰 고통 받으면
[63]채녀娞女들도 또한 다 떠나리니
온갖 즐거움 모두 다 사라진다.

정답게 모였어도
반드시 이별 있고

若離於放逸   永渡三界海

정법념처경 관천품

---

63 채녀(娞女)는 그냥 여자를 지칭하는 말인 듯하다.

온갖 즐거움도 다할 때가 있다.
젊음도 장차 늙어지리니
일체의 업은
모두 끝이 있는 것이다.

모든 중생들
선악의 업에 얽매인 것은
마치 광대놀이와 같아
가고 오는 것이 각기 다르다.

업과 재주의 놀림에 얽매여
생사의 바다에 흘러 다닌다.
무상의 업은 유동하는 것이므로
지혜로운 사람은 믿지 않는다.

방일은 마치 독의 해와 같거니
어쨌든지 그것을 버려야 한다.
만일 방일을 떠날 수 있으면
삼계의 바다를 아주 건너리.

그때 부처님께서
다음 게송으로 말씀하셨다.

爾時世尊而說偈言：

放逸之毒樹　三枝住在上

방일의 [64]독수毒樹 위에
세 개의 가지가 있으니
그것은 늙음, 병, 죽음으로서
언제나 그 위에 있다.

늙음 따위도 괴롭히지 못하는
선을 행하는 대장부로서
만일 방일하지 않으면
그는 열반의 길을 가는 이다.

방일하지 않은 큰 도끼는
항상 모든 허물을 베어 버린다.
그는 허물에서 벗어났으므로
위없는 즐거움을 얻는다.

만일 방일로써 즐거움을 받아도
그 즐거움은 늘 두려움이거니와
만일 그 방일을 떠나 버리면
그 즐거움은 언제나
없어지지 않는다.

이렇게 백백 번이나

謂老病死物	常在其上住
老等不能惱	丈夫善行者
若不放逸行	彼行涅槃道
不放逸大斧	常能斫諸過
彼解脫過故	得無上之樂
若放逸受樂	彼樂常怖畏
若離彼放逸	彼樂常不退
如是百百倒	放逸之所誑
以未覺知故	今猶有不離
四種顛倒見	住在放逸上
捨離放逸故	則失世間怨
此無量分別	無量怖畏逼
生死轉行苦	皆由彼放逸
若離一放逸	則得樂不退
一切無漏法	放逸故能失
天中不放逸	上上而轉行
何放逸癡天	不能得解脫
彼此善思惟	種種分別已
如自利益作	後時則不悔
若天若受樂	若其餘少法
此有爲相法	應知皆無常
若法有爲數	彼畢竟失滅
後時必破壞	常受諸苦惱
若有憶念樂	放逸所壞者

---

64 독을 맺는 나무.

방일에 홀리면서도
그것을 깨닫지 못하기 때문에
지금도 오히려 버리지 못한다.

네 가지 뒤바뀐 견해는
항상 방일에 있나니
만일 방일을 버리면
세상의 원망이 없으리.

이 한량없는 분별과
한량없는 두려움의 핍박 받으며
생사에 굴러다니는 고통은
다 저 방일 때문이니라.

만일 한 번 방일을 떠나도
얻은 즐거움은 없어지지 않나니
모든 무루無漏의 법도
방일 때문에 잃어버린다.

이 천상에서 방일하지 않으면
그는 위로 자꾸 올라가리니
어찌하여 방일한 우치한 하늘은
방일에서 벗어나지 못하는가.

彼於離散時　則多受苦惱

정법념처경 관천품

여러 가지로 잘 생각하고
갖가지로 분별하여
스스로 이로운 일 행하면
뒷날에 가서 후회하지 않으리.

천상에서 받는 즐거움도
그 밖의 다른 조그만 법도
그것은 유위有爲의 법이거니
무상한 것임을 알아야 한다.

어떤 것이든 유위법有爲法이라면
그것은 반드시 없어지는 것이니
뒤에 가서는 반드시 파괴되어
언제나 온갖 고뇌 받으리.

만일 누구든 쾌락을 생각하여
방일에 파괴되면
쾌락이 떠나 흩어질 때에는
곧 많은 고뇌 받으리.

◎

그때 세존께서
게송으로 말씀하셨다.

爾時尊乃說偈言:

若捨悲精進　無明慢相應

자비를 버리고 정진하면
무명無明과 아만我慢이 서로 응하여
고요함이 눈앞에 나타나지 않으니
번뇌[漏]가 사라질 길이 없으리라.

寂靜不現前　無由漏除滅

묘법성념처경

◎

그때 세존께서 죄업을 받고 있는
모든 중생을 위하여
게송으로 말씀하셨다.

물이 흘러도
항상 가득 차는 법은 없고
불이 치성하여도
오랫동안 타는 법은 없으며
태양이 떠오르면 잠시 후에 지고
달이 차오르면
다시 기우는 법이네.

존귀하여 영화를 누리더라도
덧없이 흘러가 버리나니
열심히 정진할 것을 염두에 두고
위없이 존귀한 분께
머리 숙여 예 올려야 하리.

爾時世尊即爲此諸受罪衆生而說
偈言：
水流不常滿　火盛不久然
日出須臾沒　月滿已復缺
尊榮豪貴者　無常復過是
念當勤精進　頂禮無上尊

불설죄업응보교화지옥경

◎

그때 세존께서
다시 이 뜻을 거두어
게송으로 말씀하셨다.

스스로에게 부끄러운 것과
남에게 부끄러운 줄 모르는 이는
게을러서 정진하지 않으니
⁶⁵혼침과 수면이 많은 까닭에
번뇌[結]를 다하기엔 너무도 멀고

스스로에게 부끄러운 것과
남에게 부끄러운 것 있는 이는
언제나 방일하지 아니하여서
고요한 선정을 즐겨 닦으니
열반에 이르기 멀지 않으리.

그들은 모든 번뇌[結]와
나고 늙고 병들고 죽음을
끊어 버리니
⁶⁶삼보리三菩提를 빨리 증득하여서

爾時世尊重攝此義而說頌曰 :

無慚無愧者　懈怠不精進
多惛沈睡眠　去結盡爲遠
有慚有愧者　常無有放逸
樂靜慮深定　去涅槃不遙
彼能斷衆結　及生老病死
速證三菩提　得無上安樂

본사경 이법품

---

65 혼침(惛沈)은 경안(輕安)의 반대인데, 몸과 마음(6식 또는 8식, 즉 심왕, 즉 심법)을 무겁게 하고 침울
하게 하고 무기력하게 하는 마음작용이다.
66 산스크리트어 아누따라삼약삼보디(anuttara-samyak-sambodhi)를 음사한 것으로 '위없는 올바르고

위없는 안락을 얻으리라.

◎

그때 세존께서 곧
게송으로 말씀하셨다.

수승한 [67]불과佛果를
구하려는 모든 이
마땅히 보리심을 발하여
부지런히 정진 수행하고
반드시 선지식을 의지해야 하리라.

인욕은
부처님께서 칭찬하시는 바이니
힘 있는 사람이라 일컬어지려면
고요하고 한적한 곳에
성스럽게 머무르며
사자처럼
두려움이 없어야 하리라.

爾時世尊即說偈言：
諸欲求勝果　當發菩提心
策勤精進行　須依善知識
忍辱佛所讚　稱爲有力人
空閑聖所居　無畏猶師子

불설보살수행사법경

두루한 깨달음, 또는 지혜'라 번역된다. 무상정변지(無上正遍智), 무상정등각(無上正等覺)으로 한역
되며, 빠알리 원어(anuttara sammasambodhid)도 '무상정등각(無上正等覺)'이라 번역된다. 한문의
음사 표기는 아누다라삼막삼보제(阿耨多羅三藐三菩提)이지만, 속화된 발음의 변화로 '아뇩다라삼먁
삼보리'로 읽는다. 부처님의 완전한 깨달음을 가리킨다.
67 불도 수행을 원인으로 하여 얻는 최상의 경지.

◎

부처님께서 그때에
게송으로 말씀하셨다.

정진하며 집착하는 것 없고
교화를 멈추는 일 없으며
생사를 미워하거나 싫증내지 않고
방편의 지혜를 버리지 않네.

佛於是頌曰 :

精進無所著　教化未曾斷
不患厭生死　不廢捨權慧

불설연도속업경

◎

게송으로 말씀하셨다.

뜻을 오롯이 해 마음을 생각하라.
마음을 오롯이 생각하기
극도로 좋아하면
그것이 바로 모든 법의 근본이요
일체 세간의 탑이니라.

언제나 보리의 마음 생각하고
그 마음에 머물고
잘 머물기를 좋아하라.
그것이 바로 십력十力의 근본이요
천상세계의 탑이 되리라.

而說頌曰 :

當專志念意　極好專念意
此是諸法本　一切世間塔
常念菩提心　住意好善住
此是十力本　當爲天世塔

대방광여래비밀장경

◎

그때 부처님께서
게송으로 말씀하셨다.

항상 아란야행을 닦되
게으르지 않고
부지런히 깊은 법인을 수행하되
머리에 붙은 불을 끄듯 할지어다.

이 수행은 가장 수승하여
모든 부처님께서 찬탄하시니
다른 이의 권속과 명예와
이익을 탐하지 않으며

그리고 갖가지 재물에 대해
탐애貪愛하는 마음을 내지 않고
욕심이 적어 만족함을 알되
음식을 쌓아 두지 않는
새처럼 하라.

이미 사람의 몸을 얻어
항상 많은 선법善法을 닦으니
거룩하구나, 불법佛法을 얻음이여.
출가하여 괴로움의 근본을

爾時世尊即說偈言 :

常修阿蘭若　住於不放逸
勤行深忍心　當如救頭然
斯行最殊勝　諸佛之所讚
不於他眷屬　名譽利養等
及以諸財物　而生貪愛心
少欲及知足　如鳥無儲積
既已得人身　常應修衆善
善哉得佛法　出家棄苦本
憍慢諸煩惱　悉已得清淨
應當勤恭敬　尊重佛法僧
貪利失念智　亦喪信戒法
去菩提甚遠　是故應棄貪

무량문파마다라니경

243

여의었느니라.

교만과 모든 번뇌가
이미 청정해지면
불법승佛法僧을 존중하는 것처럼
마땅히 공경 받게 되느니라.

이익을 탐내면
[68]염지念智를 잃어버리고
계법戒法 믿는 마음을 상실하며
보리菩提를 여의게 되니
반드시 탐욕을 버려야 하느니라.

---

68 십지(十地)의 넷째 단계. 번뇌를 태워 없애 지혜가 더욱 성하는 단계이다.

제
5
장

禪定

선정

만일 사람에게 선정[禪]의 마음이 없으면
곧 깨끗한 지혜가 없으므로
모든 번뇌를 끊을 수도 없나니
그러므로 너는 부지런히 닦아라.

◎

삼계의 번뇌를 없애고자 한다면
선정으로써 그 뜻을 묶어라.
지혜와 선정의 힘으로써
선정에 들면
외부의 산란심을 거두리라.

能除三有垢　攝定用縛意
智慧禪定力　己定攝外亂

출요경 14권, 도품

◎

뜻대로 얻더라도
그것에 의지하지 말고
남에게 칭찬 받기를 바라지 말라.
그것을 바라는 비구는
바른 선정에 이르지 못하리라.

自得不恃　不從他望
望彼比丘　不至正定

출요경 15권, 이양품

◎

대보살이
[69]네 가지 선정禪定을 닦아

大菩薩修四禪定　如所愛樂而無住
或復不住於四禪　當得最上之菩提

---

69 사선이란 당시 세간에서 행하던 선정[世間禪]으로서, 초선(初禪)·이선(二禪)·삼선(三禪)·사선(四禪)의 네 가지 선정을 말한다. 이후에 설하는 모든 선정이 이로부터 나오게 되므로 '근본 선정'이라고도 한다. 사선은 모두 삼계(三界) 가운데 욕계(欲界)에서 일어나는 갖가지 욕망 등을 극복하여, 청정한 색계(色界)에 머물게 되는 선정이다. 초선에 이를 때에, 청정한 색계의 사대(四大)가 그대로 욕계의 몸에 느껴지므로[覺支], 그것을 세심한 마음으로 살펴서[觀支] 기뻐하고[喜支] 편안하여[樂支] 마음이 선정법과 하나가 된다[一心支]. 2선에서는 초선의 느낌과 살피는 마음이 고요해져서[內淨支] 안

사랑하고 좋아하는 것에
머물지 않으면
혹 다시 네 가지 선정에
머물지 않더라도
반드시 더없이
훌륭한 보리를 얻으리.

가장 훌륭한 반야를 얻어 선정과
[70]사무색四無色과 삼마지에 머물면
가장 훌륭하고 큰
선정을 얻은 것이니
다시 배우지 않아도
모든 번뇌가 다 없어지리.

이 [71]공덕장功德藏은
이제껏 없던 것으로서

得最般若住禪定　四無色等三摩地
爲得最上大禪定　而復不學諸漏盡
此功德藏未曾有　行三摩地而無相
住彼不破於我見　有心所思生欲界
譬如南閻浮提人　未生諸天生北洲
見彼境界而求生　作彼住已而復還
菩薩所修之功德　三摩地行而相應
雖同凡夫住欲界　由如蓮華不著水
菩薩度脫於衆生　圓滿淨土波羅蜜
不求生於無色界　而求菩提波羅蜜
譬如天人獲寶藏　雖得不生愛樂心
或言天人而起心　欲收彼寶不可得
大智菩薩不樂住　四禪寂靜三摩地
出彼寂靜三摩地　而入欲界爲世間
若菩薩行三摩地　不樂羅漢及緣覺
乃至散亂兇惡心　無知迷亂無功德
色聲香味觸五欲　及彼緣覺聲聞等
如是之法悉遠離　等引不離菩提心

으로 선정의 기쁨이 가득해진다. 그런 의미에서 2선을 '기쁨 가득한 선정[喜俱禪]'이라고도 한다. 3선에서는 2선의 용솟음치는 기쁨이 가라앉고 안으로부터 우러나는 즐거움이 온몸에 두루 가득하게 되므로 '즐거움 두루한 선정[樂俱禪]'이라고도 한다. 경전에서도 3선의 즐거움은 지극하여 성인이라야 버릴 수 있지 다른 사람은 버리기 힘들 정도라고 하였다. 4선에 이르면 이전까지의 모든 즐거움과 괴로움 혹은 기쁨과 근심 등을 모두 여의게 되므로 '움직이지 않는 선정[不動禪]' 또는 '참된 선정'이라고 부른다. 삼승의 수행자가 좋은 방편으로 행한다면 여기에서 참된 무루의 지혜를 일으킬 수 있으나, 세간에서 외도의 수행자들은 지혜의 방편이 없어서 색계의 몸을 여의지 않고 의식만 소멸한 채 증득한 선정을 열반으로 삼기도 한다. 그것은 삿된 길로서 열반이라 할 수 없다.

70 사선정과 함께 공무변 · 식무변 · 무소유 · 비상비비상처정 등 무색계의 네 가지 불교수행법.

71 공덕의 보장. 선근을 간직해 둔 것. 모든 공덕을 성취한 것이 부처님이기 때문에 곳간에 비유한다. 예) 아미타불의 명호. 모든 공덕을 한 명호 속에 거두기 때문이다.

삼마지를 행하여 상相이 없고
'나'라는 견해를
부수지 않은 채 머물더라도
마음에 사유가 있으면
욕계欲界에 태어나리.

비유하면 남염부제南閻浮提에
사는 사람이
천상세계에 태어나지 못하고
북구로주[北洲]에 태어나
그 경계를 보고서
천상세계에 태어나기를 구하여도
그곳에 머문 후에는
다시 돌아오는 것과 같네.

보살이 닦은 공덕이
삼마지행三摩地行과 상응하면
비록 범부와 같이
욕계에 머물러 있어도
마치 연꽃이
물에 젖지 않는 것과 같네.

보살이 중생을
생사에서 건져 내어

菩薩一向爲衆生　修行精進波羅蜜
由如奴僕事其主　利於衆生亦如是
如僕事主心專注　雖被瞋辱而無對
凡所動止常在心　唯恐彼主責其過
菩薩爲求佛菩提　如奴事主利衆生
證得無上菩提已　利生如火燒草木
晝夜勤行利他行　利已內心無我相
如母愛子常衛護　寒暑雖苦心無倦

불설불모보덕장반야바라밀경 산화품

원만하게 정토에
이르도록[波羅蜜] 하고도
무색계無色界에 태어나기를
바라지 않고
보리의 피안에 이르기를 구하네.

비유하면 천인天人이
창고에 가득 찬 보배를 얻어
사랑하고 좋아하는 마음을
내지 않더라도
혹시 천인이기 때문에
그러한 마음을 일으킨다고 말하면
그 보배를 거두고 싶어도
거둘 수 없는 것과 같네.

큰 지혜를 이룬 보살은
네 가지 선정과 적정과
삼마지에 머무는 것을
즐거워하지 않고
저 적정과 삼마지를 떠나서
욕계欲界로 들어가나니
세간을 위함이네.

만약 보살이 삼마지를 행하더라도

아라한과 연각과
산란散亂하고 흉악凶惡한
마음까지도 좋아하지 않으면
미혹迷惑과 산란함을 알지 못해
공덕이 없네.

색色, 성聲, 향香, 미味, 촉觸과
오욕五欲, 연각, 성문 등
이러한 법을 모두 멀리 벗어나면
⁷²등인等引이 보리심을
떠나지 않네.

보살은 한결같이 중생을 위하여
정진바라밀精進波羅蜜을
수행하나니
마치 노복奴僕이 그 주인을 섬기듯
중생을 이롭게 함이
또한 이와 같네.

마치 노복이 주인을 섬김에
마음을 오롯이 하여

---

72 원효 스님은 등인에 대해서 혼침과 번뇌로부터 멀리 벗어난 것이기 때문에 등(等)이라 하고, 신통(神通) 등의 여러 가지 공덕을 인발(引發)시키기 때문에 인(引)이라 하며, 또한 후회 없는 환희나 안락을 끌어내는 바이기 때문에 등인이라 한다고 하였다.

주인이 화를 내거나 욕을 하여도
대꾸함이 없이
모든 움직임과 그침이
항상 마음속에 있어
다만 그 주인이 자신의 허물을
책망할까 걱정하듯

보살은 불보리를 구하기 위하여
노복이 주인을 섬기듯
중생을 이롭게 하며
위없는 보리를 구한 후에도
중생을 이롭게 하나니
불로 풀과 나무를 태우듯
남김이 없네.

밤낮으로 다른 이를
이롭게 하는 행을 힘써 행하고
자신을 이롭게 하고도
마음속에 아상我相이 없나니
마치 어머니가 자녀를 사랑하여
항상 돌보고 보살핌에
추위와 더위가 괴롭히더라도
그만두고 싶은 마음이
없는 것과 같네.

◎

그때 세존께서 거듭 게송으로써
난타에게 말씀하셨다.

만일 사람에게
선정[定]의 마음이 없으면
곧 깨끗한 지혜가 없으므로
모든 번뇌를 끊을 수 없나니
그러므로 너는 부지런히 닦아라.

너는 항상 묘한 관觀을 닦아서
모든 쌓임[蘊]의
나고 없어짐을 알며
깨끗해지고 또한 원만해지면
모든 하늘이
다 기뻐하게 되느니라.

친한 벗들이 함께 기뻐하면서
오가며 서로가 사랑하리니
이름을 탐내고
이익에 집착하는 일을
난타야, 너는 버려야 하느니라.

집에 있는 이[在家]를 친근하지 말고

爾時世尊重說伽他告難陀曰:
若人無定心　即無淸淨智
不能斷諸漏　是故汝勤修
汝常修妙觀　知諸蘊生滅
淸淨若圓滿　諸天悉欣慶
親友共交歡　往來相愛念
貪名著利養　難陀汝應捨
勿親近在家　及於出家者
念超生死海　窮盡苦邊際
初從羯羅藍　次生於肉疱
肉疱生閉尸　閉尸生健南
健南暫轉變　生頭及四支
衆骨聚成身　皆從業因有
頂骨合九片　頷車兩骨連
齒有三十二　其根亦如是
耳根及頸骨　腭骨并鼻梁
胸臆與咽喉　總有十二骨
眼眶有四骨　肩偶亦兩雙
兩臂及指頭　總有五十骨
項後有八骨　脊梁三十二
此各有根本　其數亦四分
右脅邊肋骨　相連有十三
左脅相連生　亦有十三骨
此等諸骨鎖　三三相續連
二二相鉤牽　其餘不相續
左右兩腿足　合有五十骨

255

집을 떠난 이[出家]도 친근하지 말며
나고 죽음의 바다를 뛰어넘어
괴로움의 맨 끝[苦邊際]까지
다 끊어야 한다.

맨 처음은 [73]갈라람羯羅藍으로부터
다음에는 물집[疱] 같은
살덩이가 생기고
그 살덩이에서는
[74]폐시閉尸가 생기며
폐시에서는
[75]건남健南이 생기느니라.

건남이 순식간에 바뀌고 변하여
머리와 네 개의 팔다리가 생기고
뭇 뼈가 모여 몸을 이루나니
모두가 업인業因으로부터
생기느니라.

總三百十六　支柱於身肉
骨節相鉤綴　合成衆生體
實語者記說　正覺之所知
從足至於頂　雜穢不堅牢
由此共成身　脆危如葦舍
無梢唯骨立　血肉遍塗治
同機關木人　亦如幻化像
應觀於此身　筋脈更纏繞
濕皮相裹覆　九處有瘡門
周遍常流溢　屎尿諸不淨
譬如倉與簏　盛諸穀麥等
此身亦如是　雜穢滿其中
運動骨機關　危脆非堅實
愚夫常愛樂　智者無染著
洟唾污常流　膿血恒充滿
黃脂雜乳汁　腦滿髑髏中
胸鬲痰癊流　內有生熟藏
肪膏與皮膜　五藏諸腹胃
如是臭爛等　諸不淨同居
罪身深可畏　此即是怨家

---

73 칼라라의 음역. 태내(胎內) 5위(位) 중의 하나. 부모의 정액이 화합하여 응결된 최초의 상태를 가리킴. 수태(受胎)된 지 첫 7일 동안의 상태를 말함. 가라라(歌羅邏), 갈랄람(羯剌藍), 갈라라(羯邏羅), 응활(凝滑), 잡예(雜穢).

74 폐시(閉尸)는 태내 오위의 세 번째 단계. 모태에 든 3주째를 이른다. 피와 살이 겨우 엉기어서 아직 굳어지지 않은 상태다.

75 또는 건남(健男 · 蹇南) · 갈남(羯南) · 가하나(伽訶那)라고 하며 번역하여 견육(堅肉) · 견후(堅厚)이다. 태내 5위(位)의 하나로 모태에 든 지 넷째 7일 동안을 말한다. 이 동안에 살이 엉기어 굳어진다고 한다.

정수리 뼈는 합하여
아홉 조각으로 되고
턱과 잇몸은 양쪽 뼈로 이어지며
이[齒]는 서른두 개가 있고
그 뿌리 또한 그러하니라.

귀와 그리고 목의 뼈와
턱뼈와 아울러 코의 등성이며
가슴과 또한 목구멍에는
총 열두 개의 뼈가 있느니라.

눈 언저리에는 네 개의 뼈가 있고
어깨에 둘씩 짝을 이루며
두 개의 팔과 손가락 끝에는
총 쉰 개의 뼈가 있느니라.

목 뒤에는 여덟 개의 뼈가 있고
등골 마루에는
서른두 개가 있으며
이들도 저마다 근본이 있고
그 수數도 네 개씩
나누어지느니라.

오른쪽 겨드랑이에 있는

無識耽欲人　愚癡常保護
如是臭穢身　猶如朽城郭
日夜煩惱逼　遷流無暫停
身城骨牆壁　血肉作塗泥
畫彩貪瞋癡　隨處而莊飾
可惡骨身城　血肉相連合
常被惡知識　內外苦相煎
難陀汝當知　如我之所說
晝夜常繫念　勿思於欲境
若欲遠離者　常作如是觀
勤求解脫處　速超生死海

대보적경 57권, 불설입태장회

257

늑골肋骨은
서로 연결되어 열세 개가 있고
왼편 겨드랑이에도 서로 연결되어
역시 열세 개의 뼈가 있느니라.

이들의 모든 뼈는 서로를 잡아매듯
삼삼ㅌㅌ으로 서로 이어져 있고
둘둘[ㄷㄷ]로 서로 끌어당기거니와
그 밖의 것은
서로 이어지지 않느니라.

좌우 두 개의 다리와 발에는
합하여 쉰 개의 뼈가 있으며
총 삼백열여섯 개의 뼈가
몸과 살을 버티는 기둥이니라.

뼈마디가 갈고리처럼
서로 연결되어
중생의 몸을 만든 것을
진실한 말 하는 이가
기억하여 말하나니
바르게 깨달은 이[正覺]가
알 바이니라.

발에서부터 정수리까지
뒤섞인 찌꺼기라 견고하지 않으며
이런 것을 같이하여
몸이 되었으므로
무르고 위태하기
갈대집 같으니라.

곁가지가 없이 뼈만으로 세워져서
피와 살을 두루 발랐으므로
[76]기관機關과도 같은 나무 사람이요
또한 환술로 된 형상과 같으니라.

이 몸은 힘줄과 맥으로 얽어매고
축축한 가죽으로 싸서 덮은 데에
아홉 개의 상처난 구멍이 있다고
이와 같이 관찰해야 하느니라.

거기에서 똥·오줌의
부정한 것들이
두루하게 항상 넘쳐흐르는 것은
비유하면 곳집과 둥구미 안에
모든 곡맥穀麥 등을

---

76 기계적인 힘으로 바꾸는 장치 또는 기계.

담은 것 같으니라.

이 몸 또한 이와 같아서
뒤섞인 찌꺼기가
그 안에 가득 찼고
뼈로 된 기관이
운동하는 것이므로
위태하고 무르며
견실堅實하지 않으니라.

어리석은 범부는
항상 좋아하지마는
지혜로운 이는
[77]염착染著함이 없나니
눈물과 침과 땀이 언제나 흐르고
고름과 피가
항상 가득 차 있느니라.

누런 지방에 섞여 젖즙이 나오고
뇌腦는 해골 속에 가득 차 있으며
흉격胸膈에서는 담음痰陰이 흐르고
그 속에는 생장生藏과

───────────────

77 번뇌에 물들고 집착하는 마음.

숙장熟藏이 있느니라.

비계의 기름과 가죽의 꺼풀이며
5장藏과 모든 장腸 · 위胃며
이와 같이
냄새나고 문드러진 것들과
모든 부정한 것이 같이 있느니라.

죄업으로 이룬 몸이라
몹시 두려울 만하여
이것이 바로 원수인데
무식無識하고 욕심에 빠진 사람은
어리석게도 항상 보호하느니라.

이와 같이 냄새나는 더러운 몸은
마치 썩은 성곽城郭과 같은데
밤낮으로 번뇌에 핍박당하면서
[78]천류遷流하며
잠시도 멈춤이 없느니라.

몸의 성城과 뼈로 된 담장의 벽에
피와 살을 이겨서 바른 것에다

---

78 옮겨 가고 흘러감.

탐냄 · 성냄 · 어리석음으로
그림 그리며
머무는 곳마다
치장하고 꾸몄느니라.

미워할 만한 뼈骨와 몸의 성城에는
피와 살로
서로가 연결하여 모였는데
항상 나쁜 벗의 해를 입으며
안팎의 고통으로 졸여지느니라.

난타야, 너는 알아야 한다.
내가 말한 것과 같다는 것을
밤낮으로 언제나 염두에 두고
음욕의 경계를
생각하지 말지니라.

만일 멀리 여의고자 하면
언제나 이와 같은
[79]관觀을 지으면서

---

79 범어는 비파샤나(Vipaśyanā)이며 능견(能見) · 정견(正見) · 관찰 · 관으로 번역된다. 그 방법으로는
   가상(假象)으로서의 달이나 해의 모양을 마음으로 관상(觀想)하는 방법과 일체의 현상이 무상하다는
   이치를 일념으로 관찰하는 무상관(無常觀), 일체법의 근본이 공이라고 관하는 공관(空觀), 인생은 나
   고 늙고 병들고 죽는 존재로서 깨끗하고 아름다운 것이 아니라 추한 것이라고 관하는 부정관(不淨
   觀), 법신은 본래 나고 죽음이 없다고 관하는 법신관(法身觀) 등 여러 가지가 있다.

부지런히 해탈하는 곳을 구하여
나고 죽는 바다를
속히 초월할지니라.

◎

그때 세존께서
게송으로 말씀하셨다.

남이 선을 닦거나
바른 법 설하는 것을 보고
훼방하거나 방해하지 않으며
여래의 탑묘에
등불을 켜서 보시하고
모든 선정을 닦아 익히면
불국토에 노닐 수 있느니라.

爾時世尊而說偈言 :

見人修善說正法　不生謗毀加留難
如來塔廟施燈明　修習諸禪遊佛刹

대보적경 98권, 묘혜동녀회

◎

그때 세존께서
이 뜻을 거듭 밝히기 위해
게송을 설하셨다.

선정 · 해탈 · 바라밀

爾時世尊欲重宣此義說伽陀曰 :

禪定解脫波羅蜜　常於多劫行是行
彼世間法意無著　是名寂照三摩地
若諸通達波羅蜜　如電莊嚴勝高顯
以能勇猛離諸垢　是名月光三摩地

많은 겁에 언제나
이 행을 행하라.
저 모든 세간의 법에
집착하는 마음 없나니
이것을 이름하여
적조寂照 삼마지라 한다.

만일 저 갖가지의
바라밀을 통달하면
번개 같은 장엄이
아주 높이 나타나
용맹스레 온갖 번뇌를 떠나리니
이것을 이름하여
월광月光 삼마지라 한다.

근심이 없는 계율의
덕의 광명 성취하여
모든 법에 합당하되
자유자재하게 운용하라.
이 법은 높고 씩씩해
수미산과 같나니
이것을 이름하여
법광法光 삼마지라 한다.

成就無憂戒德光　於諸法中自在轉
斯法高勇若須彌　是名法光三摩地
於彼法寶莊嚴地　正法總持妙淸淨
是心能伺於他心　名正法智自在轉
定能摧斷諸煩惱　如幢珠網無障礙
於十力中勝解脫　名破魔力三摩地
勝無能勝須彌燈　彼號智光淸淨眼
謂能合掌讚善言　妙住持地三摩地
以能入解空無相　無願寂靜地亦然
法念功德智自在　諸佛無邊三摩地
蘇難陀龍師子王　若來若去常安靜
淸淨眼力無瞬動　定名遠離種種想
金剛定如金剛地　高顯不動量須彌
淸淨音聲普遍轉　遠離煩惱三摩地
廣大一切功德相　猶若虛空無邊際
具足增長智慧念　辯才宣說悉無盡
觀察有情令善作　無邊無盡無損壞
慈能調柔悲善根　喜入極喜捨二障
解脫堅固生歡喜　如勝蓮華金剛幢
智海智光俱不動　是名法義三摩地
無邊解脫光明海　如來定慧願莊嚴
無上正覺妙寂靜　定名不動調伏法
光明願得莊嚴剎　令有情意悉歡喜
於正覺道常隨順　莊嚴寶髻波羅蜜
迅速如風無分限　亦如海藏持衆寶
施眞甘露解脫門　開七覺華三摩地
大神通義妙攝受　通達無邊悉圓滿

법으로 장엄한 저 자리에서
바른 법은
오묘한 청정을 모두 지녔다.
이 마음은
남의 마음을 잘 살피나니
바른 법의 지혜를
자재하게 굴린다[轉]고 한다.

선정은 모든 번뇌를
능히 꺾고 끊나니
당기의 구슬 그물이
아무 장애 없음과 같다.
십력+力 가운데서
훌륭한 해탈이여,
이것을 악마의 힘을 깨뜨리는
삼마지라 한다.

이길 수 없는 것을 이기는
[80]수미須彌의 등불이여,

普現如是佛境界　是名積石山王定
若修禪定波羅蜜　安住等引定境界
菩薩無量功德門　是名寂靜三摩地
於等引中隨作意　所發言音皆軌範
乃至行坐威儀中　如是悉常無放逸
又此諸法最寂靜　無我無人無壽者
亦無分別非分別　唯此無餘登彼岸
若修禪定波羅蜜　所獲無邊功德海
諸有智者菩薩衆　應當憐愍諸有情

대승보살장정법경 33권, 선정바라밀다품

---

80 불교의 우주관인 '삼천대천세계' 중 이 수미산 일대를 1수미세계라고 지칭한다. 수미산을 중심으로
    한 아홉 산과 여덟 바다가 세상을 이루는데, 이를 구산팔해라고 한다. 산 주위에는 칠금산(七金山)이
    라는, 수미산의 둘레를 일곱 겹으로 싸고 있는 일곱 산이 둘러서 있다. 이들은 모두 금빛을 띠고 있기
    에 칠금산이라 불린다. 수미산과 칠금산 사이에 칠해(七海)가 있으며 칠금산 밖에는 짠물 바다란 뜻
    의 함해(鹹海)가 있고 함해 속에 사대주, 즉 사방의 네 개 대륙이 있다. 함해 건너에는 수미산을 둘러
    싸고 있는 여덟 산 가운데 가장 밖에 있는 산인 철위산(鐵圍山)이 둘러 있다. 수미산의 사방, 철위산

그 이름을 지혜 광명의
맑고 깨끗한 눈이라 한다.
이른바 합장하고
선을 찬탄해 말하나니
이것을 묘주지지妙住持地의
삼마지라 한다.

그로써 능히
공空과 무상無相을 잘 아나니
무원無願과 고요한 자리도
또한 그렇다.
법을 생각하는
공덕의 지혜가 자재하나니
모든 부처님의
끝이 없는 삼마지니라.

소난타蘇難陀 용왕과 사자의 왕은
가거나 오거나

안쪽의 함해에 대륙 4개가 있다. 동쪽 승신주(勝神洲)에 사는 인간들은 신장이 뛰어나고, 서쪽 우화주(牛貨洲)에서는 이름 그대로 소를 화폐로 사용하며, 북쪽 구로주(俱盧洲)는 사주(四洲) 가운데 가장 살기 좋은 곳이라고 한다. 남쪽 섬부주(贍部洲)는 인간들이 사는 곳이며, 여러 부처가 나타나는 곳은 사주(四洲) 가운데 이곳뿐이라고 한다. 이 사대주가 육도에서 말하는 인도(人道)이다. 또한 수미산부터 철위산까지는 지름 약 120만 유순(由旬), 높이 약 32만 유순으로 원통형인 금륜(金輪) 위에 있고, 이 금륜은 지름 약 120만 유순, 높이 약 80만 유순의 원통형인 수륜(水輪) 위에 있다. 그리고 수륜은 높이 약 160만 유순, 둘레 아승기(阿僧祇) 유순의 원통형인 풍륜(風輪) 위에 있는데 이 풍륜은 허공 위에 떠 있다고 한다.

언제나 편안하고 고요하며
맑고 깨끗한 눈의 힘은
깜빡거리지 않나니
이 선정 이름은 갖가지 생각을
멀리 떠남이라 한다.

금강의 선정은 금강의 땅과 같고
높이 나타나 움직이지 않는 것
수미산 같다.
맑고 깨끗한 음성을
두루 떨치나니
번뇌를 멀리 떠나는 삼마지이다.

넓고 큰 모든 공덕의 모양
마치 허공과 같아 그 한계가 없고
지혜의 생각을 두루 갖추고
더욱 키우기에
그 변재의 연설은
모두 다함이 없다.

유정들을 관찰하고
선을 짓게 하되
끝도 없고 다함도 없으며
무너짐도 없다.

사랑은 능히 선근이 아닌 것을
부드럽게 다루고
기쁨은 궁극의 기쁨에 들어가
두 장애를 버린다.

해탈이 견고하여 기쁨을 내고
연꽃보다 나은 금강의 당기 같다.
지혜의 바다와 지혜의 광명이
모두 끄떡 않나니
이것을 이름하여
법의法義 삼마지라 한다.

끝이 없는 해탈의 광명 바다에
여래께서는
선정 지혜 서원으로 장엄했다.
최상의 바른 깨달음의
묘한 고요함이여,
이 선정을 움직이지 않기에
조복법이라 한다.

광명과 서원으로
장엄한 세계 얻고
유정들의 마음을
모두 기쁘게 한다.

바른 깨달음의 도를 언제나 따라
보배 상투 바라밀도 장엄하였다.

빠르기 바람과 같아 한계가 없고
또한 바다 창고와 같아
온갖 보배 간직했다.
참 감로甘露의 해탈문을 보시하고
일곱 깨달음의 꽃을 피우는
삼마지이다.

큰 신통의 이치로
묘하게 섭수하고
통달하여 끝이 없고 다 원만하다.
이와 같은 부처님의 경계를
두루 나타내나니
이것을 이름하여
적석산왕積石山王의 선정이라 한다.

만일 선정바라밀을 닦으면
등인等引의 선정 경계와
보살의 한량없는 공덕문에
편히 머무르리니
이것을 이름하여
적정 삼마지라 한다.

등인 가운데서 마음먹은 그대로
말하는 그 말은 모두 법답고
나아가고 다니며 앉는
모든 위의에도
모두 다 언제나 방일함이 없다.

또 이 온갖 법은 가장 고요해
'나'도 없고 사람도 없으며
수자壽者도 없고
또한 분별도
분별 아닌 것도 없나니
오직 이것만이 남음 없이
저 언덕에 오른다.

만일 이 선정바라밀을 닦으면
얻는 것은 끝이 없는
공덕의 바다이기에
지혜로운 모든 보살은
저 유정들을 가엾이 여긴다네.

◎

그때 세존께서 이 뜻을 풀이하고자
게송으로 말씀하셨다.

爾時世尊欲解斯義 宣說頌曰 :

道力淸淨行　身口意不犯

도道의 힘이 깨끗하면
몸과 입과 뜻의 허물을
짓지 않나니
아승기 이전에 서원하고도
나고 죽음에 헤매는구나.

금강金剛은 깨뜨릴 수 없으니
2승乘이 미칠 바 아니니라.
몸이 괴로움의 근본임을 관찰하면
선정을 사유思惟하여
네 과위를 증득하리라.

행을 쌓아 물러나지 아니하면
한가하고 고요한 도량에
앉으리라.
모두가 정의定意에 들어가면
두세 겁 내지 일곱 겁에 이르리라.

땅이 타는 [81]겁소劫燒를
지난다 해도
그 마음은 또한 움직이지 않으리.

誓願阿僧祇　沒溺生死者
金剛難敗壞　非二乘所及
觀身苦根本　思惟四果證
積行不退轉　閑靜坐道場
一切入定意　二三至七劫
地燋過劫燒　其心亦不動
壞破魔部界　悉成無上道
三昧定意力　福報不可量
令三聚衆生　得成無上道
觀察衆生心　難度易度者
不令在沒溺　流滯生死海
我本無此色　紫磨金光體
歷劫勤苦行　修定成此形

중음경 2권

---

81 겁소(劫燒)·겁진화(劫盡火). 대(大) 3재(災)의 하나. 세계가 괴멸하는 괴겁(壞劫) 때에 일어나는 큰
　화재. 이때에 일곱 개의 해가 하늘 위에 나타나 초선천(初禪天)까지는 죄다 이 화재로 불탄다고 한다.

마군의 세계를 깨뜨리고
모두 무상의 도를 이룰 것이네.

삼매인 정의定意의 힘으로
받는 복의 과보는
헤아릴 수가 없고
[82]3취聚의 중생들도
위없는 도를 성취하고
얻게 된다네.

중생들의 마음을 관찰하며
제도하기 어렵거나
제도하기 쉬운 이거나
구제하고자 하지만
나고 죽는 바다에 흘러가
체이는구나.

나도 본래 이런 색깔 없었지만
자마금 빛[紫磨金光] 이 몸은
많은 겁 지나며
부지런히 고행하여

---

82 삼취 중생이란, 1. 부처님의 가르침을 만나더라도 결정코 법을 얻지 못하는 사람[邪定聚], 2. 부처님
    의 가르침을 얻지 못하더라도 결정코 법에 들어가는 사람[正定聚], 3. 부처님의 가르침을 만나면 법
    을 얻고 가르침을 만나지 못하면 법을 얻지 못하는 사람[不定聚]들이다.

선정[定]을 닦아

이 모습을 이루었다네.

◎

그때 세존께서

곧 게송으로 말씀하셨다.

여래의 바른 깨달음은

항상 정定에 머물러

하는 일에 산란함이 없으며

항상 삼매에 들되 아는 이 없으니

그런 까닭에 [83]제18업을 펴 말하네.

爾時世尊卽說頌曰 :

如來正覺常在定　所作諸事無散亂

常入三昧無知者　是故宣說十八業

대방등대집경 3권

◎

여래는 평등하게

일체 법을 관하므로

항상 정定한 마음 어지러움 없고

삼계의 거두는 바 되지 않아

如來等觀一切法　是故常定心無亂

不爲三界之所攝　諸根四大亦如是

一切諸法無差別　平等觀察善不善

如來所說如是業　爲諸衆生得是定

대방등대집경 3권

---

83 육근[眼耳鼻舌身意]과 육경(육근이 대상화하는 세계)으로 인해 육식(六識)이 생겨나는데, 이를 18가
지 업(業)이라 한다. 불교에서는 모든 객관적 대상을 색(色)ㆍ성(聲)ㆍ향(香)ㆍ미(味)ㆍ촉(觸)ㆍ법
(法)의 6경(六境)으로 나누는데, 6식은 이 6경에 대하여 보고[見]ㆍ듣고[聞]ㆍ냄새 맡고[嗅]ㆍ맛보고
[味]ㆍ감촉하고[觸]ㆍ아는[知] 인식작용이다.

모든 [84]근根과
사대四大 또한 그러네.

일체 법은 차별이 없어
선함과 선하지 않음을
평등하게 관찰할지니
여래가 이와 같은 업을 연설함은
모든 중생을 위하여
이 선정을 얻게 함이네.

◎

부처님께서 이에
게송을 읊으셨다.

여래께서는 나아감과 물러감
구분 없이
그 마음 항상 선정에 머무시며
걸어 다니고
멈추고 앉고 눕거나 자고 먹고
말씀하시는 어느 때라도
고요하여 어지러움 없으시네.

佛於是頌曰 :

佛無進退　心常永定
行步住止　坐臥寢食
言辭寂然　無能亂者
最勝常定　莫敢迷惑
八方上下　終無得便
亦無敢知　其心所定
因其所定　爲人說法
常演道誼　是最勝業

대애경 5권

---

84 인간과 존재의 기본 원소. 육근(六根)과 지수화풍(地水火風) 네 가지 요소.

또 여래께서 항상 드신 선정엔
누구도 감히
미혹시킬 수 없으므로
시방에 기회를 노릴 자 없고
또한 감히 그 선정을
알 자도 없노라.

선정에 드신 그 마음 그대로
뭇 사람들 위해 설법하시되
항상 도의 이치를 연출하시니
이것이 가장 뛰어난
여래의 사업이네.

◎

부처님께서 이에
게송을 읊으셨다.

佛於是頌曰 :

最勝爲常定　定意不損耗
等順一切法　正從佛定意
不猗地水火　風欲色無色
大聖不著此　故不損三昧

대애경 6권

가장 수승한 여래께선
항상 선정에 계시는데
그 선정 줄어들지 않고
모든 법에 평등하시네.

그러기에 여래의 바른 선정은

땅 · 물 · 불 · 바람에
의지하지 않고
욕계 · 색계 · 무색계에
의지하지도 않아
그 모든 것에 집착이 없으므로
큰 성인의 손해 없는 삼매라 하네.

◎

그때 세존께서
게송을 읊어 말씀하셨다.

감관을 잘 단속하여 선정을 닦되
항상 유정들에게 집착함이 없이
세간을 평등하게 제도하여 이끌며
안팎으로 항상 편히 머무느니라.

[85]5온 · 12처 · 18계에

爾時世尊說伽他曰:

善護諸根修靜慮　常定不著於有情
等引平等度世間　於內於外常安住
不依於蘊及處界　遠離境界住寂靜
智者其心常在禪　於等不等皆平等
達於法界無高下　見心與意皆寂靜
爲令世間成就故　示現諸禪及變易
彼無變易及禪定　自在心趣亦復然
現境無色禪定中　示現欲界亦如是
皆爲有情成就故　彼復不著於有情

---

85 초기 경전에 나오는 일체 법의 분류 방법 가운데서 가장 일반적이고 구체적인 것은 5온, 12처, 18계
이다. 정신에 대해 잘못 이해하고 있는 사람을 위해서는 5온을, 물질을 잘못 이해하고 있는 사람을 위
해서는 12처를, 정신과 물질 모두에 대해 잘못 이해하고 있는 사람을 위해서는 18계를 설해서 물질과
정신이 모두 실체적이 아니라는 것을 설명하고 있다. 5온에서 색온(色蘊)은 물질 전체를 말하는 것이
고, 수온(受蘊) · 상온(想蘊) · 행온(行蘊) · 식온(識蘊) 등 4온은 정신 일반을 가리키는 것이다. 일체
법은 이와 같은 5개의 요소가 결합해서 항상 변하면서 존재하고 있는 것으로서 어디에도 실체적인 것
이 없다. 결국 일체 법은 무아이고 무실체적이라는 것이다. 12처란 눈[眼根], 귀[耳根], 코[鼻根], 혀
[舌根], 몸[身根], 마음[意根] 등 6개의 감각기관[6根]과 그것에 상응하는 6개의 대상, 즉 빛깔과 형태

의지하지 않고
경계를 멀리 여의어
고요함에 머무니
지혜로운 자는
그 마음이 선정에 있고
평등과 평등 아님 없이
모두 평등하니라.

법계의 높고 낮음 없이 통달하여
그 마음과 뜻이 언제나 고요하고
세간을 성취시키기 위하여
선정에 따른 모든 변화와

변화 없는 선정을 나타내 보이되
자재로운 마음으로
항상 그러하고
욕계·색계·무색계에도
그와 같이 나타내느니라.

[86]유정을 성취시키기 위한 것일 뿐

境界如空如幻化　陽炎水月夢及雲
已知禪定及世間　卽轉世心成智慧
不能覆蔽於心故　則得生於自在心
了達禪定及神通　遊歷遍於俱胝刹
普能供養於諸佛　無知惑障悉斷除
諸根調伏意寂然　度奢摩他無分別
世間及意俱淸淨　常恒智力寂亦然
以無所得住平等　故名平等遍無相
若於平等無所住　是故名爲得定者

대집대허공장보살소문경 2권

[色境], 소리[聲境], 냄새[香境], 맛[味境], 닿을 수 있는 것[觸境], 생각[法境] 등을 합친 것이다. 18계의 계(界)는 dhatu를 번역한 말로서 구성 요소 또는 영역, 종류의 뜻이다. 18계란 12처 즉 6근과 6경에 6식(識)을 합친 것이다.

86 중생(衆生)을 산스크리트어 사트바(sattva)의 번역어로 유정(有情)이라고도 한다. 모든 삶을 누리는 생류(生類)를 가리키며, 초목이나 흙·돌 같은 비정(非情)·비유정(非有情) 또는 무정물(無情物)에

또한 유정들에게 집착하지 않으니
그 경계가 허공이나
허깨비나 아지랑이나
물속의 달이나 꿈이나
구름 같으니라.

선정과 세간을 이미 알아서
마음을 돌려 지혜를 성취하니
그 마음을 덮을 이가 없기에
곧 자재로운 마음을 얻느니라.

선정과 신통을 환히 깨쳐
[87]억천의 불국토를 두루 다니면서
모든 부처님께 널리 공양하고
무명과 장애를 다 제거하느니라.

모든 감관을 조복함으로써
분별없는 [88]사마타奢摩他에 들어가

대하여 인간을 비롯한 의식감정을 지닌 생물을 말하고, 특히 미망(迷妄)의 세계에 있는 것의 뜻으로
쓰인다.

87 숫자 억을 천 번 곱한 수.

88 사마타(奢摩他)는 범어 śamatha, 팔리어 samatha의 음역(音譯)으로, 한역(漢譯)으로는 지(止)이다.
선정(禪定)을 의미하는 대표적인 술어 중의 하나로서 비파사나가 대상을 관찰하여 올바른 지혜를 터
득하기 위한 명상법임에 비해, 사마타는 하나의 대상에 집중하여 탐욕과 번뇌 등의 작용을 그치게 함
으로써 마음의 평온을 얻는 명상법으로 구분할 수 있다.

세간의 뜻까지 다 청정하게 하고
지혜의 힘을 얻어
항상 고요하니라.

얻을 것 없는 평등함에 머물면
상相 없이 두루 평등하다고 하며
평등함에 머묾이 없으면
선정을 얻었다고 하느니라.

◎

그때 세존께서
게송으로 말씀하셨다.

홀륭하도다. 너의 말처럼
선정에 든 이의 몸 모습을
중생으로서는 볼 수 없고
지혜를 닦는 자만이 보니

이는 바로 허공장보살이
항상 다니고 머무는 곳마다
의지함도 희론戲論도 없이
삼매의 힘을 나타내기 때문이네.

爾時世尊而說偈言 ：
善哉如汝說　定者所行處
身相不可見　修慧能推求
此是虛空藏　常所行止處
無依無戲論　三昧力示現
衆生著二見　常爲所迷惑
以彼迷惑故　不知彼此岸
欲離於二見　修不可說行
速疾得究竟　滿足於諸地

허공장보살경 1권

279

중생들은 두 소견에 얽매여
항상 미혹되기만 하고
또 미혹됨으로 말미암아
피안과 차안을 알지 못하네.

만약 두 소견을 벗어나려면
말할 수 없는 행을 닦아야만
문득 구경究意의 경지에 이르러
모든 지위를 만족할 수 있으리라.

◎

그때 세존께서
게송으로 말씀하셨다.

爾時世尊卽說偈言 :

修禪滅諸結　餘業則不能
是故禪第一　智者應供養

대방광십륜경 3권

선정 닦아야
모든 번뇌 소멸하리니
다른 업業으로는
할 수 없는 일이라네.
그러므로 선정이 제일가는 일
지혜로운 이들이
마땅히 공양하리라.

◎

그때 세존께서
이 뜻을 거듭 펴시려고
게송으로 말씀하셨다.

법의 그릇을 감당할 만한 자는
모든 번뇌[結使]를 끊고
훌륭한 머무름에 머물러서
의혹과 어려움 하나도 없네.

모든 존재의 결박 끊으려면
마땅히 큰 장엄을
이룩해야 하나니
모든 선정 닦고 배우면
불가사의한 지혜 얻네.

모든 선정 닦고 배우며
제일의 적멸寂滅 관하면
이와 같이 부처님의 지혜
생각한 까닭에
모든 악 다 없앨 수 있네.

모습과 모습 없음을
공관空觀으로 다 멸해 없애면

爾時世尊欲重宣此義 而說偈言：
堪任法器者　則破諸結使
能住於善住　皆悉無疑難
爲欲斷有縛　當作大莊嚴
修學諸禪定　智慧不思議
修學於諸禪　觀第一寂滅
以此念佛智　能盡一切惡
相與無相等　以空悉能滅
永斷於惡趣　不離見諸佛
善修學諸法　供養一切佛
疾成於正覺　以修空相故
爲衆作親友　除捨諸結使
是名淨福田　疾近於菩提
衆生作佛相　遍滿諸世界
爲求佛道故　遠離於二乘

대방광십륜경 8권

악취 영원히 끊어지고
모든 부처님 보는 것을
여의지 않네.

모든 법을 잘 닦아 익혀
여러 부처님을 공양하게 되고
정각正覺을 빨리 성취함은
공의 모습[空相] 닦았기 때문이네.

중생을 위해 친구가 되어
모든 번뇌[結使] 제거하면
이것을 깨끗한 복전이라 부르니
속히 보리에 가까워지네.

중생들이 부처님의 모습으로
모든 세계 두루 가득 차
부처님의 도 구하기 때문에
이승二乘을 영원히 여의네.

◎

그때 세존께서
게송으로 말씀하셨다.

爾時世尊而說頌曰 :

修定能斷惑　餘業所不能

선정을 닦으면 미혹을 잘 끊나니
다른 업으로써는
할 수 없는 일이네.
그러므로 선정을 닦는 이가
존귀하나니
지혜로운 사람은
그에게 공양하라.

故修定爲尊　智者應供養

대승대집지장십륜경 3권

◎

이때 세존께서
게송으로 말씀하셨다.

불공견보살이여,
묘한 삼매왕이 있는데
나는 지혜의 힘에 머물기에
이 삼매를 깊이 아노라.

보살이 이 삼매를 닦으면
시방 부처님을 뵈옵고
[89]육신통의 피안에 이르러

爾時世尊卽說偈言：

不空見菩薩　有妙三昧王
我住智力故　深知此三昧
菩薩應當修　得見十方佛
到六通彼岸　疾得菩提道
見諸淨妙土　攝知生死緣
住胎旣無比　母族又殊勝
善修諸法行　相好皆具足
出家棄諸愛　人天所渴慾
爲利世間故　求於菩提道
生在豪姓家　永到甘露境
具得六神通　圓足說眞智

89　• 천안통(天眼通): 육안으로 볼 수 없는 것을 볼 수 있다. 세간 일체의 멀고 가까운 모든 고락의 모양
　　과 갖가지 모양과 색을 환히 꿰뚫어 볼 수 있고, 자기와 남의 미래세에 관한 일을 내다볼 수 있는 능력.
　　• 천이통(天耳通): 보통 들을 수 없는 먼 곳의 소리를 들을 수 있다. 나쁜 모든 말과 멀고 가까운 말,

보리도를 빨리 얻느니라.

모든 청정한 국토를 보고
생사의 인연을 전부 알며
태에 머무름이 비할 데 없고
어머니의 종족 또한 수승하니라.

모든 법의 행을 잘 닦고
상호가 모두 구족하며
출가하여 모든 사랑과
인간 · 천신의 욕망慾望을
버리느니라.

세간을 이롭게 하려고
보리도를 구하며
호걸스러운 집안에 태어나고
영원히 감로의 경계에

多聞持正法	獲得大自在
多聞廣於海	如聞皆修行
具衆決定義	及知衆生本
學習世出世	善法之所趣
獲得聰利智	捐去無知業
棄捨有爲事	行於無爲法
亦得天眼智	天耳聞諸法
憶念宿世行	知他心意識
欲樂現種種	諸妙神通事
常善轉變心	開演於明脫
開發十力慧	廣利於世間
知處及非處	諸法之所歸
說煩惱過患	常應修此定
得趣向具足	得意無與等
得念及威力	得安行亦然
姓族最殊勝	端嚴甚清顯
棄於有爲行	無毁諸功德
得大威勢力	人中最殊勝
猶如天帝釋	天中獨尊嚴

여러 나라 각 지역의 말, 나아가 짐승과 귀신의 말에 이르기까지 모든 소리를 듣는 능력.
• 타심통(他心通): 타인의 마음을 들여다볼 수 있다. 그 유명한 궁예의 미륵관심법이 바로 타심통이
다. 일부 스님들의 수행기를 보면, 마음이 맑아진 상태에서 주변 사람들의 감정의 흐름이 그대로 느껴
지거나 상대방의 기억이나 생각 등이 홀연히 알아지는 식의 타심통 사례들이 나오기도 한다.
• 숙명통(宿命通): 자기와 타인의 전생과 과거를 알 수 있다.
• 신족통(神足通): 몸을 원하는 대로 무엇으로든 변화시킬 수 있고 어느 장소로나 임의로 나타나고
날아갈 수 있다.
• 누진통(漏盡通): 모든 번뇌를 끊을 수 있다. 미계(迷界)에 태어나지 않음을 깨닫는, 생사윤회를 벗
어날 수 있는 지혜. 흔히 모든 번뇌와 오욕을 끊은 석가모니가 이 경지를 얻었다고 하며, 나머지 다섯
통은 잘해 봐야 잡기 취급하지만 누진통만큼은 얻어야 진정한 해탈의 경지에 올랐다고 인정해 준다.

이르느니라.

육신통을 구족하고
참된 지혜를 원만하게 말하며
많이 들어서 바른 법을 잃지 않고
큰 자재를 얻느니라.

다문多聞이 바다보다 넓고
들은 대로 모두 수행하며
모든 결정한 뜻을 구족하고
중생의 근본을 아느니라.

세간과 출세간의 선법에
나아갈 바를 배워 익히며
총명하고 예리한 지혜를 얻어
무지한 업을 버리느니라.

함이 있는 일을 버리고
함이 없는 법을 행하며
천안天眼의 지혜를 얻고
천이天耳로 모든 법을 듣느니라.

숙세의 행을 기억하고
남의 마음과 뜻을 알며

欲得無比音　雄猛諸威音
成就義大仙　當求此三昧
如龍歡喜行　普施電光耀
復降甘潤雨　霑洽於大地
是龍所遊境　實爲不思議
若安住最上　神通王三昧
能作諸供養　奉獻無邊佛
猶如龍王雨　澤及於一切
欲成就善教　親近最上說
攝取無爲樂　當修此三昧
種種深解脫　當宣諸妙偈
欲令一切衆　咸使得安樂
常修是三昧　不離佛菩提
及與聲聞衆　得見他方刹
若欲得諮問　此土之世尊
及諸他方佛　應修此三昧
若欲見他方　不思議世尊
親近彼諸佛　蒙光設供養
往返諸刹土　得無數功德
應當修諸佛　所說深三昧
往往從生處　恒得與佛俱

보살염불삼매경 4권

285

가지가지 묘한
신통한 일 나타내기
좋아하느니라.

항상 마음을 잘 굴려서
밝은 해탈을 연설하며
십력十力의 지혜를 틔워
세간을 널리 이롭게 하느니라.

바른 자리와 아닌 자리,
모든 법의 귀결처를 알며
번뇌의 환난을 설명하고
항상 이 선정을 닦느니라.

나아갈 길을 완전히 알고
뜻대로 됨이 짝할 이 없으며
염력念力과 위력을 얻고
편안히 행하게 됨도 그러하니라.

종족이 가장 수승하고
아름답고
매우 맑은 모습을 갖추며
함이 있는 행을 버리고
모든 공덕을

무너뜨리지 않느니라.

그가 얻은 큰 위세
사람 가운데 가장 수승하여
천신 중에 독보적으로 존엄한
[90]천제석天帝釋과 같으니라.

비할 데 없는 소리와
웅장하고 용맹스럽고
위엄스러운 소리를 얻고
올바르고 위대한
선인仙人이 되려면
이 삼매를 구할지어다.

용이 환희행歡喜行으로
전광電光을 널리 베풀고
달고 윤택한 비를 내려
대지를 적시는데
이 용이 노니는 경계를
진실로 사의치 못하듯이

---

90 제석천(帝釋天)을 이른다. 범어로는 샤크로데반드라(S'akrodevandra)이며, 석제환인다라(釋提桓因
陀羅) · 석가제바인다라(釋迦提婆因陀羅)라고 쓰던 것을 줄여 제석천이라 하였다. 그가 머무르는 곳
은 도리천(忉利天)이다. 불교의 세계관에 의하면 세계의 중앙에 수미산(須彌山)이 있는데 그 정상에
도리천이라는 하늘이 있다고 한다. 제석은 선견성(善見城)에 머무르면서 사천왕(四天王)과 주위의
32천왕(天王)을 통솔한다.

만일 최상의
신통왕 삼매에 머무르면
용왕이 비를 내려
덕과 혜택이 일체에 미치듯이
갖가지 공양을 지어
끝없는 부처님께 바치리.

훌륭한 교법을 성취하려거나
최상의 말씀을 가까이하려거나
[91]무위無爲의 즐거움을 섭취하려면
마땅히 이 삼매를 닦을지어다.

온갖 깊은 해탈로
묘한 게송을 베풀어
모든 중생에게
안락 얻게 하려고
이 삼매를 항상 닦으면

---

91 불교에는 일체법(一切法) 또는 제법(諸法)을 분류하는 여러 방식이 있는데, 그중에는 크게 유위법(有爲法)
   과 무위법(無爲法)의 두 가지로 분류하는 방식이 있다. 이 분류 방식은 일체법을 크게 유루법(有漏法)
   과 무루법(無漏法)의 두 가지로 분류하는 방식과 더불어 불교 전반에서 널리 사용되는 분류법이다.
   유위(有爲)에서 위(爲)는 위작(爲作) · 조작(造作: 만들다)의 뜻으로, 유위는 만들어진 것, 조작된 것,
   다수의 요소가 함께 작용된 것, 여러 인연이 함께 모여서 지은 것, 인연으로 말미암아 조작되는 모든
   현상을 가리킨다. 또는 이렇게 하여 드러난 생성과 소멸의 세계, 즉 우리가 경험하는 현상의 세계를
   뜻한다. 무위(無爲)는 조작(造作: 만들다)의 뜻이 없는 것으로 유위의 대(對)가 되며, 조작되지 않은
   세계, 즉 인연의 화합에 의해 만들어진 것이 아닌 세계, 즉 생멸변화를 떠난 절대적이며 항상 존재하
   는 진리 또는 진리의 세계를 뜻한다.

부처님과 보살들
성문들을 떠나지 않고
타방의 국토를 보느니라.

만일 이 국토의 세존과
타방의 부처님께
법을 묻고자 할진댄
이 삼매를 닦을지어다.

만일 [92]사의치 못할
타방의 세존을 뵈옵고
그 모든 부처님을 가까이하여
그 빛을 받아 공양을 베풀며
모든 국토에 갔다 왔다 하고
무수한 공덕을 얻으려면

모든 부처님께서 말씀하신
깊은 삼매를 닦을지어다.
여기저기 태어나는 곳마다
항상 부처님을 만나 뵙게 되리라.

---

92 부사의(不思議). 생각이나 계산으로는 가늠할 수 없는.

세존께서 게송으로 말씀하셨다.

爾時世尊卽說偈言：

가장 수승한 선정을 구하여
부사의한 보리를 얻으려면
영원히 [93]아견我見을 여의고
항상 이 몸을 관찰하여라.

欲求最勝定　得不思菩提
永捨於我見　常應觀此身

덧없고 괴로우며 청정하지 못하여
콧물과 침과
냄새나고 더러운 것들
아홉 구멍에서 흐르는
여러 더러운 것들
몹시 싫어할 만한 것이며

無常苦不淨　涕唾臭汚等
九孔流諸穢　甚爲可厭患
虛誑無眞實　此是磨滅法
眩惑猶幻化　亦如水聚沫
我此身危脆　瘡疣之窟宅
周遍皆臭毒　無一可樂處
養之初無益　卒爲虫狼食
一切諸樂具　供膳於此身
會歸當朽滅　終不得一實
長勤無邊劫　苦痛恒萬端
地獄畜生報　根本受苦處

---

93 나[我]라 함은 오온(五蘊)의 가화합(假和合)으로서 참으로 나[我]라고 할 것이 없는데 내가 있는 줄로
잘못 아는 견해. 『성유식론』 제4권에 따르면, 염오식(染汚識)으로서의 제7 말나식이 상응(相應)하는
4근본번뇌는 다음과 같이 정의된다. 아치(我癡)가 근본원인이 되어서 아견(我見) → 아만(我慢) → 아
애(我愛)의 순서로 생겨난다. 아치(我癡)는 무명(無明)을 말하는 것으로, 제7 말나식으로 하여금 아
상(我相) 즉 자아[我, ātman]의 양상에 대해 어리석어 무아(無我)의 이치에 대해 미혹[迷]하게 하는
마음작용이다. 아견(我見)은 아집(我執)을 말하는 것으로, 제7 말나식으로 하여금 비아법(非我法) 즉
자아가 아닌 법에 대해 망령되이 계탁하게 하여 그것을 자아로 삼게 하는 마음작용이다. 아만(我慢)
은 거오(倨傲: 거만과 오만)를 말하는 것으로, 제7 말나식으로 하여금 소집아(所執我) 즉 망령되이 계
탁하여 실재하는 자아로 삼은 환영적인 자아에 대해 '믿고 의지하고 자부[恃]'하여서 고거심(高擧心:
지신을 높이고 남을 업신여기는 마음)을 내게 하는 마음작용이다. 아애(我愛)는 아탐(我貪)을 말하는
것으로, 제7 말나식으로 하여금 소집아(所執我) 즉 망령되이 계탁하여 실재하는 자아로 삼은 환영적
인 자아에 대해 탐착(眈著: 탐은 깊이 빠져서 열중하여 즐기는 것, 착은 들러붙어서 떠나지 못하는 것)
하게 하는 마음작용이다. 아치(我癡)·아견(我見)·아만(我慢)·아애(我愛)의 네 가지 근본번뇌를 말
한다.

허망하고 거짓이어서
진실이 없나니
이것은 닳아 없어지는 법이며
번뇌에 빠뜨림이 환술과 같고
물거품과 같은 것이니라.

이내 몸은 위태로운 것이요
종기가 모여 사는 굴택이며
모두 냄새나고 독하여
한 가지도 즐길 것이 없으며
길러서 조금도 이로울 것이 없고
마침내 벌레와 이리의
밥이 되느니라.

모든 안락의 도구와
공양의 도구로
이 몸에 공양하여도
마침내 썩고 멸하여
한 가지도 진실하지 못하며
끝없는 겁 동안
만 가지로 고통을 받으리라.

지옥과 축생의 과보는
본래 괴로움을 받는 곳이어서

長夜增飢渴　不可不思議
衆苦所逼迫　爲此乖菩提
我此身不實　應施諸衆生
解法心無惜　所須便給之
作此思惟已　卽唱如是言
我今捨此身　血肉隨意取
若有惜命者　我當惠其壽
亡軀濟衆生　爲疾得三昧
段段求水沫　未曾得堅實
我身亦如是　求眞不可得
若得此正觀　疾成菩提道

보살염불삼매경 4권

291

오랫동안 주림과 목마름이 더하여
헤아릴 수조차 없느니라.

모든 괴로움이 핍박하여
이 때문에
보리와 어긋나는 것이며
이내 몸은 진실하지 못한 것이니
모든 중생에게 보시하리라,
법을 알기에
아까워하는 마음 없어서
필요하다면 곧 주겠노라,

이 생각을 한 뒤에
이 같은 말을 하느니라.

내 이제 이 몸을 버리겠으니
피와 살을 마음대로 가져라.
만일 목숨을 아끼는 이가 있거든
내가 목숨을 보시하여
몸을 없애 중생을 제도하여
빨리 삼매를 얻겠노라.

애써 물방울을 구하여도
견고하고 진실하지 못하듯이

292

나의 몸도 이와 같아서
진실함을 구하여도 얻지 못하리.
만일 이런 바른 관찰을 얻으면
보리도를 속히 이루느니라.

◎

이때 세존께서 이 뜻을
거듭 밝히기 위해
게송으로 말씀하셨다.

고요한 밤에
구름과 안개가 없으면
밝은 눈이 있는 이는
허공을 우러러보고서
그 백천이 넘는 모든 별을
모두 생각하여 환히 알아
잃음이 없듯이

보살도 그와 같이
선정을 얻은 뒤에는
한량없는 억천 부처님을
뵐 수 있고
이 선정에서 일어난 뒤에는

爾時世尊爲重明此義以偈頌曰：
猶如靜夜除雲霧　有明眼者仰觀空
見彼衆星過百千　盡念明了亦無失
菩薩如是得定已　多見無量億千佛
復於起斯三昧後　還爲大衆演最尊
如我佛眼淸淨故　無有障閡見世間
是諸佛子菩薩眼　出此三昧最勝觀
以無相想思如來　而見十方諸等覺
破除惱毒及諸想　汝聽菩薩妙功德
若聽彼法淸涼心　能入空寂無畏處
如我當今說斯法　爲令衆生證菩提
如彼安樂諸菩薩　多見無量佛世尊
菩薩如是入思惟　亦見百千多調御
如此比丘唯阿難　一聞我說悉能受
菩薩如是得三昧　聽一切法能總持
成就信慚具三昧　悉捨一切世語言
常以慈心慧他說　要當到斯寂靜地

대방등대집경현호분 2권

293

돌이켜 대중에게
가장 훌륭하게 연설하느니라.

나의 불안佛眼은 청정하기 때문에
장애 없이 세계를 보듯이
이 모든 불자佛子 보살의 눈도
이 삼매에서 나와서
가장 뛰어나게 보느니라.

모양이 없는 생각으로
여래를 생각하면
시방의 모든 부처님을 볼 수 있고
번뇌와 독毒과
모든 생각이 없어지나니
너희는 보살의 미묘한 공덕을
닦을지어다.

만일 그 법을 듣고
마음을 청정하게 하면
94공적空寂하고 두려움 없는 곳에
들어가느니라.
내가 지금 이 법을 설하는 것은

---

94 텅 비고 고요한 경지.

모든 중생으로 하여금
보리를 증득하게 함이니라.

저 안락국의 모든 보살들이
한량없는 부처님 세존을 뵙듯이
보살도 이와 같이 생각에 들면
또한 백천 부처님을
뵐 수 있느니라.

이 비구 아난만은
한번 나의 말을 들으면
모두 지니듯이
보살도 이와 같이 삼매를 얻으면
일체 법을 들어도
모두 지닐 수 있느니라.

믿음과 부끄러워함을 성취하고
삼매를 구족하여
일체 세간의 말을 모두 여의고
항상 자비한 마음으로
남에게 선설宣說하면
이 적정寂定한 자리에 이르느니라.

◎

그때 세존께서
이 뜻을 거듭 밝히고자
게송으로 말씀하셨다.

옛적에 연등부처님을
만나 뵈온 뒤에
바로 삼마제를 얻어서
이로부터 항상
모든 여래를 뵈옵고
공덕과 큰 명칭을 구족하였나니

너희들도 다만
모든 공덕을 모으고
한결같은 마음으로 생각하면
곧 이룰 것이라.
만일 사람이 법을 행하면
위없는 보리의 도를
얻는 것이니라.

◎

부처님께서 이때에
게송으로 말씀하셨다.

爾時世尊爲重明此義 以偈頌曰:
我昔遇彼然燈佛　見已卽得三摩提
從是常睹諸如來　具足功德大名稱
汝但多集諸功德　一心專念卽得成
若人能行此法中　當得無上菩提道

대방등대집경현호분 4권

佛爾時說偈言:
若有菩薩求衆德　當說奉行是三昧

만약 보살이 많은 덕 구하려면
마땅히 이 삼매를 설하고
받들어 행하라.
믿고 즐겨 외우며
의심하지 않는 자
공덕의 복덕 한량없으리.

한 부처님의 나라를
다 부수어 가루 만들어
일체 불국토의 수효보다 많고
그곳에 가득 찬 보배로
보시하여도

이 삼매 듣는 이만 같지 못하며
그 공덕과 복도
위의 보시보다 더하리니
공덕은 어디에도
비할 데가 없느니라.

너희에게 권하고 가르쳐
부촉하나니
힘써 정진하여 게으르지 말고
이 삼매를 외워 지녀라.

信樂諷誦不疑者　其功德福無齊限
如一佛國之世界　皆破壞碎以爲塵
一切佛土過是數　滿中珍寶用布施
不如聞是三昧者　其功德福過上施
引譬功德不可喩　囑累汝等當勸敎
力行精進無懈怠　其有誦持是三昧
已爲面見百千佛　假使最後大恐懼
持是三昧無所畏　行是比丘已見我
常爲隨佛不遠離　如佛所言無有異
菩薩常當隨其敎　疾得正覺智慧海

불설반주삼매경 1권

297

이미 면전에 백천 부처님 뵙고
가령 최후에 크게 두려워하여도
이 삼매 가지면 두려울 것 없으리.

이같이 행하는 비구
이미 나를 보고
항상 부처님을 따르되
멀리 떠나지 않으리니
부처님 말씀 다름이 없어
보살 항상 마땅히 가르침 따르면
정각의 지혜 바다 빨리 얻으리.

◎

부처님께서 이때에
게송으로 말씀하셨다.

만약 비구니가 삼매를 구하면
항상 마땅히 정진하여
게으르지 말라.
탐욕의 마음 따르지 말고
성내고 스스로 높고
귀한 생각 버려라.

佛爾時頌偈言:

若比丘尼求三昧　常當精進勿懈怠
無得聽於貪欲心　除去瞋恚自高貴
不得慢欺及調戲　常行至誠立一信
恭敬善師視如佛　如是行者得三昧

불설반주삼매경 1권

거만하거나 속이거나
희롱하지 말고
항상 지성으로 행하여
한결같은 믿음 세우고
훌륭한 스승 공경하여
부처님같이 보라.
이같이 행하면 삼매 얻으리.

◎

그때 부처님께서
게송으로 말씀하셨다.

재가보살이
삼매를 얻고자 하면
마땅히 배우기를 다하여
마음에 탐욕이 없어야 하네.

이 삼매 외울 때
사문이 되면 좋겠다고 생각하며
처자에 탐착해서도 안 되고
재색財色도 멀리해야 하네.

항상 오계 받들어 지녀

佛爾時頌偈言:

有居家菩薩　欲得是三昧
常當學究竟　心無所貪慕
誦是三昧時　思樂作沙門
不得貪妻子　捨離於財色
常奉持五戒　一月八關齋
齋時於佛寺　學三昧通利
不得說人惡　無形輕慢行
心無所榮冀　當行是三昧
奉敬諸經法　常當樂於道
心無有諂僞　棄捨慳妬意
有學是三昧　常當行恭敬
捨自大放逸　奉事比丘僧

반주삼매경 2권

299

달마다 팔관재 행하되
재는 절에서 행해야
삼매를 배워 통달할 수 있으리라.

타인을 나쁘게 말하지 말고
얕보지도 말며 마음으로
영화를 바라지 말고
이 삼매를 행해야 하네.

모든 경법 받들어 섬기고
항상 도를 좋아해야 하며
아첨하고 거짓된 마음 품지 말고
인색하고 투기하지 말아야 하네.

이 삼매 배우려면
항상 공경 행하며
자만과 게으름 버리고
비구스님 받들어 섬겨야 하네.

◎

부처님께서
게송으로 말씀하셨다.

佛說頌曰 :

常當願是劫　所生常遇尊

항상 마땅히 이 겁이 다하고 나서
태어나는 곳마다
언제나 세존을 만나
그를 따라 큰 지혜를 받고 나서
늘 애욕의 뿌리를
제거하기 원해야 하네.

탐하지도 않고
또한 질투하지도 않으며
악한 마음을 다시는 내지 않아
마침내 수없이 많은 부처님께서
이 삼매를 들었다네.

삼천이나 되는 국토에 들어가서
항상 존귀한 삼매를 실천하고
일체의 사람들이 소유하고 있는
모든 진귀한 보배를
귀하게 여기지 않네.

법은 오음을 따르지 않고
또한 그 처소를 떠나지도 않네.
관觀함으로부터 [95]이름[名]에서

從受大智慧	常除愛欲根
不貪亦不嫉	惡意不復生
乃於無數佛	得聞是三昧
入於三千刹	常行尊三昧
不於一切人	所有諸珍寶
法不從五陰	亦不離其處
從觀得脫名	一切皆如是
從觀得歡喜	發意無所生
其處已如是	故爲天中天
若在三界中	不生亦不死
泥洹及泥曰	一切無有是
意不當邪念	所行作非法
若在三界中	持心令不起
音響有還答	內外悉相應
不起悉寂然	諸法亦如是
三千諸佛刹	名字悉如是
無聞亦無見	非法所當議
三昧不挍計	以數持作多
慧者解是言	得佛無常處
法者悉淸淨	曠大無有雙
常作無邊水	所載蔽三千
意願陀隣尼	發意無有前
法者已如是	一切當奉行
我念求法時	從來若干劫
志意常棄家	於欲無所求

---

95 명색(名色, naamaruupa)은 보통 함께 쓰인다. 12연기의 4번째다. 명색까지 이르는 12연기의 진행을

벗어날 수 있으니
일체가 다 이와 같다네.

관찰함을 따라 환희를 얻고
태어나는 바가 없기를
발의하였네.
그곳이 이미 이와 같으니
그런 까닭에 천중천이 되었네.

만약 삼계에 있다 해도
나지도 않고 죽지도 않네.
[96]니원과 니왈泥曰에서도
일체에 이런 것이 없다네.

마음에 마땅히
사악한 생각을 하지 않고
법이 아니면 실천하지 않으며
만약 삼계에 있다고 해도

常依善知識　得立正法住
是時於大會　得聞尊三昧
悉意大歡喜　即住虛空中
去地百冊丈　叉手在佛邊
今坐諸菩薩　受莂亦如是
其意增歡喜　得聞諸三昧
便從一佛刹　飛到諸佛前
不動亦不搖　震動諸刹中
龍王大歡喜　即雨萬種香
化爲諸水池　上到三千中
華香自然來　亂風自然生
百種諸音樂　悉住於空中

무극보삼매경

살펴보자면, 무명(無明)으로 인하여 행(行)이 작용하고, 행의 원인으로 식(識)이 일어나며, 이 식을
원인으로 하여 명색이 일어난다고 되어 있다. 명(名)은 정신을, 색(色)은 물질을 말하며, 정신은 마음
을, 물질은 몸을 뜻한다.

96 니원(泥洹)과 니왈(泥曰)은 니르바나의 음역이다. 열반(涅槃). 도를 완전히 이루어 모든 번뇌와 고통
을 끊고 불생불멸의 법성을 깨달은 해탈의 경지. '니르(nir)'는 '꺼지다'이고 '바나(vana)'는 '불'이다. '번
뇌의 불이 꺼지다'의 뜻으로 욕망과 분노, 어리석음 등 온갖 번뇌가 다 소멸된 궁극적인 경지를 가리
킨다. 즉 근심, 걱정이 모두 사라져 버린 평온한 마음 상태. 번뇌의 불꽃이 모두 꺼져 버린 고요한 마
음 상태. 욕망과 괴로움이 모두 소멸된 정신 상태가 니르바나(열반)이다. 마음의 안락이다.

마음을 지켜 일어나지 않게 하네.

음향이 되돌아와 대답하듯이
안과 밖이 모두 서로 호응한다네.
일어남이 없어야
모두가 고요하나니
모든 법이 또한 이와 같다네.

삼천세계 모든 부처님 국토의
명자名字가 또한 이와 같으니
듣는 것도 없고
또한 보는 것도 없으며
법에 대해 마땅히
의논하는 바 없다네.

삼매는 헤아려 알 수 없는 것으로
많은 복을 지었네.
지혜 있는 사람은
이 말 뜻을 알아서
부처님의 항상함 없는
이치를 얻었네.

법이란 모두 맑고
깨끗한 것이어서

넓고 크기가 짝할 것이 없다네.
언제나 ⁹⁷무변수無邊水를 지어
싣고 있는 것으로
삼천세계를 가리네.

마음속에 ⁹⁸다린니를 원하고
앞다투어 마음을 내었네.
법이란 이미 이와 같나니
일체 중생들
모두 봉행해야만 하네.

내가 기억해 보니 법을 구할 때에
종래 얼마간 겁이 지나도록
마음엔 언제나 집을 버리려 했고
탐욕스러워 구한 것이 없었네.

---

97 끝없이 흐르는 강물 같은 공덕.
98 범어(梵語)이며 다린니(陀憐尼), 다린니(陀隣尼)라 한다. 총지(摠持), 능지(能持) 또는 능차(能遮)라
   번역한다. 부처님의 모든 말씀을 잘 갖추어 지녀서 잊어버리지 않는 염혜(念慧)의 힘, 즉 기억력(記
   憶力)을 말한다. 이 말은 '지닌다, 보존한다'는 어근 'dhr'로부터 온 명사로, 능히 모든 걸 잘 잡아서 기
   억해 지닌다는 뜻이다. 불지경론(佛地經論)에 하나의 법[一法] 가운데 일체(一切)의 법이 들어 있고,
   하나의 문장[一文] 가운데 일체의 문장이 들어 있고, 하나의 뜻[一義] 가운데 일체의 뜻이 들어 있기
   때문에, 이 일법(一法), 일문(一文), 일의(一義)를 기억함에 의해, 능히 일체의 법 등을 연상해서, 무
   량의 불법을 총지(摠持)하여 잊어버리지 않는 것을, 온전한 그릇에 물이 가득 차는 비유로 분명히 하
   였다. 총지는 설해진 법을 모두 기억하면 악(惡)이 일어나지 않으며 선(善)이 상실되지 않는 것이고,
   능지(能持) 능차(能遮)는 능히 선을 유지하고 능히 악을 막음을 말한다. 이는 능히 변악(邊惡)을 막고
   중선(中善)을 유지하게 한다. 짧은 것은 진언(眞言)이라 한다.

항상 선지식만 의지했고
바른 법을 정립하여 머물렀다네.
그때 큰 모임에서
존귀한 삼매법을 얻어 들었네.

마음속으로 크게 기뻐하며
곧바로 허공에 머물렀으니
땅에서부터
[99]140장丈이나 떨어졌으며
합장하고 부처님 곁에 있었네.

지금 이 자리의 모든 보살들
기별 받음도 이와 같나니
그 마음에 기쁨이 늘어나고
모든 삼매를 들을 수가 있었네.

문득 한 부처님의 국토에서부터
여러 부처님 앞에
날아서 이르렀네.
움직이지도 않고
흔들리지도 않으니
여러 국토가 진동震動하였네.

---

99 장(丈)은 길이의 단위이다. 한 장은 한 자의 열 배로, 약 3미터에 해당한다.

용왕도 크게 기뻐하여
곧바로 온갖 종류 향을 내리고
변화로 여러 곳에 연못을 만들어
위로 삼천세계까지 이르게 했네.

꽃과 향이 저절로 오고
산란한 바람이 저절로 불어왔네.
온갖 종류의 모든 음악이
공중에 흘러 퍼졌네.

◎

이때 세존께서
게송으로 설하셨다.

비밀주여, 마땅히 알라.
이와 같은 삼매도는
불세존이나
세상을 구하는 보살이나
성문과 연각이
설한 대로 머무르면
모든 허물을 제거하느니라.

만약 모든 하늘과 세간에서

爾時世尊而說偈言 :

祕密主當知　此等三昧道
若住佛世尊　菩薩救世者
緣覺聲聞說　摧害於諸過
若諸天世間　真言法教道
如是勤勇者　爲利衆生故

대비로자나성불신변가지경 입만다라구연진언품

진언법으로 도를 가르치며
이와 같이 용맹정진하는 이는
중생을 이익되게 하고자
함이니라.

제 6 장

智慧

지혜

지혜로운 사람은 단계를 뛰어넘지 않고
조금씩 조금씩 점차 나아가니
마치 솜씨 좋은 장인이 차츰차츰 때를 벗겨
온갖 더러움을 깨끗이 없애는 것과 같다.

◎

그때 보장여래께서
[100]마납摩納을 위해
게송을 설하셨다.

큰 힘이여, 너 일어남이여,
한량없는 지혜의 창고로다.
중생을 사랑하여
그들을 크게 이롭게 하는구나.

맑고 깨끗한 너의 소원이
이제 이루어져서
앞으로 일체중생을 위한
천상과 인간의 스승이 되리로다.

爾時寶藏如來即爲摩納

而說偈言 :

大力汝起　無量智藏

慈悲衆生　作大利益

所願淸淨　今得成就

當爲衆生　作天人師

비화경 5권, 모든 보살 본수기품

◎

이때 세존께서
게송으로 말씀하셨다.

전생에 선과 불선을 지으면
죄와 복의 업을 잃지 아니하나니

爾世尊而說偈言 :

前作善不善　不失罪福業

親近黠慧者　不失往來業

聖衆中善語　不失語言業

知恩報恩人　不失所作業

---

100 마납(摩納, mnavaka)은 나이 어린 바라문을 일컫는 말이다. 사람의 이름.

지혜 있는 이를 가까이하면
가고 오는 업을 잃지 아니하네.

성중聖衆 가운데 선한 말은
말의 업을 잃지 아니 하며
은혜를 알아 은혜를 갚는 사람은
지은 바 업을 잃지 아니하네.

착한 업은 단정함이 되고
불선은 비루鄙陋함이 되나니
두 업이 모두 보가 있어서
진실로 과를 얻게 되어 있다네.

善業爲端正　不善爲鄙陋
二業皆有報　必定實得果

금색왕경

◎

부처님께서 이때에
게송을 설해 말씀하셨다.

마음을 더럽히는 번뇌[塵垢]의 법에
그 마음이 집착하지 않으면
곧 악한 허물과
더러움[惡瑕穢]이 없는 것이며
뜻으로
가르침을 싫어하지 않으면

佛爾時說偈言 :

其心不著塵垢法　即便無有惡瑕穢
志意不厭教論法　則能令致無上道
雖遇不賢常一心　普入邪行惡道本
出家學道無所惜　在於山間欲解脫
閑居寂寞無所起　其心不著財利色
捐棄軀體不惜命　行如師子無所畏
心得歡悅知厭足　譬如飛鳥無所畏
一切世間無有常　志求佛道大慧行
常樂獨處譬如犀　無有恐畏如師子

위없는 도에 이르게 할 수 있다네.

비록 어질지 못한 이를 만나
항상한 마음으로
널리 삿된 행과
악도의 근본에 들어갈지라도
출가하여 도를 배우고
아까워하는 바 없이
산간에 머물면서
해탈코자 한다네.

적막한 데에 한가하게 머물면
일어나는 것이 없어서
그 마음이 재물·이익과
색에 집착하지 않게 되며
몸을 버리고
목숨을 아까워하지 않으니
마치 사자처럼 행하고
두려워할 것이 없다네.

마음에 기쁨을 얻어 만족을 알면
비유하자면 나는 새와 같아서
두려울 것이 없네.
일체 세간에

心不怖懅無麁志　若得供養無增損
捐去邪語及惡見　智了大行志解道
我爲世間一切護　意爲善權無放逸
意善持戒爲衆道　心不亂著諸恩愛
謹順正行如救火　常求世尊上妙行
已脫於空無有想　種種具足審寂寞
所住靜然智慧明　得甘露味常歡悅
假使得佛覺道意　常爲淸淨無疑難
總持辯才一其心　忍一切苦不想報
若有菩薩聞是行　欲求佛道當歡喜
常志精進離懈怠　了穢無知意不害

불설덕광태자경

항상하는 것이 없으므로
불도와 큰 지혜의
행을 구하는 데에 뜻을 둔다네.

홀로 머물러 즐김을
무소뿔[犀]처럼 하고
두려움 없음이 사자와 같으며
마음이 두려워하지 않고
추한 뜻이 없으면
만일 공양을 얻어도
더하고 덜함[增損]이 없다네.

삿된 말과 악한 소견을 버리고
지혜로 크게 행하고
도를 알고자[解道] 뜻을 두면
내가 세간 일체를 위해 보호하고
뜻은 좋은 방편이 되어
방일함이 없다네.

뜻으로는 계를 잘 지녀
대중을 인도하고
마음으로는 모든 은혜와
사랑[恩愛]에 집착하지 않으며
삼가며 바른 행 따르기를

불을 끄듯이 하여
항상 세존의 으뜸가는
묘한 행을 구한다네.

이미 공에 해탈하여
생각[想]이 없으면
갖가지가 구족되어
진실로 적막하며
머무는 곳은 고요하고
지혜는 밝으며
감로의 맛을 얻어 항상 기쁘다네.

가령 부처님의
깨달은 도를 얻으면
항상 청정하여
의심과 환난이 없나니
총지擔持와 변재辯才가
그 마음을 하나로 하여
일체 괴로움을 참고
보답을 생각지 않는다네.

만약 보살이 있어 이 행을 듣고
불도를 구하려고 한다면
마땅히 기뻐하며

항상 정진에 뜻을 두고
게으름을 여의면
마침내 더러움[穢]과
알지 못함[無知]이
뜻을 해하지 않는다네.

◎

이에 부처님께서
게송을 설해 말씀하셨다.

지혜가 없고
마음이 어지러우니[憒亂]
방일하게 된다네.
업신여기고 공경함이 없으며
탐함이 많고
번뇌[塵垢]와 만나
욕심의 생각을 일으키면
이런 무리의 사람들은
도에서 멀어지네.

탐욕스럽게 공양을 구하니
게으름이 늘어나고
정진이 없으니

佛於是說偈言:

無智憒亂爲放逸　輕慢無敬多貪求
與塵垢會起欲想　是輩之人去道遠
貪求供養懈怠增　以無精進失淨信
便壞淨行亡正戒　犯禁法者失善道
生於貧家作沙門　在窮厄中求供養
譬如有人窮無物　從他債望求財產
貪供養故在閑居　在於彼住欲自達
得神通智辯才具　棄捐家室受所有
不見道住隨亂行　生於貧窮卑賤家
在醜惡中無力勢　墮於貢高愚癡地
作卑賤者無名德　意貪財利爲放逸
後即生於大惡處　億劫之中無善跡
假使於道無貪利　諸天人民悉得佛
隨藍之風不動人　用供養故不自成
無有功德仰於人　無精進意失善行
爲壞亂敎不承法　不能逮得慧道意
以至誠利致佛法　終不失行如道意

청정한 믿음을 잃게 되며
곧바로 청정한 행을 무너뜨리니
바른 계[正戒]를 잃고
금계를 범하는 이는
선한 도를 잃게 되네.

가난한 집안에 태어나
사문이 되어
궁액 속에 있어 공양을 구하나니,
비유하자면 사람이 궁하여
물건이 없어서
남에게 진 빚[債]으로
재산 구하길 바라는 것과 같네.

공양을 탐하게 되면
한거[閑居]에 있으면서도
그곳에 머물러
스스로 조달하고자 하지만
신통한 지혜와
변재의 구족함을 얻으면
집을 버리고도
필요한 것들[所有]을 받는다네.

길을 보지 못하여

志願甚堅常淸淨　所奉如應則爲道
我求佛故無所惜　及施身命索經法
是輩捨法不精進　以於道法失句義
有大燈明無能見　我本求索善義說
適聞所敎卽奉行　斷絶一切諸愛欲
已聞種種佛法敎　不能究竟一法句
非法行者何得道　譬如示盲之道徑

불설덕광태자경

어지럽게 행하면
가난하고 천한 집에 태어나고
추악한 곳에 있어 세력이 없으며
잘난 체하고
어리석은 자리에 떨어진다네.

비천한 이가 되어
이름난 덕[名德]이 없으며
재산과 이익을 탐하고 방일하면
뒤에 크게 악한 곳에 태어나며
억 겁 동안 선한 자취가 없게 되네.

가령 도에서
이익을 탐하지 않으면
여러 하늘과 인민이
모두 부처를 증득하지만
안개를 따르는 바람이
사람을 움직이지 못하듯이
공양 받기 힘쓰는 까닭에
스스로 이루지 못한다네.

사람들이 우러러볼 공덕이 없고
정진할 뜻이 없어
선한 행을 잃으며

가르침을 무너뜨리고
법을 잇지 않기에
지혜의 도와 뜻을 얻지 못하네.

뜻이 굳고 늘 청정하기를 원하며
덕스러움을 받드는 것,
도를 위한 일이네.
뜻과 원이 매우 굳고
항상 청정하며
받드는 바를 응하듯 하면
도가 된다네.

나는 부처를 구하는 까닭에
아끼는 것이 없고
몸과 목숨을 보시하여
경과 법을 찾기에 이르렀는데
이 무리는 법을 버리고
정진하지 않으니
도의 법에서
글귀와 뜻[句義]을 잃어
큰 등이 있어 환하게 밝아도
보지 못하네.

나는 본래 착한 뜻의 말을 찾아서

때맞추어 가르침을 들으면
곧 받들어 행하여
일체 모든 애욕을 끊었건만
이미 갖가지
불법의 가르침을 듣고도
단 한 법의 글귀[法句]도
지극하게 깨닫지[究竟] 못하니
비법非法을 행하는 이는
어떻게 도를 얻을까.
비유하자면 장님이
길을 가리켜 주는 것과 같다네.

◎

그때 세존께서
다음과 같은 게송을 설하셨다.

저 모든 여래를
석가 대사자大師子는
부처의 청정한 눈으로
모두 다 보았네.

이런 여래의 지혜와
부사의한 부처의 행을

爾時世尊而說偈言 :

彼等諸如來　釋迦大師子
以佛淸淨眼　一切皆覩見
如是如來智　不思議佛行
諸天諸人等　悉不能得知
因果及佛智　諸法顯現相
唯諸佛境界　凡夫不能知
所說諸佛名　顯現諸佛行
有大威德相　以佛眼普見
若有智慧人　當欲求菩提
應讀此佛名　不久得作佛

불본행집경 2권, 발심공양품

모든 하늘과 사람들은
알 리 없네.

인과因果 및 부처의 지혜
모든 법의 나타나는 모양은
오직 모든 부처의 경계라
범부야 어찌 알랴.

말한 대로 모든 부처의 명호와
나타난 부처의 행에는
큰 위덕의 상이 있음을
부처의 눈으로 널리 본다네.

만일 지혜로운 사람
보리를 구하려 하거든
이 부처의 명호만 외워도
오래잖아 성불하리라.

◎

그리고 게송을 읊으셨다.

가령 사람이 세간에 살면서
딴 목숨을 죽여

而說偈言:

假使人生在世間　殺害他命以得樂
智者稱說此非善　況復來世求人天

불본행집경 24권, 권수세리품

낙을 얻는다 하여도
지혜로운 이는
이것을 착함이 아니라 하리.
하물며 내세에
하늘과 인간에 나기를 구하랴.

◎

그때 세존께서 이런 인연으로
게송으로 찬탄하셨다.

지족知足과 선정이
최고의 안락이요
지족知足으로
모든 법을 깊이 관찰하느니라.
안락하여 세간을 괴롭히지 않고
또한 모든 중생들을
살해하지 않네.

만약 세간에서
안락을 얻고자 하는 이가
일체의 모든 탐욕을 멀리 떠나고
아만과 자랑과
뽐내는 마음을 버릴 수 있다면

爾時世尊以是因緣 即便說偈自讚
歎言：

知足寂定最安樂　知足觀諸法甚深
安樂不惱於世間　亦復不殺害衆類
若得世間安樂者　遠離一切諸慾貪
捨於我慢自矜高　此樂最爲勝妙樂
人間所有諸欲樂　若能盡捨愛悉無
彼樂此樂等校量　十六分中不及一

불본행집경 31권, 이상봉식품

이 즐거움이야말로 가장 뛰어나고
미묘한 즐거움이네.

인간의 모든 탐욕과 즐거움들을
모조리 다 버리고
사랑도 모두 없애면
그 즐거움과 이 즐거움을
비교할 때
16분의 1에도 미치지 못하네.

◎

이때 세존께서 게송으로
모든 비구들에게 이르셨다.

지혜로운 이가 걸식할 때는
말이 없고
또 손가락으로
달라고도 하지 않는다.
성자는 묵연히 옆에 서서
생각에 잠기니
이런 자를
걸식하는 참다운 비구라 한다.

是時世尊以偈報於諸比丘言 :
智人乞食無有言　亦不指點云與食
聖者默然側立念　是名乞食眞比丘
若有智者乞食時　但當諦視一邊住
彼人若見如此已　即知是乞食沙門

불본행집경 39권, 교화병상품

지혜 있는 사람이 걸식할 때면
그저 한 곳만 자세히 보며
서 있을 뿐이니
그 사람들이 만약 이런 자를 보면
곧 걸식하는 사문인 줄 알 것이다.

◎

이에 『의족경』을 말씀하셨다.

어리석은 이가
자신은 옳고 남은 그르다 하니
날로 어리석음에 빠져
어느 때에 해탈하겠느냐.
스스로 도가 없으면서
배움은 다 이렇다 하니
참된 수행 없이 갈팡질팡
어느 때에 해탈하겠느냐.
늘 스스로 깨어 있어
존귀한 행行을 얻으며
스스로 진리를 보고 들으면
수행이 비길 데 없네.

說是義足經 :

自冥言是彼不及　著癡日漏何時明
自無道謂學悉爾　但亂無行何時解
常自覺得尊行　自聞見行無比
已墮繋世五宅　自可奇行勝彼
抱癡住婬致善　已邪學蒙得度
所見聞諦受思　雖持戒莫謂可
見世行莫悉修　雖點念亦彼行
興行等亦敬待　莫生想不及過
是已斷後亦盡　亦棄想獨行得
莫自知以致點　雖見聞但行觀
悉無願於兩面　胎亦胎捨遠離
亦兩處無所住　悉觀法得正止
意受行所見聞　所邪念小不想
慧觀法竟見意　從是得捨世空
自無有何法行　本行法求義諦
但守戒求爲諦　度無極衆不還

불설의족경 상권

이미 세상의 [101]오탁五宅에

떨어진 신세이니

스스로 훌륭한 수행으로

저들보다 나아야 하리라.

어리석고 음란하면서

선행을 하려 하고

삿된 도를 배우면서

해탈을 얻으려 하거나

보고 들은 대로만

옳다고 받아들이면

비록 계를 지킨다 하더라도

옳다 할 수 없다네.

세상 사람들 행실을 보니

모두 수행하지 않아

총명한 이들조차

[102]범지들의 행行을 닦네.

그러나 저들의 수행에도

---

101 오탁증시(五濁增時), 오탁증(五濁增), 오탁악시(五濁惡時)라고도 한다. 중생탁, 견탁, 번뇌탁, 명탁, 겁탁의 세상이다. 중생탁이란 인간들이 도덕윤리를 지키지 않는 것을 말한다. 견탁이란 진리를 삿된 것으로 생각하고 오히려 삿된 것을 진리로 생각하는 것을 말한다. 번뇌탁이란 중생탁과 유사하게 도덕윤리를 지키지 않는 것이고, 명탁이란 가장 장수하는 것이 100세를 넘지 못하는 것을 말한다. 겁이란 시기, 시대, 혹은 범천(梵天)과 같은 신의 시간 단위를 말한다. 보통 말세에는 세 종류의 겁이 발생하는데 도병겁(刀兵劫)·기아겁(飢餓劫)·질역겁(疾疫劫)이 그것이다. 겁탁에는 전쟁, 기아, 질병의 환란이 발생하여 인간의 수명이 줄어들게 된다.

102 범지란 석가모니 부처님이 사시던 당시 고대 인도의 출신 성분을 뜻하는 사종성[四種姓 : 1. 범지(梵志), 2. 찰리(刹利), 3. 거사(居士), 4. 공사(工師)] 가운데 하나다.

공경히 대하여

나보다 못하다 낫다

생각해서는 안 된다네.

이런 집착 저런 집착

모두 끊어 버리고

나만이 훌륭한 수행이라는

생각도 버려

스스로 지혜로운지조차

알지 못해도

그 보고 들음 오직 진리만 본다네.

양 극단에 대하여

애착이 전혀 없어

나고 나지 않음

멀리 여의어 버렸네.

양변兩邊 어디에도 머물지 않고

진리를 보아 정도正道에 머문다네.

보고 들은 바대로

생각하고 행동하되

삿된 마음일랑

조금도 지니지 말라.

지혜로 진리를 보아

마침내 뜻을 아니

이로부터 세속을 버리고

공空을 얻었다네.

스스로 어떤 법도
행하지 않으면서
본래 법을 행하여
진리를 구한다네.
단지 계행을 지키고
진리를 구하여
한량없는 중생을 건져
해탈을 얻게 하여라.

◎

부처님께서
사리불에게 말씀하셨다.

마음에 싫어하는 바가 있고
또 집착하는 바가 있어
빈 평상에 앉았거나
누워 있으면서
법다움을 배우고자 하거든
이제 설하여 너로 하여금
알게 하리니 자세히 들으라.
다섯 가지 두려움에도
지혜로운 이는 두려워하지 않나니
지극한 마음으로 배워

佛謂舍利弗:

意有所厭惡 及有所著 在空床臥行
欲學如法 今說令汝知聽
五恐怖慧 不畏　至心學遠可欲
勤蚱蜢亦蛻蟲　人惡聲四足獸
非身法意莫識　無色聲光無形
悉非我悉忍捨　莫聞善貪嶮縣
所被痛不可身　恐若各悉受行
是曹苦痛難忍　以精進作拒扞
願綺想念莫隨　掘惡栽根拔止
著愛可若不可　有已過後莫望
存點想熟成善　越是去避齲聲
忍不樂坐在行　四可忍哀悲法
常何止在何食　恐有痛云何止

욕심을 멀리 여의어
부지런한 [103]책명[蚱]과
메뚜기가 허물을 벗듯
사람들의 나쁜 소리
네 발 달린 짐승으로 보라.
몸에 딸린 법도 아니요
마음으로도 알 수 없으며
빛과 소리 없음과
빛이 모습 없듯이
모두가 '나'가 아니니
모두 차마 버려서
훌륭하다는 소리를 들어도
탐착하고 달려가지 말라.
내게 가해진 고통
몸으로 견디기 어렵고
두려움이 원수 같아도
모두 받아들이라.
이런 고통 참기는 어려우나
정진으로 막아 물리치라.
바라노니
기이한 생각 따르지 말고
악의 뿌리 파내어 그치게 하라.

學造棄行遠可
知其度取可止
麤惡聲應莫願
與禪會多莫臥
止安念疑想斷
慈哀視莫恐氣
冥無明從求鮮
故怨語於同學
媿慚法識莫想
有行意離莫受
香細滑是欲捐
學制意善可脫
行有一舊棄冥

有是想甚可悲
有未有苦樂苦
聞關閉縣國行
舉眼人莫妄瞻
觀因緣意安祥
取莫邪與無欺
如對見等心行
被惡語莫增意
放聲言濡若水
若爲彼見尊敬
若色聲若好味
於是法莫媟著
戒遍觀等明法

불설의족경 하권

---

103 蚱: 벼메뚜기 책

가하건 불가하건 애착에 빠지면
자기의 허물만이 있을 뿐
뒷날의 소망이 없으리.
똑똑한 생각으로
선근을 익힌 이는
이 법을 초월하여
거친 소리 피할 수 있으니
참아서 즐기지 않고
자기 행에 머물러 있으면
네 가지로써 슬퍼함과
가엾이 여기는 법을 확인하라.
항상 어디에 머무르며
어디서 먹을꼬,
고통이 있을 땐 어떻게 참을꼬,
이렇게 생각하면
대단히 슬픈 일이니
버리기를 배우고
멀리 여의는 행을 닦으라.
있는 것은 있는 것이 아니요
괴로움과 즐거움도 괴로움일 뿐
그 법도를 알아서
멈출 자리를 알고
고을과 나라의 관문을 닫아
추악한 소리일랑 원하지 말라.

눈을 들어 허망됨을 보지 말고
선정에 들어갈지언정
많이 눕지 말며
인연법을 관찰하여
마음을 안정시키고
안정되어 잡념을 막으면
의혹이 끊어지리.
삿되게 취하지 말고
줄 때에 속이지 말며
자애로운 눈으로 볼지언정
두렵게 하지 말며
마주 보듯이
평등한 마음으로 행하면
어두운 무명은 찾을 길 없으리.
나쁜 말을 들어도 화내지 말고
원망하는 말을
동학同學에게 하지 말며
소리를 내어 말하기를
흐르는 물과 같이 하고
부끄러운 짓 하지 말며
망상하지 말라.
만일 그들의 존경을 받거든
수행에 뜻을 두어
받아들이지 말고

빛과 소리와 그리고 좋은 맛,
향기로움과 부드러운 것 모두가
손해되는 욕심의 경계니라.
이 법에 대하여 집착하지 말고
계율의 뜻 배우면 잘 벗어나리니
계로 두루 관찰하고
평등하게 법을 밝히되
오직 한 가지
묵은 어두움을 버리라.

◎

부처님께서 곧 그곳으로 가서
연꽃으로 인하여
게송을 읊으셨다.

마치 밭가에 도랑 만들되
큰길 가깝게 두어
그 가운데 연꽃이 피면
향기롭고 깨끗함이 마음에 들듯이

나고 죽음도 이와 같아서
범부들 그 속에 살면서
지혜로운 사람은 즐겁게 출가하여

佛便趣之因說偈言：

如作田溝　近於大道

中生蓮華　香潔可意

有生死然　凡夫處邊

智者樂出　爲佛弟子

법구비유경 2권, 화향품

부처의 제자가 되느니라.

◎

이에 세존께서
곧 게송으로 말씀하셨다.

자식이 있고 재물이 있다 하여
어리석은 사람
공연히 허덕이누나.
나[我]라 하는 이 몸도
내가 아니거니
자식과 재물을 무엇 때문에
걱정하리.

더울 때는 여기서 머물고
추울 때는 저기서 머물겠다고
어리석은 사람 미리 걱정 많건만
다가오는 변고는 알지 못하네.

어리석고도 어리석은 사람은
제 자신을 두고 지혜롭다 하나니
어리석게도
뛰어나게 지혜롭다 말하면

於是世尊即說偈言 :

有子有財　愚惟汲汲

我且非我　何憂子財

暑當止此　寒當止此

愚多豫慮　莫知來變

愚蒙愚極　自謂我智

愚而勝智　是謂極愚

법구비유경 2권, 우암품

그야말로 지극히
어리석은 사람이라네.

◎

지혜로운 사람은
단계를 뛰어넘지 않고
조금씩 조금씩 점차 나아가니
마치 솜씨 좋은 장인이
차츰차츰 때를 벗겨
온갖 더러움을
깨끗이 없애는 것과 같다.

智者不越次　漸漸以微微
巧匠漸刈垢　淨除諸穢污

출요경 4권, 욕품

◎

믿음과 계율과
지혜로운 마음으로 행하면
대장부로서 분노가 없어지니
이로써 생사의 연못을 건넌다.

信之與戒　慧意能行
健夫度恚　從是脫淵

출요경 12권, 신품

◎

지혜로써 번뇌의 연못을 떠나되
바람이 구름을 흩듯이 하라.

慧離諸淵　如風却雲
已滅思想　是爲慧見

출요경 13권, 도품

온갖 망상을 이미 여의면
그것을 지혜의 깨침이라 한다.

◎

뱃사공은 배를 손보고
활잡이는 뿔을 다루며
솜씨 좋은 목수는 나무를 다루고
지혜로운 사람은
그 자신을 다룬다.

水人調船　弓師調角
巧匠調木　智人調身

출요경 18권, 수품

◎

부끄러움을 아는 사람은
지혜를 완전히 성취한다.
그는 쉽게 앞으로 나아가니
좋은 말을 채찍질하는 것과 같다.

慚愧之人　智慧成就
是易誘進　如策良馬

출요경 19권, 마유품

◎

한 글귀의 이치나마 성취하려고
지혜로운 사람은 공부하지만
어리석은 사람은 부처님 말씀을
멀리 떠나기를 언제나 좋아한다.

一句義成就　智者所修學
愚者好遠離　真佛之所說

출요경 22권, 친품

그때 세존께서
게송으로 말씀하셨다.

하열下劣한 사람 친하지 말고
정직하지 못한 이 보거든
보는 즉시 멀리 여의라.
마치 독사를 피하듯.

외도 따라 배우지 말고
예경도 말고 멀리 여의라.
마치 사나운 개가
개떼 속에 있는 것을 보듯이.

사견에 집착한 사람에게 배우면
같이 악한 길에 나리니
거룩한 공空의 법 듣거든
마땅히 애락심 낼지니라.

공의 법을 즐기는 비구에게
마땅히 존경심 일으키면
많이 듣는 길을 넓혀 가며
날카로운 지혜의 마음 내게 되리.

爾時世尊而說頌曰：

不親下劣人　見不正直者
見已當遠離　猶如避毒蛇
不應隨學他　不禮應遠離
猶如見惡狗　以生惡趣中
有懷執著人　學之同惡趣
聞說勝空法　應生愛樂心
及樂空比丘　亦應起尊敬
增長多聞道　而生利智心
親近勝菩提　有情應敬禮
疾行受其教　速生諸善根
增長智慧心　如蓮生在水
宜多聽受法　所增善速增
以增智慧心　能斷於諸漏
大威德無畏　大智大精勤
爲欲利益他　自身盛利益
在家應捨離　捶楚打衆生
發趣求菩提　於法得不退
無病最端正　人皆愛敬之
若修習慈心　捨離諸惡道
三十三天上　五欲自歡娛
從天若命終　不墮於三惡
生處於人世　種族豪貴家
形貌最端嚴　人無能毀者
天龍所守護　隨法正修行
受於勝妙處　爲人所愛重

뛰어난 보리를 친근하는 이에게
중생은 마땅히 예경할지니
부지런히 그 가르침 받으면
얼른 모든 착한 뿌리를 내게 되리.

지혜의 마음 길러 내기를
연꽃이 물에 나 있듯이
들을 만한 법을 많이 들어라.
불어날 선善은 얼른 불어나리.

지혜의 마음을 길러 내어
능히 온갖 번뇌 끊으며
큰 위덕 두려움 없이
큰 지혜로 정근精勤하라.

남을 이롭게 하는 것이
자신을 이롭게 하는 것이니
세속에 있더라도 마땅히
남 매질하는 일 버릴지니라.

원 세우고 보리 구하며
불법에 물러감 없으면
병 없고 단정한 모습
사람들이 사랑하고 공경하리.

善得安隱眠　　寤亦心安隱
以爲天擁護　　終無怖畏心
此之廣大法　　有如是勝相
在家或出家　　更有大饒益
令發悟憶念　　多人諸善根
怖者以施安　　趣向菩提果
更不事餘天　　唯除一切智
是人得正道　　諸智共相應
以此諸善根　　捨離三惡趣
得智獲三明　　善學於三學
如所作功德　　如其所禮敬
獨爲衆生尊　　人多恭敬禮
禮敬如來者　　衆中爲最上
住於在家地　　若發菩提心
爲彼說法言　　及餘汝當聽

대보적경 3권, 삼률의회

만일 자비로운 마음 닦아 익히면
모든 악도를 벗어나게 되리니
삼십삼천 위에 태어나
오욕五欲마저 스스로 즐기리.

하늘에서 목숨이 다하여도
삼악도三惡道에 떨어짐 없고
이 인간에 태어나되
늘 호귀한 종족의 집.

몸과 얼굴이 단정하여
사람들이 허물함이 없으며
하늘·용이 수호할 것이며
법을 따라 올바로 수행하리.

훌륭한 곳에 태어나서
사람들이 애중히 여길세라
잘 때에도 안온히 잠들고
깨어도 마음 또한 편안하리.

하늘이 항상 옹호할세라
끝내 공포심 없나니
이 넓고 큰 법에
이러한 거룩한 모습 있나니

집에 있거나 혹 집을 나가거나
다시 큰 요익饒益 있으며
많은 사람의 착한 뿌리[善根]를
개발시키고 억념憶念케 하나니

겁먹은 자에게 안온을 주어
보리과에 달려 나아가게 하여
다른 신이나 하늘 섬기지 않으며
오직 온갖 지혜를 내어 놓나니

이 사람은 정도를 얻어
온갖 지혜와 서로 응하며
이러한 모든 착한 뿌리로
삼악도를 놓아 버리리.

지혜를 얻고 ¹⁰⁴삼명三明을 얻어
¹⁰⁵삼학三學을 잘 배우면
지은 공덕과 같이

---

104 삼명(三明)은 아라한의 지혜에 갖추어 있는 자재하고 묘한 작용. 지혜가 분명해 대경을 아는 것을 명
(明)이라 한다. 6신통(神通) 중의 숙명통, 천안통, 누진통에 해당하는 숙명명(宿命明), 천안명(天眼
明), 누진명(漏盡明).

105 삼학(三學, tisso sikkha-)은 '세 가지 공부 지음'으로 옮길 수 있는데 계(戒, sla)와 삼매(定, sama-dhi)
와 통찰지(慧, paa-)를 공부 짓는 것(sikkha-)을 뜻하며 중국에서 계 · 정 · 혜 삼학으로 정착되어 우
리에게도 널리 알려진 덕목이다. 계학(戒學)은 도덕적인 삶을 뜻하고 정학(定學)은 삼매 수행을 말
하고 혜학(慧學)은 통찰지의 개발을 의미한다.

그는 으레 공경 받으리니

홀로 중생의 어른이 되어
사람들이 모두 예경하여도
여래를 예경하는 이가
무리 가운데 최상이 되리.

재가 불자의 위치에서
만일 보리심을 일으킨다면
그를 위하여 법을 설하노니
너와 함께 들을지니라.

◎

그때 세존께서
이 뜻을 거듭 펴시려고
게송으로 말씀하셨다.

만일 어떤 보살이
마음에 아첨이 없고
항상 보리의 도에서
물러나지 않으며
거칠고 높은 체하는 뜻이 없으면
그것을 곧

爾時世尊欲重宣此義而說偈曰 ：
若有菩薩心無諂　而常不退菩提道
亦無悷戾貢高意　彼則名爲無邊智
見諸衆生無救護　生老病死所逼切
發心欲度於有海　能爲一切作法船
調伏平等於衆生　觀諸衆生如一子
皆當救度令解脫　最勝丈夫發此心
行住坐臥念空門　壽者我想皆悉無
一切世間都如幻　衆生愚癡所迷惑
大智菩薩所言說　依之行行無違失
調伏寂靜離諸過　能求菩提名佛子

대보적경 80권. 호국보살회

339

끝없는 지혜[無邊智]라 하느니라.

구호할 이 없는 중생들을 보거나
나고 늙고 병들고
죽음에 핍박 받음을 보면
발심하여 존재[有]의 바다에서
건네주려 하며
모두를 위하여
법의 배[船]가 되어 주느니라.

조복하여 중생을 평등하게 여기고
모든 중생을 외아들처럼 보며
모두 구제하여 해탈하게 할지니
가장 수승한 장부면
이런 마음 내느니라.

가고 서고 앉고 누울 적에
공한 문[空門]을 생각하되
수명과 '나'라는 생각도
모두 다 없으며
온갖 세간은 도무지
허깨비와 같건만
중생이 어리석어
미혹되었다고 할 것이니라.

큰 지혜 지닌 보살이 하는 말은
그에 의지하여
행하고 어김이 없을지니
조복하고 고요하여
모든 허물 여의면서
보리 구하는 이야말로
불자佛子라 하느니라.

◎

그때 세존께서
거듭 게송으로 말씀하셨다.

인자한 마음의 갑옷을 굳게 입고
모든 것을 가엾이 여기며
평등한 마음에 편안히 머무르면
미움이나 사랑이
생기지 않느니라.

지혜 있는 사람은 이익을 행하여
항상 다른 이에게 안락을 베풀며
이로움을 얻어도 뽐내지 않고
업신여김을 받더라도
남을 원망하지 않느니라.

爾時世尊重說偈言：
堅被慈心鎧　哀悲於一切
安住平等心　則不生憎愛
智人行利益　常施他安樂
得利不自高　輕毀不生恨
不爲八風動　則不生憎愛
於己若於他　不生憎愛想
諸想悉捨離　境界無所著
常自觀其身　不惜於軀命
智者於苦樂　不動如虛空
善觀察煩惱　我我所俱離
持行恒如地　則不生憎愛

대보적경 111권, 정신동녀회

여덟 가지 동요를 받지 않으면
미움이나 사랑을 내지 않게 되며
자기에게나 다른 이에게나
미워하거나 사랑하는 생각을
내지 않느니라.

모든 생각을 다 버리고 여의며
경계에도 집착함이 없으며
항상 스스로 그 몸을 관찰하여
몸과 목숨을 아끼지 않느니라.

지혜 있는 이가 괴롭고 즐거움에
동요하지 않음은
마치 허공과 같으며
번뇌를 잘 관찰해서
'나[我]'와 '내 것[我所]'을
다 함께 여의거나
이렇게 행하고 지님이
항상 땅과 같으면
미워하거나 사랑하는 생각을
내지 않게 되느니라.

◎

세존께서 이 뜻을
거듭 밝히기 위해
게송으로 말씀하셨다.

믿음은 최상승最上乘이 되나니
이것으로 정각正覺 이룬다.
그러므로 믿음 등의 일을
지혜로운 자는 공경하고
가까이하느니라.

믿음은 세간의 최상이니
믿는 이에게는 궁핍이 없다.
그러므로 믿음 등의 법을
지혜로운 자는 바로 전하느니라.

믿지 않는 선남자는
깨끗한 법을 내지 못하나니
그것은 마치 볶은 종자가
뿌리와 싹을 내지 못하는 것과
같으니라.

爾時世尊欲重宣此義 而說偈言:
信爲最上乘　以是成正覺
是故信等事　智者敬親近
信爲最世間　信者無窮乏
是以信等法　智者正親近
不信善男子　不生諸白法
猶如焦種子　不生於根芽

불설대승십법경

343

◎

그때 세존께서 게송을 설하셨다.

바른 법의 재물을 즐겨 구함은
깨끗한 마음이
언제나 바탕이 된다.
오욕은 견고한 것 아니거니
지혜로운 사람은
멀리 떠나야 하리.

만일 저 법을 밝게 깨치면
오욕의 쾌락은 싫어지리라.
그는 그 마음 잘 항복 받고
모든 번뇌를 깨뜨릴 수 있으리.

저 번뇌를 끊음으로써
모든 악도惡道를 받지 않으며
저 업의 세계를 떠나는 자는
이 세상의 공경 받으리.

탐욕의 더러움을 떠나
욕심의 허물을 가르쳐 주며
중생들을 즐겨 이롭게 하면
세간의 최승最勝이라 일컬어지리.

爾時世尊而說偈言:

樂求正法財　淨心常質直
五欲不堅牢　智者當遠離
若於法明了　則厭五欲樂
彼善降其心　能破諸煩惱
由斷煩惱故　不受諸惡道
離彼業道者　爲世所恭敬
離貪欲染污　開示欲過失
心樂利群生　稱世間最勝
聞五欲過患　速能生厭離
以智淨其心　處世無過上
最勝大丈夫　能滅衆生惡
令離彼貪行　處世無過上
最勝大丈夫　能滅衆生惡
令離彼嗔行　處世無過上
最勝大丈夫　能滅衆生惡
令離彼癡慢　爲清淨智者

부자합집경 19권, 정반왕신해품

오욕의 허물을 듣고
빨리 그것을 싫어하고
지혜로 그 마음 깨끗이 하면
세상 살아감에 더할 것 없네.

가장 훌륭한 대장부로서
중생들의 악을 잘 멸하되
그 탐행貪行을 버리게 하면
세상 살아감에 더할 것 없네.

가장 훌륭한 대장부로서
중생들의 악을 잘 멸하되
그 [106]진행瞋行을 버리게 하면
세상 살아감에 더할 것 없네.

가장 훌륭한 대장부로서
중생들의 악을 잘 멸하되
그 [107]치만痴慢을 버리게 하면
청정한 지혜를 가진 이 되리.

---

106 탐진치 삼악(三惡) 가운데 탐욕심, 성내는 마음, 어리석은 마음을 이른다. 탐욕이 채워지지 않아 성
   냄이 생기고 성냄이 생기므로 어리석어진다. 이 세 가지를 독(毒)이라 하였다.
107 어리석음과 교만.

◎

그때 부처님께서
거듭 이 이치를 선창宣暢하시려고
게송을 읊으셨다.

만약 법을 받음에 있어서
받들어 여쭙되 게으르지 않으면
이는 곧 청정한 사람으로서
지혜의 근본을 받드는 것이고
들은 것을 능히 연설하되
인자한 마음으로
사람들에게 펼치면
이는 수승한 보살로서
지혜의 업을 일으키는 것이다.

착한 뜻으로 생각함은
지혜의 근본을 밝힘이고
그 소행을 분별하여 연설함은
지혜의 업을 일으키는 것이다.

수순하는 행을 생각함은
이 지혜의 근본이고
그 행을 다른 사람에게
널리 설함은

爾時頌曰:

若聽受其法　啓問無放逸
斯淸淨衆人　諮奉於智本
聞之則能演　慈心布諸民
其菩薩殊勝　爲造慧之業
善意而思惟　是爲明智本
分別說所行　是爲慧之業
行如所順念　是則爲智本
此行爲人說　是爲慧之業
逮心無所生　此則智之本
心行無所趣　是爲慧之業
淨修正眞行　是則爲智本
宣轉造所行　是爲慧之業
專一寂道行　是則爲智本
身心不計我　是爲慧之業
畏難生死習　是則爲智本
愛樂一乘道　是爲慧之業
好樂寂然觀　是則爲智本
思惟明脫事　是爲慧之業
精勤三脫門　是則爲智本
明證三達智　是爲慧之業
精修四意止　是則爲智本
念無意無我　是爲慧之業
棄惡修善行　是則爲智本
本淨除此法　是爲慧之業
勤致四神足　是則爲智本

이 지혜의 업이다.

생멸 없는 마음을 얻음은
이 지혜의 근본이고
그 마음에 행을 일으키지 않음은
이 지혜의 업이다.

바르고 참된 행을 깨끗이 닦음은
이 지혜의 근본이고
그 소행을 잘 펼치는 것은
이 지혜의 업이다.

오롯하게 고요한 도를 행함은
이 지혜의 근본이고
몸과 마음에 다
나를 계교하지 않음은
이 지혜의 업이다.

생사의 두려움을 없앰은
이 지혜의 근본이고
일승一乘을 즐거워하고 사랑함은
이 지혜의 업이다.

고요한 관찰을 좋아함은

不貪習神足	是爲慧之業
篤信淨解脫	是則爲智本
度一切罣礙	是爲慧之業
精進不猗息	是則爲智本
身意已休息	是爲慧之業
其志了安詳	是則爲智本
不住一切處	是爲慧之業
自覺識定意	是則爲智本
行本淨正受	是爲慧之業
善建立五根	是則爲智本
知衆生諸根	是爲慧之業
奉行於五力	是則爲智本
慇懃得聖慧	是爲慧之業
覺意柔順忍	是則爲智本
解了一切法	是爲慧之業
勤修道精進	是則爲智本
棄捐法非法	是爲慧之業
方便苦自然	是則爲智本
於證不滅盡	是爲慧之業
修持隨誼典	是則爲智本
導御從誼理	是爲慧之業
不厭倦諸聞	是則爲智本
履順其要行	是爲慧之業
如應求其議	是則爲智本
奉行於聖達	是爲慧之業
不猗於壽命	是則爲智本
所念如法敎	是爲慧之業

이 지혜의 근본이고
해탈하는 일을 생각함은
이 지혜의 업이다.

[108]3해탈문에 정근함은
이 지혜의 근본이고
[109]3달지達智를 증명함은
이 지혜의 업이다.

[110]4정근正勤을 닦음은
이 지혜의 근본이고
나 없음을 염원함은
이 지혜의 업이다.

나쁜 행을 버리고
착한 행을 닦음은
이 지혜의 근본이고

求觀物無常　是則爲智本
於是知無生　是爲慧之業
信脫萬物苦　是則爲智本
諸法悉無爲　是爲慧之業
解諸法無我　是則爲智本
其性以淸淨　是爲慧之業
信脫泥洹寂　是則爲智本
衆生永滅度　是爲慧之業
觀察其誼理　是則爲智本
覺誼而分別　是爲慧之業
若篤信經典　是則爲智本
暢達於經法　是爲慧之業
不畏一切音　是則爲智本
曉了諸歸趣　是爲慧之業
不離佛辯才　是則爲智本
曉了自恣說　是爲慧之業
建立衆生慈　是則爲智本
得無緣之愍　是爲慧之業
哀己及他人　是則爲智本

---

108 3해탈문(三解脫門, trīni vimoksa-mukhāni) 또는 3삼매문(三三昧門)은 3계의 고통의 원인이 되는 번뇌에서 해탈하여 열반을 득하는 방편[門]인 공해탈문(空解脫門)·무상해탈문(無相解脫門)·무원해탈문(無願解脫門)의 세 가지 선정을 말한다. 공(空: 空寂, 실체가 없음)·무상(無相: 차별이 없음)·무원(無願: 원함 즉 의식적인 노력이 필요 없음)을 관조하는 세 가지 선정이 해탈 즉 열반에 들어가는 문(門, 방법, 방편)이 되기 때문에 3해탈문이라고 이름한 것으로, 3해탈(三解脫)·3탈문(三脫門)·3문(三門)·3공문(三空門)·3공관문(三空觀門) 또는 3삼매(三三昧) 또는 3공(三空)이라고도 한다.

109 삼달지(三達智). 아라한과를 얻은 성자가 지닌다고 하는 것으로 과거 현재 미래를 다 아는 지혜.

110 4정근(正勤)이라고도 하는 4정단(正斷)은 네 가지 바른 노력으로 나태함과 나쁜 행위를 끊을 수 있음을 의미한다. 하나는 단단(斷斷), 둘은 율의단(律儀斷), 셋은 수호단(隨護斷), 넷은 수단(修斷)이다.

본래가 청정하여
선악의 법을 다 제거함은
이 지혜의 업이다.

4신족神足을 부지런히 이룩함은
이 지혜의 근본이고
그 신족을 탐내지 않음은
이 지혜의 업이다.

청정한 해탈을 독실히 믿음은
이 지혜의 근본이고
모든 거리낌을 다 벗어남은
이 지혜의 업이다.

정근하되 치우치지 않음은
이 지혜의 근본이고
몸과 마음이 급급하지 않음은
이 지혜의 업이다.

그 뜻이 조용하고 상세함은
이 지혜의 근본이고
어떤 처소에도 집착하지 않음은
이 지혜의 업이다.

不想著我人　是爲慧之業
常得歡喜悅　是則爲智本
不悅無所起　是爲慧之業
不造爲恩愛　是則爲智本
心不得二脫　是爲慧之業
其意常念佛　是則爲智本
若隨法身教　是爲慧之業
常思惟經典　是則爲智本
明識法報應　是爲慧之業
念聖衆功勳　是則爲智本
若覺了無爲　是爲慧之業
若心好布施　是則爲智本
設捨一切塵　是爲慧之業
思戒具清淨　是則爲智本
住無漏之禁　是爲慧之業
念於大神天　是則爲智本
若念淨復淨　是爲慧之業
所聞而覆疏　是則爲智本
不與世同塵　是爲慧之業
善修謹敕業　是則爲智本
於作無所作　是爲慧之業
謙遜不自大　是則爲智本
不計吾有慧　是爲慧之業
己身常精勤　是則爲智本
爲衆生造行　是爲慧之業
若持諸法藏　是則爲智本
曉了衆生行　是爲慧之業

스스로 선정을 깨달아 앎은
이 지혜의 근본이고
그 청정한 선정을 행함은
이 지혜의 업이다.

5근根을 잘 건립함은
이 지혜의 근본이고
중생들의 모든 근을 앎은
이 지혜의 업이다.

5력力을 받들어 행함은
이 지혜의 근본이고
성스러운 지혜 얻기에
정성을 다함은
이 지혜의 업이다.

유순한 인을 깨달음은
이 지혜의 근본이고
모든 법에 다 환히 통달함은
이 지혜의 업이다.

부지런히 도를 닦아 정진함은
이 지혜의 근본이고
법과 법 아닌 것을 다 벗어남은

度一切諸惡	是則爲智本
歸三處衆生	是爲慧之業
惠施爲仁愛	等立益衆生
開化使離穢	是爲慧之業
皆以等利之	視如佛功德
正士則如是	是爲慧之業
畏所有然熾	是則爲智本
思惟生於彼	是爲慧之業
不瞋得盡慧	是則爲智本
興無所生慧	是爲慧之業
若得音響忍	是則爲智本
其行如所念	是爲慧之業
致柔順法忍	是則爲智本
無所從生忍	是爲慧之業
住不退轉地	是則爲智本
得阿惟顔地	是爲慧之業
坐於佛樹下	是則爲智本
已逮諸通慧	是爲慧之業
計其智之本	是曰爲道心
依怙於此心	所作爲慧業
常諦住道心	則能不動轉
是業爲慧事	所行常隨時
若修行佛道	是心道之本
佛神力如此	亦分別辯才
若於無數劫	諮嗟此功勳
佛德及光明	不可得邊際
其過去諸佛	現在亦如是

이 지혜의 업이다.

괴로움을 알아
자연의 도업을 닦음은
이 지혜의 근본이고
[111]멸진滅盡하지 않고
진리를 증명함은
이 지혜의 업이다.

경전의 이치를 닦아 지님은
이 지혜의 근본이고
그 이치를 실행에 옮김은
이 지혜의 업이다.

바른 법 듣기를 싫어하지 않음은
이 지혜의 근본이고
그 법대로 순조롭게 행함은
이 지혜의 업이다.

若當來安住　十方不可計
其有欲供養　此無量最勝
當順隨道心　則成無放逸

대애경 8권

---

111 멸진정은 멸정(滅定) · 멸진등지(滅盡等至) · 멸진삼매(滅盡三昧) · 상수멸정(想受滅定) 또는 멸수상
정(滅受想定)이라고도 한다. 멸진정은 무상정(無想定)과 마찬가지로 마음[心]과 마음작용[心所]을
소멸[滅盡]시켜 무심(無心)의 상태에 머무르게 하는 선정이다. 무상정은 이생범부(異生凡夫)가 닦고
득(得)하는 선정임에 비해 멸진정은 성자가 모든 심상(心想)을 다 없애고 적정(寂靜)하기를 바라기
에 닦는 선정으로, 특히 선정의 장애[定障]를 멀리 떠난 부처와 구해탈(俱解脫)의 아라한이 그 지닌
바 역량을 바탕으로 득(得)하는 선정이다. 멸진정은 무색계의 4천 중 제3천인 무소유처(無所有處)의
번뇌를 이미 떠난 상태에서 닦는 선정이기 때문에, 그 경지가 거의 무여열반(無餘涅槃)의 적정(寂靜)
에 비견된다.

351

응함에 따라 그 진리를 구함은
이 지혜의 근본이고
그 성스러운 진리를
받들어 행함은
이 지혜의 업이다.

수명에 의지하지 않음은
이 지혜의 근본이고
법의 가르침대로 생각함은
이 지혜의 업이다.

만물을 덧없다고 관찰함은
이 지혜의 근본이고
그 만물이
나고 죽는 일 없다고 앎은
이 지혜의 업이다.

만물은 괴롭다고 믿는 것은
이 지혜의 근본이고
모든 법을 함이 없다고 생각함은
이 지혜의 업이다.

모든 법은 '나' 없다고 믿는 것은
이 지혜의 근본이고

그 법성은
본래 청정하다고 생각함은
이 지혜의 업이다.

열반이 고요하다고 믿는 것은
이 지혜의 근본이고
중생도 아주 열반할 수 있다고
생각함은
이 지혜의 업이다.

그 심오한 이치를 관찰함은
이 지혜의 근본이고
이치를 깨달아 분별함은
이 지혜의 업이다.

경전을 독실히 믿음은
이 지혜의 근본이고
경전의 법을 널리 베풂은
이 지혜의 업이다.

일체의 소리를 두려워하지 않음은
이 지혜의 근본이고
그 음향의 되돌아가는 바를
깨달아 앎은

이 지혜의 업이다.

부처님의 변재를 여의지 않음은
이 지혜의 근본이고
변재를 깨달아 마음대로 설함은
이 지혜의 업이다.

중생들에게 자비를 베풂은
이 지혜의 근본이고
자비를 베풀되 반연을 없앰은
이 지혜의 업이다.

자기와 다른 사람을 이롭게 함은
이 지혜의 근본이고
이롭게 하되
집착된 생각을 없앰은
이 지혜의 업이다.

항상 기쁜 마음을 지님은
이 지혜의 근본이고
일부러 기쁜 마음을
일으키지 않음은
이 지혜의 업이다.

[112]은애恩愛를 조작하지 않음은
이 지혜의 근본이고
은애에 벗어난 마음을
갖지 않음은
이 지혜의 업이다.

항상 부처님을 기억함은
이 지혜의 근본이고
그 법신의 가르침에 따름은
이 지혜의 업이다.

항상 경전을 생각함은
이 지혜의 근본이고
그 법의 보응을 분명히 앎은
이 지혜의 업이다.

성인의 뭇 공덕을 기억함은
이 지혜의 근본이고
그 공덕의 함이 없음을 깨달음은
이 지혜의 업이다.

보시하기를 마음껏 좋아함은

---

112 12인연의 하나로, 탐하고 사랑하는 마음.

이 지혜의 근본이고
보시하되 온갖 욕심을 버림은
이 지혜의 업이다.

계율로써 청정을 갖춤은
이 지혜의 근본이고
계율에 머물되 번뇌를 없앰은
이 지혜의 업이다.

큰 신천神天을 기억함은
이 지혜의 근본이고
청정하고도
더욱 청정하기를 기억함은
이 지혜의 업이다.

들은 것에 다 통달함은
이 지혜의 근본이고
세속에 같이 더럽히지 않음은
이 지혜의 업이다.

삼가고 조심스레 업을 잘 닦음은
이 지혜의 근본이고
그 업을 일으키되 조작이 없음은
이 지혜의 업이다.

겸손하여 제 잘난 척하지 않음은
이 지혜의 근본이고
자신을 슬기롭게 여기지 않음은
이 지혜의 업이다.

몸소 항상 정근함은
이 지혜의 근본이고
중생을 위해 수행에 힘씀은
이 지혜의 업이다.

모든 법장法藏을 다 간직함은
이 지혜의 근본이고
중생의 행을 요달함은
이 지혜의 업이다.

온갖 악을 스스로가 벗어남은
이 지혜의 근본이고
세 갈래의 중생을 제도함은
이 지혜의 업이다.

어질고 자애로워 보시하는 일은
이 지혜의 근본이고
중생을 개화하되
더러움을 여의게 함은

이 지혜의 업이다.

중생을 다 평등하게 봄은
이 지혜의 근본이고
이익을 베풀되
부처님의 공덕에 따름은
이 지혜의 업이다.

생사에 두려움을 없앰은
이 지혜의 근본이고
그 생사에
생각까지도 일으키지 않음은
이 지혜의 업이다.

성내지 않고서 진지盡智를 얻음은
이 지혜의 근본이고
그 생멸 없는 지혜를 일으킴은
이 지혜의 업이다.

만약 [113]음향의 인[音響忍]을

---

113 십인(十忍)은 다음과 같다. 보살이 무명번뇌를 끊고 온갖 법이 본래 적연한 줄을 깨달을 때에 생기는
열 가지 안주심. 즉 음성인 · 순인 · 무생인 · 여환인 · 여염인 · 여몽인 · 여향인 · 여영인 · 여화인 ·
여공인. 1. 음성인(音聲忍). 음향인이라고도 함. 여러 부처님께서 설법하는 소리에 의하여 진리를 깨
닫고 안주(安住)함. 2. 순인(順忍). 지혜로 온갖 법을 생각하고 관찰하여 진리에 수순(隨順)함. 3. 무
생인(無生忍). 불생불멸하는 진여법성(眞如法性)을 증득하여 결정안주하고 온갖 법의 형상을 여의

얼는다면

이 지혜의 근본이고

그 생각하는 대로 행한다면

이 지혜의 업이다.

유순한 법인法忍을 이룩함은

이 지혜의 근본이고

생사 없는 인忍을 얻음은

이 지혜의 업이다.

퇴전하지 않는 지위에 머묾은

이 지혜의 근본이고

열반의 자리에 나아감은

이 지혜의 업이다.

보리수 아래에 앉음은

이 지혜의 근본이고

는 것. 4. 여환인(如幻忍). 온갖 법은 인연으로 생기는 것이므로 그 성품이 적멸한 것이 마치 환(幻)과 같은 줄 알고 안주함. 5. 여염인(如焰忍). 물심(物心)의 현상은 다 아지랑이[陽焰]와 같이 잠시적 존재로 본성이 공적한 것이라 알고 안주함. 6. 여몽인(如夢忍). 범부의 망심(妄心)은 꿈속의 경계와 같이 진실성이 없는 줄 알고 안주함. 7. 여향인(如響忍). 범부의 귀에 들리는 언어 음성은 인연으로 생긴 것이니 메아리와 같이 진실성이 없는 줄 알고 안주함. 8. 여영인(如影忍). 범부의 몸은 오온이 모여 생긴 일시적인 집합체로서 진실성이 없는 것이 그림자와 같은 줄 알고 안주함. 9. 여화인(如化忍). 온갖 법은 생멸 변화하는 것으로 있는 듯하다가도 없고 없는 듯하다가도 있어서 마치 변화하는 사상(事象)과 같아서 그 실체가 없는 줄 알고 안주함. 10. 여공인(如空忍). 세간, 출세간의 온갖 법은 허공과 같아서 붙잡을 수 있는 실체가 없는 줄 알고 안주함.

모든 통달하는 지혜를 얻음은
이 지혜의 업이다.

그 지혜의 근본을 생각하는 것은
바로 도의 마음이고
이 마음에 의지하여 하는 일은
곧 지혜의 업이다.

항상 이 도의 마음에 머물러
수시로 행동에 옮기되
조금도 흔들리지 않으면
이 업이 곧 지혜의 일이다.

만약 불도를 수행한다면
그 마음이 바로 도의 근본이니
부처님의 신력神力 이러하며
분별하는 변재 또한 그와 같다.

무수한 겁에 걸쳐
이 공덕을 찬탄하여도
부처님의 공덕과 광명은
끝이 없나니
과거의 모든 부처님과
현재의 부처님들이 그러하듯

시방의 헤아릴 수 없는
미래 부처님도 다 그러하다.

그러기에 이 한량없는 부처님을
누구나 공양하려면
도의 마음을 따라야만
게으르지 않은 행을 성취하리라.

◎

그때 세존께서
거듭 게송으로 말씀하셨다.

온갖 지혜의
마음 보배를 이룩하려면
몸·입·마음의 세 계율과
열 가지 청정한 업을
먼저 갖추어 닦아야 하리라.

인자한 마음으로
중생을 관찰하고
가엾이 여기는 마음으로
중생을 돕고
기뻐하는 마음으로

爾時世尊重說頌曰:
先當善戒身語心　防護十種清淨業
慈心觀視諸衆生　一切智心此磨瑩
悲心助營他所作　喜心他法爲成辦
捨心不害諸衆生　一切智心此磨瑩
無諂誑故心常正　止罪能修利益事
深心增長諸善根　一切智心此磨瑩
心自在故念正知　善伏心故心調暢
少欲能修頭陀因　一切智心此磨瑩
喜足善行於聖種　復常恭敬於師尊
而能不生輕侮心　我慢邪慢皆遠離
定心不起增上慢　無濁亂故心清淨
不恃己故自了知　不毀他故爲他護
親近深固妙法藥　離增上慢治諸病
希法名爲求法人　勤求法乃具法欲
修無諍行名樂法　離非法故能求法

법을 성취하고
버리는 마음으로
중생을 해치지 않는
그것이 온갖 지혜의
마음 보배를 닦음이며

아첨과 속임 없는
정직한 마음으로
항상 이익한 일 구해
죄를 벗어나고
마음껏 모든 선근을 증장시키는
그것이 온갖 지혜의
마음 보배를 닦음이며

마음이 자재하여
바른 지혜를 생각하고
마음을 잘 조복하여
균형되고 화락하며
욕심을 적게 하여 두타를 닦는
그것이 온갖 지혜의
마음 보배를 닦음이며

잘 봉행하기를 기뻐하여
성종聖種을 끊지 않고

不壞三寶具信心　一切智心此磨瑩
於不善中心懷愧　於諸如來起慚心
慚愧具足護諸根　一切智心此磨瑩
明了業報勝所作　信解不著邊執心
於緣生法不相違　一切智心此磨瑩
善護威儀修正行　心無高故常柔軟
掉擧不生止行修　一切智心此磨瑩
慧善住故無毀譽　安然衆睹如山王
堅固願中無退心　一切智心此磨瑩
苦樂無動心如地　意淨如水滌塵勞
心如火無異想生　心如風行無繫著
心如虛空妙無垢　勤求出家佛眼明
身離能修寂靜心　心離常依正法行
所行常說眞實語　如說能行誓願明
清淨不爲染所摧　無破毀故修戒行
於戒無缺亦無壞　小罪能壞大懼心
護戒亦不求生天　戒常潔白無濁染
常能親近善知識　悉爲開明菩提心
無礙光明照世間　斯由獲得清淨眼
智者隨聞種種聲　不生欣樂不生厭
一切聲中表義無　斯由獲得清淨耳
鼻香舌味皆如是　身觸意法亦復然
觸等高下想不生　斯由獲得諸根淨
欲離貪染及瞋癡　當修不淨慈心觀
於緣生法復善修　一切智心此磨瑩
若欲除去五種蓋　應當善觀於五根
欲拔諸障之所纏　善住清淨於五力

다시 스승과 성현이 있는 곳에서
항상 공경하며
업신여기는 마음을 내지 않고
아만과 사만邪慢을 다 버리는
그것이 온갖 지혜의
마음 보배를 닦음이며

마음이 안정되므로
[114]증상만을 일으키지 않고
탁하거나 혼란되지 않으므로
마음이 청정하며
자신을 믿고 의지하지 않아
스스로 깨달을 것을 알고
다른 이를 헐뜯지 않으므로
중생을 보호하는
그것이 온갖 지혜의
마음 보배를 닦음이며

知出離道除現障　離不深固住深固
於四念處常勤修　正斷神足亦如是
復常增進七覺分　聖八正道亦增修
無貪無瞋怖不生　善護諸根離癡結
無慳能行於法施　不生鄙吝愛護心
於財無攝常施他　彼菩提心此成就
於諸財寶無希取　不捨菩提不求報
爲攝衆生故常行　布施愛語利同事
於菩提心不捨離　亦不愛樂於餘乘
隨觀如來功德門　如須彌山心堅固
內心寂靜省己過　外護他非不譏毀
諸所作中離瑕疵　怖生死故不造罪
勤行善法無懈倦　嚴淨佛土不疲勞
護法不生減失心　度脫衆生無退墮
常勤修治大法船　濟渡四流生死海
復爲橋梁接衆生　引到涅槃安隱地
拔衆生出深淤泥　致於淸潔無畏處
怖畏衆生施慰安　自渡渡他到彼岸
若於此法善成就　卽諸菩薩大無畏

---

114 만(慢)은 마음(6식, 즉 심왕, 즉 심법)으로 하여금 잘난 체하고 거들먹거리게 하는 마음작용이다. 예를 들어 다른 사람과 자신을 비교하여 자신이 더 잘났다거나 동등하다고 여기게 하여 잘난 체하고 거들먹거리게 하거나, 혹은 5취온에 집착하게 하여 그것을 가지고 잘난 체하게 하거나, 혹은 아직 증득하지 못한 덕을 증득하였다고 여기게 하여 잘난 체하게 하는 마음작용이다. 한편 잘난 체하고 거들먹거리는 마음(6식 또는 8식, 즉 심왕, 즉 심법) 상태 또는 남에 대해 자신을 높이는 마음 상태를 전통적인 불교 용어로 고거심(高擧心)이라 한다.

깊고 미묘한 [115]법약法藥에
친근하며
증상만을 버리고
모든 병을 치료하며
법을 희구하는 이를
구법인求法人이라 하며
애써 법을 구하여
법욕法欲을 갖추며

다른 것과 다툼이 없는
수행을 하므로 법락法樂을 얻으며
법 아닌 것을 여의므로
바른 법 구할 수 있으며
삼보를 헐지 않고
신심을 구족하는
그것이 온갖 지혜의
마음 보배를 닦음이며

착하지 못한 것을
마음 부끄럽게 여겨
여래께

彼能常淨菩提心　諸煩惱垢不能染
煩惱不染菩提心　自性本來常淸淨

불설해의보살소문정인법문경 2권

---

115 법문으로 삼독심을 치유하기에 약이라 하였으니 감로법약(甘露法藥)이라고도 한다. 불법(佛法), 즉
　　부처님의 가르침이다.

그 부끄러운 마음 일으키고
다시 부끄러움으로
모든 감관을 구족하는
그것이 온갖 지혜의
마음 보배를 닦음이며

업보를 깨달아 수승한 업을 짓되
믿음과 이해로 치우친 마음에
집착하지 않고
인연에서 생기는 법을
서로 거스르지 않는
그것이 온갖 지혜의
마음 보배를 닦음이며

정행을 닦아 위의를 잘 보호하며
마음이 교만하지 않으므로
항상 부드럽고
정행을 수행하여 흔들리지 않는
그것이 온갖 지혜의
마음 보배를 닦음이며

지혜에 안주하므로
헐뜯음과 칭찬함이 없고
태연한 모습 산왕山王과 같고

견고한 원에서
물러나지 않는 마음
그것이 온갖 지혜의
마음 보배를 닦음이며

고락에 움직이지 않는 마음
땅과 같고
번뇌를 씻어 내는 깨끗한 뜻
물과 같고
다르다는 생각 내지 않는 마음
불과 같고
집착 없이 행하는 마음
바람과 같고
미묘하여 더러움 없는 마음
허공과 같은
그것이 온갖 지혜의
마음 보배를 닦음이며

부지런히 출가를 구하므로
불안佛眼이 분명하고
몸은 세간 떠나 고요함을 닦으며
마음은 바른 법에 의지하는 한편
항상 진실 그대로의 말씀으로
밝고 굳은 서원을

지혜智慧

말씀대로 실행하는
그것이 온갖 지혜의
마음 보배를 닦음이며

번뇌에 꺾이지 않아 청정하며
파괴하거나 손실함 없이
계행을 닦으며
계행의 빠짐도 없고
파괴함도 없음은 물론
조그마한 죄라도
매우 두렵게 여기며
하늘에 태어나기를
구하는 건 아니지만
계를 옹호하고
계는 항상 결백하여
혼탁하고 더러움이 없으니
그것이 온갖 지혜의
마음 보배를 닦음이며

항상 선지식들에게 친근하여
그 보리심을 밝히는 한편
걸림 없는 광명으로
세간을 비추어
그것으로 말미암아

청정한 눈 얻고

슬기로운 이 갖가지 음성을 듣되
즐거워하지도
싫어하지도 않으면서
모든 음성에 거리낌이 없어
그것을 말미암아 청정한 귀 얻고

코에 대한 냄새와 혀에 대한 맛과
몸에 대한 접촉과 뜻에 대한 법도
그와 같으니
높고 낮은 생각 내지 않는
그것을 말미암아
청정한 감관 얻고

다시 탐욕에 대한 번뇌와 성냄과
어리석음을 없애기 위해
부정관과 자심관을 수행하며
인연에서 생기는 법을
잘 관찰하는
그것이 온갖 지혜의
마음 보배를 닦음이라.

오개五蓋를 제거하려면

오근五根을 잘 관찰하고

모든 장애를 뽑아 버리려면

청정한 오력五力에 잘 머물고

현전의 장애에서

벗어나는 길을 알고

깊고 견고하지 않은 것에서

벗어나

깊고 견고한 것에 안주하고

사념처四念處와 신족통神足通을

항상 부지런히 닦음도

그렇게 하고

[116]칠각분七覺分과 팔정도八正道를

더욱 힘써 정진함도 그렇게 하며

또 탐심·진심·공포심을

---

116 열반에 이르기 위하여 닦는 37가지 도행(道行) 가운데 제6. 칠보리분(七菩提分)·칠각지(七覺支)·
칠각의(七覺意)·칠각(七覺)이라고도 함. 불도를 수행하는 데 지혜로써 참되고 거짓되고 선하고 악
한 것을 살펴서 골라내고 알아차리는 데 7종이 있다. ① 택법각분(擇法覺分). 지혜로 모든 법을 살펴
서 선한 것은 골라내고 악한 것은 버리는 것. ② 정진각분(精進覺分). 여러 가지 수행을 할 때에 쓸데
없는 고행은 그만두고, 바른 도에 전력하여 게으르지 않은 것. ③ 희각분(喜覺分). 참된 법을 얻어서
기뻐하는 것. ④ 제각분(除覺分). 그릇된 견해나 번뇌를 끊어 버릴 때에 능히 참되고 거짓됨을 알아
서 올바른 선근을 기르는 것. ⑤ 사각분(捨覺分). 바깥 경계에 집착하던 마음을 여읠 때 거짓되고 참
되지 못한 것을 기억하는 마음을 버리는 것. ⑥ 정각분(定覺分). 정에 들어서 번뇌 망상을 일으키지
않는 것. ⑦ 염각분(念覺分). 불도를 수행함에 있어서 잘 생각하여 정(定)·혜(慧)가 고르게 하는 것.
만일 마음이 혼침하면 택법각분·정진각분·희각분으로 마음을 일깨우고, 마음이 들떠서 흔들리면
제각분·사각분·정각분으로 마음을 고요하게 함.

내지 않으려면
모든 감관을 보호해
어리석음을 여의고
간탐한 마음을 없애려면
법보시를 행하고
비루하게 아끼고 애호하는 마음을
내지 않으며
재보를 거두지 않고
항상 다른 이에게 베풀면
이 보리심을 성취하리.

스스로가 그 재보를
구하거나 취하지 않는 한편
보리심을 버리지 않고
갚음을 구하지 않고
중생을 포섭하기 위해
항상 보시 · 애어 ·
이행 · 동사를 행하며

보리심을 버리지 않고
다른 승乘을 좋아하지 않으며
여래의 공덕문을 관하고
수미산처럼 마음을 견고히 하며

안으로 마음을 고요히 하려면
자신의 과실을 성찰하고
밖으로 다른 이를 보호하려면
헐뜯지 않으며
모든 하는 일에 결함을 여의고
생사를 두려워하여
죄를 짓지 않으며

선법을 부지런히 행하되
게으르지 않고
불토를 장엄하되 지치지 않고
법을 보호하되 손실함이 없고
중생을 제도하여 해탈시키되
물러남이 없으며

항상 큰 법 배[法船]를
부지런히 수리하여
사류[四流]의 생사 바다를
건너게 하고
다리[橋]를 만들어
중생을 제접하여
열반의 안온한 땅에 인도하며

다시 중생을

깊은 진흙에서 뽑아내어
두려움 없는
청정한 자리에 안치하고
공포에 싸인 그들에게
위안을 베풀어
스스로 저 언덕에
이르게 해야 하리라.

만약 이 법을 잘 성취한다면
그 보살은 곧 두려움이 없으며
항상 보리심을 청정케 하여
어떤 번뇌에도 물들지 않으리니

저 때[垢] 없는 허공을
더럽힐 수 있고
공중의 새[鳥] 발자취를
볼 수 있을지라도
번뇌가 보리심을
더럽힐 수 없으니
본래의 제 성품[自性]이
항상 청정하기 때문이니라.

◎

그때 세존께서
다시 이 뜻을 펴시고자
게송으로 말씀하셨다.

모든 지위의 섭수와 생각과
다스려야 할 것
수승함과 생生과 원願과 모든 배움
부처님께서 말씀하신
이 대승을 의지하여
이것을 잘 닦으면
대각을 이루리라.

모든 법의
갖가지 성품을 널리 말하고
그 모두가 한 이치로 나아감을
또 말하니
낮은 승乘이라 하고
높은 승이라 하지만
나는 승에
다른 성품 없다 하노라.

말 그대로
뜻에서 허망하게 분별하여

爾時世尊欲重宣此義而說頌曰：
諸地攝想所對治　殊勝生願及諸學
由依佛說是大乘　於此善修成大覺
宣說諸法種種性　復說皆同一理趣
謂於下乘或上乘　故我說乘無異性
如言於義妄分別　或有增益或損減
謂此二種互相違　愚癡意解成乖諍

해심밀경 지바라밀다품

어떤 이는 더하고
어떤 이는 덜어내
이 두 가지는
서로 어긋난다고 하면서
어리석은 자들이 분별하여
다툼을 일으키느니라.

◎

그때 세존께서
다시 게송으로 말씀하셨다.

밝은 지혜는 번뇌의 습기를 끊어
모든 인연의 업을 나타내 보이니
나·유정·수명이라는 견해와
상에 의지하거나
머무르지 않느니라.

'나'·'나 없음'의 둘을
함께 버림으로써
반야바라밀다의
참된 근원에 도달하니
반야는 능히
모든 존재를 벗어나고

爾時世尊說伽他曰:

明慧能斷煩惱習　示現作業及因緣
不依我見及有情　不住壽者幷人相
於我無我二俱離　顯說般若到眞源
般若能推於所有　般若能度於瀑流
般若能作清淨因　般若能安勝解脫
淨慧能離諸纏蓋　於蘊處界悉遍知
明慧照曜三界空　於能所相皆解脫
修行般若令清淨　一切世間無所著
通達能行般若行　常修淨慧照眞空
五眼清淨五根明　能除五趣淨五蘊
至於彼岸常安住　入於法界亦復然
平等猶若大虛空　高廣善順於佛智
於得無得二俱離　能示中道甘露門
隨順聖人之所行　善能分別無分別
能知苦集斷貪愛　修道示滅顯無爲
成就實智慧光明　故了三世無來去

모든 난폭한 흐름을
건너가느니라.

반야는 청정한 인因을 일으키고
수승한 해탈을 얻어
능히 안락하며
맑은 지혜는
모든 얽매임을 여의고
오온·십이처·십팔계를
두루 아느니라.

밝은 지혜로
삼계의 공함을 비추어
능히 그 모든 상相에서
해탈하게 하니
반야의 행을 닦아 청정하게 하면
일체의 세간에
집착함이 없느니라.

항상 반야의 행을 닦아
통달하게 되면
그 지혜의 광명이
진공眞空을 비추고
다섯 눈과 감관이 청정하게 되니

於諸刹土皆平等　諸法寂靜等亦然
了諸有情無我人　是則眞修智慧者

대집대허공장보살소문경 2권

오취五趣 · 오온五蘊을
제거하느니라.

피안에 이르러
항상 안락하게 머무르고
법계에 들어서도 그러하고
마치 큰 허공처럼 평등하여
크나큰 부처님의 지혜에
수순하느니라.

얻을 것과
얻을 바 없는 둘을 다 여의어
중도中道의 감로문甘露門을
보여 주고
모든 성인들의 분별과
분별 없음에 수순하느니라.

고苦 · 집集 · 멸滅 · 도道를
앎으로써
탐심과 애욕을 끊어
함이 없음을 나타내며
진실된 지혜의 광명을
성취함으로써
삼세三世의 가고 옴이 없음을

깨닫느니라.

모든 불국토의
평등함을 아는가 하면
모든 법의 고요함을 깨닫는 것도
그러하고
나·유정·수명이 없는 것까지도
깨우치니
이것이 곧 참된 지혜를
닦는 것이니라.

◎

세존께서 이 뜻을
거듭 나타내기 위하여
게송으로 말씀하셨다.

닦는 바 지혜에 둘이 있나니
그것은 세간과 출세간이다.
집착이 있는 것을 세간이라 하고
집착이 없는 것을
출세간이라 하느니라.

착하고 오묘한 방편을 닦는 것

爾時世尊欲重顯此義而說頌曰：
所修慧有二　世間出世間
取著名世間　無取著出世
修善巧方便　依二種差別
有所得世間　無所得出世
若唯說一乘　是名惡說法
不能自成熟　亦不能度他
一向惡衆生　爲說三乘敎
是則爲愚癡　不名摩訶薩
有堪趣三乘　欣求聞正法
爲說樂生死　非爲智者相
專意諦思惟　隨根欲敎化

두 가지 차별에 의하나니
소득이 있음은 세간이며
소득이 없음은
출세간이라 하느니라.

만일 오직 승乘만을 설하면
이를 나쁜 설법이라 이름하나니
스스로 성숙하지 못할 뿐 아니라
또한 남도 구제하지 못하느니라.

한결같이 나쁜 중생 위하여
삼승의 가르침을 설하는 것
이는 곧 어리석은 사람이라
그를 보살마하살이라
이름하지 않느니라.

감춰삼승堪趣三乘으로 나아가
바른 법 즐겨 구하여
들으려 하는데
그에게 생사를 즐기라고 설하면
이는 지자智者의 모습이 아니니라.

뜻을 오로지 밝게 사유하여
근기를 따라 교화하고자 하는

此善巧方便　智者所稱譽
衆生雖有惡　而堪入三乘
隨根器教導　令解脫衆惡

대승대집지장십륜경 10권

지혜智慧

이런 착하고 오묘한 방편은
지혜로운 사람이 기리고
칭찬하는 바이니라.

중생에게 비록 악이 있다 해도
그래도 삼승으로
들어갈 수 있나니
근기를 따라 잘 교화하여
온갖 악에서 벗어나게 하라.

◎

이에 세존께서 게송을 읊으셨다.

항상 부처님의 바른 법을
빛내는 길은
으뜸가는 지혜를 믿어 즐기고
수행은 무소와 같으며
'나'가 없어야 하나니

이 고요하고 미묘한
삼매를 지녀서
자재함을 얻고
인욕을 깨달아서

於是頌曰 :

常光顯 佛正法　信根樂 第一慧
行如犀 無吾我　持是寂 妙三昧
得自在 覺忍辱　覆三世 猶如蓋
化建立 無數人　愍是慧 猶如海
消吾我 塵勞厄　說佛道 諸滅度
以斷穢 化三世　疾修行 是寂然
識身命 及他人　志存念 諸佛道
立存念 一切業　及逮是 妙三昧
多開導 御本際　常講安 滅苦惱
化布施 甘露味　奉行斯 佛種性
好至明 顯耀辭　稱流布 普功祚
在衆中 甚巍巍　如月滿 秋盛明

삼세를 일산처럼 덮어 주고
무수한 사람들을 교화하되
바다 같은 지혜를 닦아
익히게 하며

이 고요한 수행에 힘쓰도록 하며
자신과 다른 사람을 알아
불도에 뜻을 두고
과거의 모든 업을 기억해서
이 미묘한 삼매를 얻느니라.

중생을 열어 이끌되
열반으로 인도하고
항상 편안함을 설하여
고뇌를 없애 주며
교화하여 단이슬의 맛을 보시하곤
이 불종성佛種性을 받들어 행하여
아주 미묘한 광명으로
말씀을 밝게 드러내어
너른 공덕을 칭탄하여 유포하니
무리들 가운데 우뚝 솟은 그 모습
마치 가을달처럼 밝구나.

모든 권속들의 재보 명칭 공덕과

諸眷屬 財名德　在生死 佛所知
其辯才 猶水王　習三昧 逮斯功
法自然 無無我　不久達 敷演義
如是周 三千世　真諦行 是三昧
思惟計 三千世　衆生滿 如江沙
若學歸 甘露道　所獲慧 過於此
毒不行 及刀火　無蟲蛇 無杖畏
王羅刹 不能害　以和心 精修是
不失財 不亡家　無病憂 無罪患
若持是 四句法　目不盲 不重聽
六十二 億佛勸　設有學 思惟是
若常奉 斯總持　精進行 是三昧
若有欲 速成道　樂第一 功德田
當學是 經典本　一切致 寂然無

현겁경 제1권 2 행품

심지어 그 생사에 대해서도
부처님께서는 모두 아시므로
그 말씀씨는 수왕水王과 같으며
삼매를 익혀 그 공덕을 얻었기에
법대로 자연스럽고
'나 없음'조차 없기에
오래지 않아
그 이치를 펼쳐 놓으니
이와 같이 삼천세계에 걸쳐
두루 참된 이치를 행하므로
이 삼매의 생각함도
삼천세계를 두루하느니라.

그러므로 강가의 모래처럼
가득한 중생이
만약 단이슬 같은 도道를 배워
귀의한다면
그가 얻는 지혜는
무엇보다 뛰어나서
독이나 칼, 불 따위가
덤비지 못하고
벌레, 뱀이나 몽둥이의
두려움도 없고
왕이나 나찰羅刹도

침해할 수 없으니

언제나 화락한 마음으로
부지런히 이 삼매를 닦는다면
재물과 가정 잃어버리지 않고
병이나 근심, 죄,
허물도 없어지리라.

더구나 이 네 글귀의 법[四句法]을
지닌다면
눈과 귀가 총명하여
어둡지 않으므로
62억 부처님께서
그에게 권하시리니

이 삼매를 배우거나 생각하거나
항상 이 다라니를 받들거나
정진하여 이 삼매를 행할 때에
빨리 도를 이루고자 한다면
제일가는 공덕밭[功德田]을
즐거워하고
마땅히 이 경전의 근본을 배워서
모든 고요한 이치를 이룩하리라.

◎

부처님께서
이 게송으로 말씀하셨다.

마치 때에 더럽혀진 옷을
잿물로써 깨끗이 씻으면
잿물로써 씻어 버리기 때문에
이 옷이 청정해짐과 같으니라.

이와 같이 모든 허물이
마음과 알음알이를 더럽히니
지혜의 잿물로써 씻어 버린다면
마음은 청정하게 되리라.

佛說此祇夜:

譬如垢污衣　澣治以灰汁
以灰汁澣治　是衣得淸淨
如是以過患　染污於心識
澣以智慧灰　心即得淸淨

문수사리문경 잡문품

◎

그때 세존께서
게송으로 말씀하셨다.

내가 이미 도량에 앉으매
도량이 마침내 텅 비었구나.
보리를 얻으려 하지 않아도
지혜 가운데 편안히
머물러 있기 때문이라.

爾時世尊而說偈言:

我已坐道場　道場畢竟空
以不得菩提　安住於智中
其法無障礙　法體畢竟無
若法畢竟無　解脫時乃知
於一切法中　智慧能到佛
一切法及智　此是佛所說
凡夫妄分別　說言有無著
諸佛不分別　菩薩及智者

그 법이 장애가 없으면
법 자체가 마침내 없으니
만약 법이 없을진댄
해탈할 때에는 알게 되리라.

일체 법 가운데 지혜만이
부처에 도달할 수 있으니
일체 법과 그 지혜는
부처님께서 말씀하신 바이라.

범부들은 망령되게 분별하여
있고 없음을 말해 집착하지만
모든 부처님께서는
보살과 지혜로운 이
분별하지 않으시네.

보살과 슬기로운 이가
세간을 관찰하매
세간이 마침내 없음은
세간이 공적空寂하기 때문이라.

관찰하는 지혜가 이와 같으므로
중생과 부처님에 있어서도
분별하는 상相이 없고

觀察諸世間	世間畢竟無
世間空寂故	觀智亦如是
衆生及以佛	無有分別相
以無分別故	名爲無上慈
盡諸衆生界	雖爲悲所觸
其悲無實事	悲及於實事
此凡夫境界	如虛空尺寸
本無當亦無	世間亦如是
是名無上悲	此是無上法
名爲諸佛法	求之不可得
善逝之所說	導師無上尊
求色不可得	如是法無色
隨世間故說	虛空無有邊
處處不可取	諸佛法如是
隨世間故說	此無上智慧
智慧不可得	以智不可得
彼智亦無實	此岸若彼岸
以相形故說	以彼取相故
不行甚深法	當知此法中
一切皆平等	若以相說者
則非善知識	自衆若他衆
若說有求者	以取相說故
彼非善知識	若謂法爲有
除遣得無法	童子我此法
不作如是說	我以知苦故
性中無苦惱	若如是說者
不入於此法	諸法本無集

분별하는 상이 없기 때문에
이를 위없는 대자[慈]라고 이르며

온 중생계가 비록
대비[悲]의 감촉하는 바가 되지만
그 대비의 실사가 없는 까닭에
대비로 실사에 이르느니라.

이것은 범부의 경계가 되니
마치 허공을 재는 것과 같고
허공이 본래 없고 미래도 없듯이
세간 역시 그러하니라.

이를 위없는 대비라 이르고
이를 또 위없는 법이라 하거니와
이름하여 모든 불법이기에
구하여도 얻을 수 없음이라.

선서善逝께서 말씀하시길
도사 무상존께서는
색色으로 구하여도 얻을 수 없듯이
법도 이와 같이 색色이 없건만

세간을 따르면서 말하기를

名之以爲集　若說斷於集
則遠離此法　若於此定法
本無而分別　於本無法中
本來無有滅　若以分別說
本無今何滅　童子汝當知
此見非正見　修習於道者
以求故演說　付囑於求者
於道中修學　我說諸菩薩
大智大名稱　於當來世中
能解此深義　若有持此經
最勝之所說　多種諸善根
爲諸衆生故　善說修多羅
智者能受持　是人當來世
能護我正法　說於此法者
住如無分別　如此是菩提
菩提不可得

대승정왕경

허공이 가없고
어느 곳도 취할 수 없듯
모든 불법도 그러하다고 한다.

세간을 따르기에 말하기를
'이것이 위없는 지혜이다.' 하며
지혜를 얻을 수 없기에
지혜로써도 얻을 수 없다 하네.

저 지혜 역시 진실함이 없기에
이 언덕이 저 언덕이며
형상 때문에 말을 하고
저 형상을 취하기 때문에
깊고 깊은 법을 행하지 못하나니

마땅히 알지니 이 법 가운데엔
일체가 다 평등하나니
만약 형상으로써 말하는 자라면
그는 선지식善知識이 아닐 것이니

자기네 무리이건
다른 이의 무리이건
만약 구할 것이 있다고 말한다면
형상을 취해 말하는 것이므로

지혜智慧

그는 선지식이 아닐 것임은

만약 법이 있는 것이라면
없다는 법도 남김 없어야 하리니
동자야, 나의 이 법에는
이러한 말을 하지 않노라.

내가 괴로움을 알기 때문에
성품 가운데 고뇌가 없노라고
만약 이렇게 말한다면
이 법에 들어가지 못할 것이니

모든 법은 본래
쌓임이 없는 것이고
이름을 빌려 쌓임이라 하며
만약 쌓임을 끊는다고 말한다면
이 법을 멀리 여의어야 하리니

만약 이 정법定法이
본래 없는 것인데 분별함이라면
본래 없는 법 가운데엔
본래 사라질 것도 없거늘

만약 분별하여 말한다면

본래 없는 것이
이제 어찌 사라지랴.
동자야, 너는 알아 두어라.

이 소견은 바른 소견이 아니고
도를 닦아 익히는 자가
구하는 것이 있는 연설이요
구하는 자에게 부탁함이라

도를 수학하는 자를 위해
모든 보살의 큰 지혜와 큰 명칭을
내가 이제 연설해 주리라.

미래세의 세간에
이 깊은 이치를 해득하거나
또는 이 경전
최승最勝의 말씀을 설하거나
모든 선근을 많이 심거나

여러 중생을 위해
수다라修多羅를 잘 해설하거나
슬기로운 이로서 받아 간직하면
이 사람은 미래세에
나의 바른 법을 수호하리니

지혜智慧

또 이 법을 설하는 자는
분별이 없는 데 머물거니와
이러한 것이 보리인 만큼
보리를 얻을 수 없다고 한다.

◎

이때 세존께서
게송으로 대답하셨다.

항상 여러 부처님을 생각하면서
또한 생각하는 바도 없으며
중생에게서 얻을 수 없어도
그들은 보리菩提를 말하네.

그렇기 때문에 이름이 보살이니
항상 부처님 앞에 있으면서
또한 번뇌를 깨뜨리지 않고
또한 여러 부처님을
떠나지 않으며

지혜로운 사람과 같이
고개를 들어 허공 위를 살피지만
그 안에 몸도 마음도 없으니

爾時世尊以偈報言：
恒常念諸佛　亦無有所念
不得於衆生　彼等言菩提
是故名菩薩　恒常在佛前
亦不壞煩惱　亦不離諸佛
猶如智慧人　仰觀上虛空
於中無身心　彼無有別處
何時彼智人　觀看上虛空
彼時無餘念　若身若心中
如是護菩提　彼於諸佛所
不動身心等　亦不遠諸佛
無物安分別　發起欲等患
無物不分別　是故不可破
有念現前生　無念故無障
捨已無實故　覺已此等捨

무소유보살경

그에게 분별함이 있을 까닭이
없느니라.

어느 때나 그 지혜로운 사람은
살펴 허공 위를 보지만
그때 아무런 여념餘念이 없으니
몸이나 마음도 그러하니라.

이와 같이 보리를 얻으면
그는 여러 부처님 처소에서
몸과 마음이 흔들리지 않으며
역시 여러 부처님을
멀리하지 않으면서
망령되게 분별하는 일이
없느니라.

탐욕과 같은
근심 걱정이 일어나도
분별하지 않는 일이 없으니
이런 까닭으로
깨뜨릴 수 없느니라.

생각이 있으면 눈앞에 나타나며
생각이 없으면 장애도 없고

버리기를 다하여 실상이 없으며
깨닫기를 다하여
이것들을 버렸느니라.

◎

이때 세존께서
게송으로 대답하셨다.

마땅히 선지식善知識을
가까이하고
보리심을 내면
이런 까닭으로 악행惡行을 떠나
마땅히 부처님의 지혜[佛智]를
밝힐 것이니라.

爾時世尊以偈報曰：

當近善知識　若發菩提心

是故離惡行　當淨於佛智

무소유보살경

◎

부처님께서 그때에
곧 게송으로 말씀하셨다.

나다, 사람이다, 목숨이다
헤아리지 않고
또한 모양이 있다고

佛爾時便說偈言：

吾我人及與壽　亦不計有是形

心不念有與無　智慧者當遠離

口所說因緣法　其因緣無所有

一切法無所起　以是故得法忍

사가매경

헤아리지 않으며
마음에 있다 없다고
생각하지 않나니
지혜로운 이는
마땅히 멀리 여읜다.

입으로 인연법을 말하지만
그 인연이란 있는 데 없으며
온갖 법 일어난 데 없나니
이 때문에 법인을 얻는다.

◎

그때 세존께서
거듭 게송으로 말씀하셨다.

마치 강이 흘러
큰 바다로 들어가듯이
법문 가운데서
흐름을 관찰하는 것도 그러하다.

거칠고 미세함을 잘 관찰하고
깨끗하지 못한 것을
깨끗하게 하여

爾時世尊重說偈言 :
猶如江流　聚入大海
於法門中　流觀亦爾
善觀麤細　淨以不淨
無上智法　佛悉通達

우바이정행법문경 수행품

위없는 지혜로 법을 관조하니
부처님은 모두 다 통달하신다.

◎

부처님께서 그때에
게송으로 말씀하셨다.

날마다 깨끗한 행을 닦아
스스로 일으켜 세우고
항상 한적한 곳을 좋아하여
청정한 데 거처하면

이미 깊은 법에 들어
곧바로 도에 이르고
몸과 마음이 평등하여
스스로 이르러 지혜를 얻네.

이미 부합됨이 이와 같으면
행이 평등하고
다섯 가지 신통을
이미 얻어 통달하여
날아서 시방에 이르러
여러 부처님 앞에 머물면서

佛爾時歌頌言：

日修梵行　以自興立
常樂空閑　處於清淨
已入深法　便至於道
身心平等　自致得慧
已合如是　於行如等
於五神通　爲已得達
飛到十方　住諸佛前
多所育養　於一切人

불설수진천자경 문사사품

일체의 사람들을
기르는 바가 많다네.

◎

세존께서 일러 주셨다.

베푸는 이는
이익을 얻은 것이요
받는 이는 이익을 잃은 것이며
참음은 견고한 갑옷과 투구이고
지혜는 예리한 칼과 몽둥이니라.

世尊告曰:
施者名得利　受者名失利
忍爲堅鉀冑　慧爲利刀杖
천청문경

◎

이때 부처님께서
게송으로 말씀하셨다.

선정의 뜻[定意]을 얻고자 하는 이는
중생을 가엾이 여기기를
마치 자기의 골수처럼 하며
덕德을 세우되
그 보답을 생각지 않느니라.

佛時頌曰:
欲獲定意者　愍哀衆生類
猶如己骨髓　立德不想報
觀身四大空　恍惚其若夢
計五陰本無　譬若如野馬
設使解慧者　則不計吾我
縷練一切原　速逮斯定意
불설초일명삼매경

몸의 사대四大는 공하고 황홀하어
마치 꿈과 같다고 관하며
오음五陰은 본래 없는 줄
헤아려야 하느니
비유하면 마치
아지랑이와 같으니라.

만일 지혜로운 이라면
곧 '나[我]'라고 헤아리지 않고
온갖 근원을 자세히 연마하면
속히 이 선정[定]의 뜻을
체득하리라.

그때 부처님께서
이 뜻을 거듭 밝히고자
게송으로 말씀하셨다.

여러 부처님의 지혜는
같을 이 없어
세상 사람은
생각조차 하기 어려운 것
마음이 깨끗하시기 때문에

爾時世尊欲明此義而說偈言：
諸佛智無等　世所難思議
心業清淨故　能正師子吼
當作師子吼　怖畏諸外道
聞佛甚深法　當墜於大坑
若人住我相　及住衆生相
是人於佛法　我說爲外道
若人依法相　依我我所相
是人於佛法　我說爲外道
若人貪著戒　及餘諸功德

사자의 우렁찬 소리로
바르게 하시네.

사자 소리처럼
우렁차게 말씀하시어
여러 외도 두렵게 하시네.
부처님의 깊은 법 듣고 나면
큰 구덩이에 빠지지 않으리.

만일 어떤 사람이 아상我相과
중생상衆生相에 머물고 집착하면
나는 이 사람을
불법의 외도外道라고 말하리.

어떤 사람이 법의 상에
의지하거나
'나'와 '내 것'이라는 상에
의지하면
나는 이 사람을
불법의 외도라고 말하리.

만일 어떤 사람이 계戒나
다른 여러 공덕에 탐착하거나
많이 들은 데 집착하여

著多聞自高　我說爲外道
若人著小欲　知足遠離行
及庵弊納衣　我說爲外道
如空無觸閡　煙塵所不污
我說沙門法　無染亦如是
如人以名華　塗香及燒香
供養於虛空　虛空不生喜
若污以埃塵　不染虛空性
以本性淨故　沙門法亦爾
若以惡口毀　虛空無恚恨
沙門法無染　其喻亦如是
若人於是法　已學今當學
其心無染著　是名眞沙門
如空無障礙　煙塵不能污
沙門法如是　本淨無變異
如月在空中　其明無翳閡
亦不生是念　我光能悉照
比丘入他家　不染世八法
亦如月無念　我能無所染
比丘入他家　不應懷憍慢
自大自高心　若生皆當滅
當以慈愍心　無欲無所求
說法廣饒益　淨行於世間

불설화수경 서품

스스로 높이면
나는 이 사람을 외도라 말하리.

만일 어떤 사람이 욕심이 적고
만족할 줄 아는 데서 멀리 떠나
더럽고 해진
누더기 옷을 입더라도
나는 이 사람을 외도라 말하리.

공하여 걸림이 없고
티끌에 더럽혀지지 않는
사문沙門의 법 나는 말하네.
물듦 없음도 또한 그러하네.

만일 어떤 사람이 이름난 꽃
바르는 향과 사르는 향으로
허공에 공양하면
허공은 기뻐하지 않네.

가령 더러운 티끌로라도
허공의 본성품은
물들이지 못하니
이는 본성품이 청정한 까닭이네.
사문의 법도 또한 그러하네.

가령 나쁜 말로 헐뜯고 욕하더라도
허공은 화내거나 한탄하지 않으니
사문의 법도 물드는 일 없으니
그 비유 또한 이러하네.

만일 어떤 사람 이 법에서
벌써 배웠거나 장차 배우려는데
그 마음에 염착染着 없으면
이를 참사문이라 이름하리.

허공은 걸림 없어
티끌로 더럽힐 수 없네.
사문의 법도 그러하여
본래 청정하매
변하여 달라지지 않네.

달이 공중에 있는 것과 같이
그 광명 가림 없네.
내 광명이 모조리 비친다고
이런 생각도 내지 않네.

비구가 남의 집에 들어가더라도
세상의 여덟 가지 법에
물들지 않네.

달이 생각 없는 것과 같이
나는 능히 물드는 바 없으리.

비구는 남의 집에 들어가더라도
교만한 마음 품거나
스스로 존대하고 높이는 마음을
먹지 말라.
그런 마음 먹으면 모두 멸하리.

사랑하고 어여삐 여기는 마음으로
탐내지 말고 구하는 것 없게 하라.
법문을 말하여
널리 이익하게 하며
행하여 세간을 깨끗이 하라.

◎

이때 세존께서
이 뜻을 거듭 펴시고자
게송으로 말씀하셨다.

업을 채집하면 식識이 되고
채집하지 않으면 지혜[智]가 되니
모든 법을 관찰하여

爾時世尊欲重宣此義而說偈言：
採集業爲識　不採集爲智
觀察一切法　通達無所有
逮得自在力　是則名爲慧
縛境界爲心　覺想生爲智
無所有及勝　慧則從是生
心意及與識　遠離思惟想
得無思想法　佛子非聲聞

무소유無所有에 통달하라.

자재력自在力을 얻게 되면
이를 혜慧라 하고
경계에 속박되면
마음[心]이라 하며
각상覺想이 생기면 지智라 한다.

무소유와 수승한 경계
지혜가 이것에서 생기나니
심心과 의意와 식識에서
사유思惟와 상상想을 멀리 벗어나라.

사상思想이 없게 되면
불자佛子이지 성문이 아니며
적정寂靜과 훌륭한 곳으로
나아가는 인[勝進忍]은
여래의 청정한 지혜[智]이다.

훌륭한 뜻을 일으키고
행하던 것 모두 벗어났고
나에게 세 가지 지혜 있으니
성인이 개발開發한 진실이다.

寂靜勝進忍　如來淸淨智
生於善勝義　所行悉遠離
我有三種智　聖開發眞實
於彼想思惟　悉攝受諸性
二乘不相應　智離諸所有
計著於自性　從諸聲聞生
超度諸心量　如來智淸淨

능가아발다라보경 일체불어심품 3

거기에 대해 생각하고 사유하며
모든 성품을 받아들이는
이승二乘은 상응하지 못하니
지혜는 모든 소유所有를 벗어난다.

자성自性에 얽히고 집착하므로
모든 성문이 생겼으니
모든 심량心量 초월하여 건너면
여래지如來智가 청정하리라.

◎

이때 세존께서
이 뜻을 거듭 펴시고자
게송으로 말씀하셨다.

반연하는 모든 일을
지혜로 관찰하지 않으면
이를 무지無智라 하고
지혜가 아니라 하면
이것은 망상을 부리는 자의
말이다.

상相과 성품 다르지 않음에 대하여

爾時世尊欲重宣此義而說偈言：

有諸攀緣事　智慧不觀察
此無智非智　是妄想者說
於不異相性　智慧不觀察
障礙及遠近　是名爲邪智
老小諸根冥　而智慧不生
而實有爾炎　是亦說邪智

능가아발다라보경 일체불어심품 3

지혜로 관찰하지 않고
장애라거나
멀고 가까움 때문이라 하면
이를 그릇된 지혜라 한다.

늙거나 어리고
모든 감관이 둔해서
지혜가 생기지 않는다 하고
실재로 번뇌가 있다고 하면
이 역시 그릇된 지혜라 한다.

◎

그때 세존께서
거듭 게송으로 말씀하셨다.

만약 반연할 바가 있는데
지혜로 보지 못했다면
그것은 지혜 없음이요
지혜 아니니
이를 망령된 생각이라
하느니라.

끝없이 모습 감추거나

爾時世尊重說頌言 :

若有於所緣　智慧不觀見
彼無智非智　是名妄計者
無邊相互隱　障礙及遠近
智慧不能見　是名爲邪智
老小諸根冥　而實有境界
不能生智慧　是名爲邪智

대승입능가경 무상품

장애롭거나 멀고 가까워서
지혜로 보지 못한다고 한다면
이를 삿된 지혜라 하느니라.

늙었건 젊었건 모든 근根이 어두워
진실로 경계가 있고
능히 지혜 생기지 않는다고 하면
이를 삿된 지혜라 하느니라.

◎

그때 세존께서
다시 게송으로 말씀하셨다.

지혜로운 사람은
나쁜 말을 버리고
바른 말을 항상 즐겨 쓰나니
그러한 아름다운 말을
쓰는 사람은
곧 열반 가까이 머물러 산다.

언제나 좋고 아름다운 말을 쓰고
더러운 나쁜 말은 쓰지 말지니
더럽고 나쁜 말은 사람을 더럽혀

爾時世尊而說偈言:
黠慧離惡口　正語憙樂行
如是美語人　則近涅槃住
常說善妙語　捨離垢惡語
垢惡語污人　能令到地獄
垢語所污人　彼人則無善
惡如師子蛇　彼不得生天
一切善語人　能善安慰他
諸世間所愛　後世則生天
若人不惡語　捨離於諂曲
雖人行如天　彼人善應禮
實語常行忍　直心不諂曲
不惱於他人　彼建立法幢
人命不久住　猶如拍手聲

그 사람을 지옥에 이르게 한다.

더러운 말에 더럽혀진 사람
그에게는 조금도 선한 일 없어
사납기 사자나 뱀과 같아
그는 천상에 나지 못한다.

훌륭한 말 쓰는 모든 사람들
그들은 남들의 위안을 받고
모든 세상의 사랑 받나니
후생에 가서는 천상에 태어난다.

누구나 사람으로
나쁜 말 쓰지 않고
아첨하거나 간사하지 않으면
비록 사람이지만
행은 하늘 같나니
그는 모든 사람의 예경 받으리.

진실히 말하고 항상 욕을 참으며
올곧은 마음으로 아첨하지 않고
다른 사람을 괴롭히지 않으면
그는 법의 깃대를 능히 세우리.

人身不如法	愚癡空過世
何人不自愛	何人不樂樂
若人作惡業	不行自愛因
妻子及財物	知識兄弟等
皆悉不相隨	唯有善惡業
善業不善業	常與相隨行
如鳥行空中	影隨常不離
如人乏資糧	道行則受苦
不作善業者	彼衆生亦然
如具資糧者	道行則安樂
衆生亦如是	作福善處行
久時遠行人	平安得還歸
諸親友知識	見之皆歡喜
作福者亦爾	此死他處生
所作諸福德	如親等見喜
如是作福德	和集資未來
福德於他世	則得善住處
福德天所讚	若人平等行
此身不可毁	未來則生天
觀如是處已	黠慧者學戒
得聖見具足	善行得寂靜

정법념처경 십선업도품

사람의 목숨은 오래 살지 못하여
마치 손뼉 치는 소리와 같다네.
누구나 우치하여 법답지 못하면
그는 한 세상을 헛되이 보내리라.

누가 제 몸을 사랑하지 않으며
누가 즐거움을 즐기지 않으랴만
만일 사람으로 나쁜 업을 지으면
자기 사랑하는 인因이 없다.

아내도 자식도 그리고 재물도
친한 벗이나 또 형도 아우도
그것들은 모두 나를 따르지 않고
오직 선악의 업만 따른다.

선한 업이나 또 나쁜 업이
언제나 그를 따라다니는 것은
마치 새가 허공을 날아갈 때에
그 그림자 항상 따르는 것과 같다.

마치 노자가 모자라는 사람이
길을 떠나 괴로움을 받는 것처럼
만일 선한 업을 짓지 않으면
그 중생도 또한 그러하리라.

마치 노자가 넉넉한 사람은
길을 떠나도
편하고 즐거운 것처럼
중생들도 또한 그와 같아서
복을 지으면 훌륭한 곳에 가리라.

오랫동안 먼 길의
나그네 되었다가
아무 일 없이 편안히 돌아오면
여러 친한 벗과 아는 사람들
그를 보고는 모두 기뻐하나니

복을 짓는 이도 그와 같아서
여기서 죽어 다른 곳에 날 때에
그의 지은 바 여러 가지 복덕을
친한 사람들 보고 기뻐하리라.

그와 같이 갖가지 복덕을 짓고
그것을 모아 미래에 대비하면
그 복덕으로
그는 다른 세상에 가서
살기 훌륭한 곳을 얻게 되리라.

복덕은 하늘들이 칭찬하는 것

지혜智慧

누구나 그것을 평등하게 행하면
그 몸은 도저히 무너뜨릴 수 없고
다음 생에는 천상에 나리.

이러한 일을 자세히 관찰하고
지혜로운 사람은 계율을 배워
거룩한 소견을 두루 갖추고
그대로 행하여 열반을 얻는다.

◎

그때 세존께서
다시 게송으로 말씀하셨다.

선한 것이나 선하지 않은 것이나
업의 결과가 모두 다 결정한다.
스스로 업을 지어 스스로 받나니
모두가 그 업의 결박 때문이다.

이와 같이 번뇌의 땅은
처음에는 달다가 뒤에는 쓰나니
독毒을 버리듯[117] 경계境界를 버려라.

爾時世尊而說偈言 :

若善若不善　業果皆決定
自作業自食　皆爲業所縛
如是煩惱地　初甜而後苦
捨境界如毒　以不饒益故
智不屬煩惱　屬於智境界
此世若後世　一切時受樂
智常燒煩惱　如火能焚草
煩惱覆智梵　故佛說三寶
若樂智境界　寂靜如牟尼
若煩惱蛇蠚　彼人一切失
若人知二諦　勇猛諦知見

---

117 경계는 인식작용의 대상을 이르는 말이다. 중생의 경계와 부처님의 경계로 나뉘는데, 부처님의 경

아무 이익이 없기 때문이다.

지혜는 번뇌에 속하지 않고
지혜의 경계에 속하는 것이니
이승에서나 저승에서나
그 어느 때나 즐거움 받는다.

지혜는 항상 번뇌를 사르되
마치 불이 저 풀을 태우듯 한다.
번뇌는 지혜의 범천을 덮으므로
부처님은 삼보三寶를 말씀하셨다.

만일 지혜의 경계를 즐겨하면
고요하기는 모니牟尼(聖者) 같지만
만일 번뇌의 뱀에 물리면
그는 모든 것 잃어버리리.

만일 누구나 두 가지 진리 알아
용맹스레 분명히 알고 볼 때는
그는 제일의 도를 행하여
생사의 자리를 버리고 떠나리.

彼行第一道　捨離生死處
若人樂生死　喜樂煩惱怨
彼人常被縛　流轉有隘處
若人有出意　常行寂靜行
死生天衆中　到梵世界處
若不愛欲等　供養佛法僧
彼人捨生死　如風吹乾草
若不爲心使　而能使於心
則能除煩惱　如日出無闇
心怨最第一　更無如是怨
心常燒衆生　如放燒時樹
若心自在行　愚癡不調根
彼苦不寂靜　去涅槃太遠
知苦及苦報　復能知苦因
則脫一切縛　普離諸煩惱
智爲第一明　癡爲第一闇
取如是光明　是名黠慧人
癡爲第一惡　黠慧人能捨
若令癡自在　寂靜難可得
若欲自安隱　寧觸入大火
毒蛇同處住　終不近煩惱
智第一甘露　第一安隱藏
智爲第一親　智爲第一寶
如是之智火　常燒煩惱山

계를 지혜의 경계라 하였다.

만일 누구나 생사를 좋아하고
번뇌의 원수를 기뻐하고 즐기면
그는 언제나 결박을 받고
생존의 좁은 곳을 흘러 다니리.

만일 누구나 벗어날 뜻이 있어
언제나 고요한 행을 행하면
죽어서는 하늘의 무리 속에 나서
범천의 세계에 이르게 되리.

만일 탐욕 따위를 사랑하지 않고
불·법·승 삼보에 공양하면
그는 생사를 떨어 버리기를
바람이 마른 풀을 날리듯 하리.

만일 마음의 부림을 받지 않고
그리고 능히 그 마음을 부리면
곧 번뇌를 없애 버리되
해가 떠서 어둠을 없애듯 하네.

마음의 원수가 제일이어라.
다시 그런 원수 없나니
마음은 언제나 중생을 불사르되
불을 놓을 때의 나무와 같네.

燒煩惱山者　則到安樂處
若人無智慧　如盲入闇處
則不厭生死　非法諍鬪籠
若人常念法　善得於人身
不爲心所誑　應受善人供

정법념처경 생사품

만일 마음이 자유로이 날뛰고
어리석어 그 감관을
다루지 못하면
그는 괴롭고 고요하지 않나니
열반과의 거리가 너무 멀다네.

괴로움과 괴로움의 과보를 알고
또 능히 괴로움의 원인을 알면
그는 곧 모든 결박 벗어나
모든 번뇌를 떠나리.

지혜는 제일의 밝음이 되고
우치는 제일의 어둠이라.
만일 그러한 광명을 취한다면
그를 지혜로운 사람이라 하리.

우치는 제일 나쁜 것이라
지혜로운 사람은 능히 버린다.
우치를 마음대로 날뛰게 하면
고요한 경계는 얻기 어려우리.

만일 스스로 편안하려 하거든
차라리 큰 불 속에 뛰어들거나
독사와 한 곳에서 머물지언정

마침내 번뇌는 가까이하지 말라.

지혜는 제일의 단이슬이요
지혜는 제일의 창고이니라.
지혜를 제일의 친구라 하고
지혜를 제일의 보배라 하니라.

이와 같은 그 지혜의 불은
언제나 번뇌의 산을 태운다.
만일 번뇌의 산을 태우면
곧 안락한 곳에 이르리.

만일 사람이 지혜 없으면
장님이 어둔 곳에 들어가듯이
나고 죽음을 싫어하지 않고
비법非法의 다툼에 갇히리.

만일 사람이 늘 법을 생각하면
사람의 몸을 잘 얻고는
 그 마음에 미혹 받지 않으며
반드시 선한 사람 공양 받으리.

◎

그때 세존께서
이 뜻을 다시 거두어
게송으로 말씀하셨다.

여래께서 세간에 나지 않으시면
세간에 태어난 모든 유정들은
구제할 이 없으며
의지할 곳 없어서
모두가 성스러운 지혜를
잃으리라.

친한 벗과 재물과
지위를 잃어버림은
바로 조그마한 잃음이라
부르거니와
만일 성스러운 지혜를 잃으면
그것은 커다란 잃음이라
하느니라.

내가 모든 세간을 관찰하건대
위없고 성스러운 지혜 잃어버리고
생사에 윤회하면서
갖가지 이름과 색신色身 받도다.

爾時世尊重攝此義而說頌曰 :
如來不出現　世間諸有情
無救無歸依　皆退失聖慧
失親友財位　是名小退失
若失眞聖慧　是名大退失
我觀諸世間　失無上聖慧
輪轉於生死　受諸名色身
彼於現法中　有苦無上樂
於當來長夜　久生死輪迴
若欲求聖慧　正盡衆苦邊
當願諸如來　數出現於世

본사경 일법품

지혜智慧

그들은 현재의 법 가운데서
괴로움이 있을 뿐 쾌락이 없고
오는 세상 길고 어두운 밤에
오래도록 생사에 윤회하도다.

만일 성스러운 지혜를 구해
고통을 바로 다하려 하면
반드시 모든 여래 끊임없이
세상에 나오심을 소원하여라.

◎

그때 세존께서
다시 이 뜻을 거두어
게송으로 말씀하셨다.

두 가지 속임 없는 법은
모든 부처님께서 말씀하신 바이니
이미 모으고 이미 생겨난
온갖 업과 온갖 지혜라.

이숙과異熟果가
아직 나지 않았으면
온갖 업은 마침내 멸하지 않고

爾時世尊重攝此義而說頌曰：

二無欺誑法　諸佛共所談

謂已集已生　諸業及諸智

異熟果未生　諸業終不滅

煩惱若未盡　智終不捨離

業是生死因　智爲滅惑本

是故應修智　永盡衆苦邊

본사경 이법품

번뇌가 만일 다하지 않았으면
지혜는 마침내 없어지지 않으리.

업은 나고 죽는 원인이요
지혜는 미혹[惑]을 깨는
근본이 되니
그러므로 반드시 지혜를 닦아
영원히 고통의 끝[邊]을 다하여라.

◎

그때 세존께서
거듭 그 뜻을 연설하시고자
게송으로 말씀하셨다.

세간에서
지혜를 밝히고자 하는 이
마땅히 보리심을 발해야 하나니
언제나 일체지를 생각하면서
항상 선지식을 가까이하라.

애락을 참고 견디며
아란야를 의지해 머물고
마치 사자왕처럼

爾時世尊重演其義說伽他曰:
世間明慧者　應發菩提心
常思一切智　恒近善知識
住堪忍愛樂　依止阿練若

대승사법경

모든 공포와 두려움을 벗어나라.

◎

그때 부처님께서
게송으로 말씀하셨다.

지혜로운 자 효를 칭찬하고
가엾은 생각으로
목숨을 살려 주며
아낌없는 보시로 널리 공급하고
세속을 초월하여
고요함을 즐긴다.

이와 같은 네 가지 바른 업
현명한 선비가 닦는 것이니
거룩한 소견이 갖춰져야
무위無爲의 경지에
확실히 이르리라.

◎

무릇 형상이 있는 것은
모두가 다 허망하다.

佛時頌曰 :

智者稱孝　愍命慈活
放施普給　超俗崇寂
如是正業　明士所習
聖見己具　定至無爲

불설진학경

凡所有相 皆是虛妄
若見諸相非相 即見如來

415

만약 모든 형상과
형상 아닌 것을 보면
곧 여래를 보리라.

응당 색에 머물러서
마음을 내지 말며
응당 성향미촉법에 머물러서
마음을 내지 말 것이니
응당 머문 바 없이
그 마음을 낼지니라.

만약 나를 색신으로써 보거나
음성으로써 구하면
이 사람은 사도를 행함이니
능히 여래를 보지 못하리라.

일체 함이 있는 법은 꿈과 같고
환상과 같고 물거품과 같고
그림자 같으며
이슬과 같고
또한 번개와도 같으니
응당 이와 같이 관할지니라.

不應住色生心
不應住聲香味觸法生心
應無所住 而生其心

若以色見我 以音聲求我
是人行邪道 不能見如來

一切有爲法 如夢幻泡影
如露亦如電 應作如是觀

금강반야바라밀경

제 7 장

四聖諦

사성제

사랑으로 말미암아 근심이 있고
사랑으로 말미암아 공포가 생긴다.
사랑하는 애정만 떼어 버리면
근심은 무엇이며 공포는 무엇이겠는가.

◎

그때 세존께서
거듭 이 뜻을 펴시고자
게송으로 말씀하셨다.

집착하므로 공포심 일으키어
이로 인하여 악도에 나아가네.
이 공포심 있음을 보고
슬기로운 이는
마땅히 집착하지 않으리.

너희는 여러 성자의 도를 닦되
마땅히 잘 관찰할지니라.
이렇게 관찰하면 곧 얻으리니
이것과 달리하면
얻을 수 없으리라.

온갖 것이 다 공한 것이니
헛되이 움직임이요
견실堅實한 것 아니라
애욕이란
세간을 속여 미혹시킴이니
이것에 어지러운 마음 내지 말라.

爾時世尊欲重宣此義而說頌曰:

取著生怖畏　由斯趣惡道
觀此有怖處　智者不應取
汝修諸聖道　應當善觀察
如是觀便得　異此則不可
一切處皆空　虛動非堅實
愛誑惑世間　勿於此生亂
我已知空法　了諸法不堅
湛然獲安泰　證無動妙樂
若如是了知　諸法唯空者
彼解脫衆苦　及滅於諍論
欲攝受一切　生諸災橫者
攝受故取著　著故生諸有
從有生於生　由生遠寂滅
生者老病死　如是大苦逼
無欲故無取　無取故無有
無有故無生　老病死亦爾
聚集資生具　一時皆棄捨
并捨愛妻子　趣苾芻威儀
勿貪親與財　咄哉念知足
勿如旃茶羅　下賤心來往
勿自恃持戒　輕毀犯戒者
恃戒凌於人　是名真破戒
譬如鹿被凉　若縛若致死
處魔羂慢者　縛害亦如是
慢能壞善心　又損自他善

나는 이미 공한 법[호法]을 알고
모든 법이
단단하지 않은 줄 깨달아
담담히 태연함 얻어서
동요됨 없는
묘한 즐거움 증득하였네.

만일 이렇게 온갖 법이
오직 공한 줄 깨달아 알면
그는 온갖 괴로움 벗어나서
시비와 쟁론을 멸하리라.

온갖 것을 섭수하고자
온갖 죄악에 재앙을 내는 자는
섭수하려 하므로 취착하나니
집착하므로
삼유三有에 나게 되도다.

유有로부터 중생으로 태어나면
태어남으로 적멸과 멀어지나니
나는 이는 늙음 · 병듦 · 죽음
이러한 큰 괴로움이 핍박하리라.

욕심이 없으므로 집착[取]이 없고

故勿輕毀戒　　況持戒梵行
當學大仙子　　常住空閑處
勿顧於身命　　趣寂靜解脫
應離無義本　　順世尼乾論
愛敬演甚深　　空相應妙法
內外十二處　　我說心爲本
彼復因業生　　業由思久住
眼色俱爲緣　　而生起於識
緣闕則不生　　譬無薪之火
如是生諸法　　和合互相生
無作無受者　　現作用如幻
一切內外法　　我已知空幻
愚夫顚倒執　　分別我我所
眼中無有情　　外諸處亦爾
非我作壽者　　諸法類應知
眼不思解脫　　耳鼻舌亦然
身意等無作　　諸法觀如是
譬如巨海中　　鼓濤成沫聚
明眼者察知　　審其非堅實
如是五蘊體　　達者知非固
當解脫生老　　愁憂災橫等
我法中出家　　知諸法如幻
不虛彼信施　　即名供諸佛

대보적경 35권, 보살장회

집착이 없으므로 유有가 없나니
유가 없으므로 남[生]이 없으며
늙고 병들고 죽음도 또한
그러하다네.

쌓아 두었던 살림살이를
일시에 다 던져 버리고
사랑하는 처자도 놓아 버리며
필추芯쭿(비구)의 위의에
나아갈지니

친척과 재산을 탐내지 말고
툴툴 털어 버리고
만족할 줄 알아서
저 [118]전다라旃茶羅와 같이
비루한 마음으로
오고 가지 말지니라.

스스로 계 지님을 믿고
계 범한 자를 깔보지 말라.

---

118 한자로는 전다라(栴陀羅: 栴茶羅), 전타라(旃陀羅). 마누법전(Manusmṛti), 다르마수트라스(Dham-
sutras, 法典類)에 따르면 찬달라란 카스트 최하위 노예계급. 수드라 아버지와 카스트 최고위 사제계
급 브라만 어머니 사이에서 태어난 자식을 부르는 말이다. 이들은 카스트 밖에 있는 노예계급 이하
의 존재(Atisudra)이며 부정(Assuddhi)한 존재라고 여겨져서 불가촉천민으로 규정되었다.

계 지님을 믿고
사람을 업신여기면
이것이 참으로 계를 파한 것이니

마치 사슴이 화살을 맞아서
혹 얽매이거나 혹 죽듯이
악마의 올가미인 거만함에 처하여
얽매여 박해됨도
또한 그러하다네.

거만함은 착한 마음을 부수며
또한 나와 남의 착함을
무너뜨린다네.
그러므로 계 범한 이를
업신여기지 말지니
하물며 계와 범행 지니는 자이랴.

마땅히 큰 선인仙人을 본받아
항상 조용한 곳에 거처하여
몸과 목숨을 돌아보지 말고
적정 해탈에 나아갈지어다.

뜻 없는 학설을 근본으로 삼는
순세외도[順世尼乾]의

이론을 여의고
공空과 서로 응하는 묘한 법
연설하는 이를 공경할지니라.

안팎 12처處가
나는 마음이 근본이라 말하나니
그것은 다시 업으로 인하여 나며
업은 생각으로 말미암아
오래 머물도다.

눈과 빛깔이 함께 인연이 되어
인식작용[識]을 일으키나니
인연이 없으면 나지 못하는 것
마치 섶이 없는 불과 같다네.

이렇게 모든 법 나는 것이
인연이 어울리어 서로 나는 것
짓는 자도 받는 자도 없나니
작용 나타냄도 요술과 같도다.

온갖 안팎의 법을
내가 이미 공하여
요술인 줄 아나니
어리석은 사람은

전도되어 집착하여
나와 내 것을 분별하도다.

눈 속에는 중생이 없고
밖의 모든 곳도 그러하도다.
'나'도, 수명을 지은 자도,
제법의 종류 아님도 응당 알아라.

눈은 해탈을 생각함이 아니며
귀 · 코 · 혀도 또한 그러하도다.
몸과 뜻도 지음이 없나니
모든 법을 이렇게 관할지어다.

마치 큰 바다 가운데
물결이 쳐서 물보라를 이루면
눈 밝은 이는 관찰하고는
그것이 견실한 것 아님을 알듯이

이와 같이 오온의 바탕[體]을
통달한 이는
견고한 것 아닌 줄 알고
마땅히 나고 늙고 근심 · 걱정 등
재앙의 괴로움에서 벗어난다네.

나의 법 가운데로 출가하여
온갖 법이 요술 같은 줄 알고
저 신심의 베풂을
헛되이 아니하면
곧 모든 부처님을
공양한다 하리라.

◎

그때 세존께서
다시 게송을 설하셨다.

사랑의 화살 때문에 탐심 쌓이고
지혜 없기 때문에 어둡나니
무명과 우치의 어두움이 덮여
다른 온蘊으로 돌아가면서
나아가도다.

욕심의 화살은 쏠수록 격렬하고
탐욕의 화살 때문에 잡아먹힌다.
분노의 화살은 혼미를 일으키고
우치의 화살에
모든 것이 다 덮인다.

爾時世尊重說偈言 :

愛箭故貪積　無智故暗冥
無明癡暗覆　旋趣於他蘊
欲箭隨射激　貪箭故吞食
瞋箭起昏迷　癡箭都所覆
見箭起違背　慢成壞亦然
諸愚夫異生　乃互相毀呰
此妄此真實　互相興違諍
破世間病箭　唯佛無生法
世間諸衆生　常爲箭所射
爲救護拔除　悉令離諸苦

대승보살장정법경 1권, 장자현호품

427

견해의 화살은 어김을 일으키고
거만과 성취와 파괴도
또 그러하여
어리석은 지아비와 모든 범부들
서로서로 헐뜯고 비방하도다.

이 허망함이 진실함을 막아
서로서로 다툼을 일으키나니
이 세상 화살을 부수는 것은
오직 부처님의 생멸 없는 법이네.

이 세상의 모든 중생들
언제나 그 병의 화살에
맞기 때문에
그들을 모두 다 구제하여
온갖 고통을 벗어나게 하시네.

◎

그때 세존께서
다시 게송을 설하셨다.

중생들은 사랑에 빠져
이것저것 찾아다닌다.

爾時世尊重說偈言：

衆生愛所吞　於此彼追求
得利貪我見　所受爲決定
此事我當作　乃欲貪增長
欲貪增長已　計著生慳悋

이익 탐하고 '나'라는 견해로
느낀 것을 결정이라 한다.

이 일은 내가 지어야 한다 하여
곧 탐욕이 더욱 자라고
탐욕이 더욱 자란 뒤에는
헤아리고 집착해 아까워한다.

이 세간의 아까워하는 허물
그것을 견고하게 집착하나니
집착해 방호하지 않으므로
죄와 허물 일으켜 계속해 간다.

우치한 사람 방호하지 않으므로
칼이나 몽둥이로 서로 해치며
갖가지 죄업을 두루 다 짓고
그 뒤에는 괴로움이 늘어난다.

사랑의 인연이 자꾸 늘어나
마침내 온갖 고통 속에 사나니
나는 훌륭한 보리 깨달아
그들로 하여금
근본 없는 곳에 머물게 한다.

世間慳過失　堅固而執著
以執故不護　起罪咎相續
愚者以不護　執刀杖損害
廣作諸罪業　其後苦增長
愛緣增長已　乃生於衆苦
我證勝菩提　令住無根本

대승보살장정법경 2권, 장자현호품

◎

그때 세존께서
앞의 이치를 총괄해
다시 게송을 설하셨다.

나서는 장년이 되고
늙어서는 음식 탐하며
몸뚱이 다 무너져
말이 아니게 되거늘
생각도 없고 지혜도 없어
망가뜨리는 문이라.
이 법은 세간의 모양을
모두 부순다.

병은 능히 몸과 기력을
다 삼켜 먹으며
그 세력은 정진하는 힘을
모두 꺾어 버린다.
그리고 다시 모든 기관을
다 해치고 망가뜨려
쇠약한 힘을 겨우 붙들고 있으나
의지할 데가 없다.

죽음의 두려움은 마치

爾時世尊總以前義重說偈言：
生及壯年老吞食　色相壞爲非色相
無念無慧損減門　此法能壞世間相
病能吞食於色力　勢分精進悉摧毀
而復損減於諸根　負劣力而無依怙
死怖其猶羅刹吼　常時隨逐群生類
時來命盡無愛心　壞滅世間諸壽命
老病死法極猛惡　燒亂世間諸衆生
不老不死安樂門　我出家爲勤求故
三火燒然於世間　不見世間救護者
我起救護世間心　願灑甘雨息諸火
世間正道皆破壞　無目昏冥復癡暗
願開淨目施衆生　出家顯示於正道
衆生疑惑心所起　乃爲諸障所障覆
我願當除惡作心　故出家已宣正法
衆生互相起違背　伺求過失而斷壞
故我出家利世間　普願衆生息瞋恚
世間父母極親愛　衆生慢心不尊重
欲令摧折我慢幢　是故出家爲救護
我見衆生貪所覆　由財物緣致墜墮
若能獲得七聖財　當令世間離貧苦
衆生互相起違害　以無義利已資養
決定破壞於自身　是故我令離三有
愚人不了於義利　如是遍滿三界中
我欲利益故出家　當示世間正義法
衆生耽湎於地獄　我見極受諸苦惱

[119]나찰羅刹의 외침 같아
언제나 중생 무리를 따라
좇아다닌다.
때가 와서 목숨 끝나면
사랑하는 마음 없고
이 세간 모든 수명을
다 부숴 버린다.

늙음 · 병 · 죽음의 법은
극히 사납고 모질어
이 세간의 모든 중생들을
못 견디게 굴지만
늙지도 않고 죽지도 않는
안락한 문 있으니
내가 집을 떠난 것은
그것을 구하기 위해서라네.

세 가지 불은

種種惡毒廣無邊　我出家故令解脫
衆生互相起殺害　旋復畜生諸趣中
起悲願故我出家　無依衆生作依怙
我見餓鬼趣衆生　極受饑渴諸苦惱
我證無上大菩提　普施最上甘露食
人中追求爲大苦　天中謝滅苦極增
了知三界諸苦深　故我出家爲救拔
世間有諸無慚者　爲欲迷亂惡衆生
不擇眷屬及尊親　欲染呑食猶猪犬
著欲繫屬於女人　我見衆生爲所縛
起無義利憍醉心　故我出家爲救護
衆生破壞不自在　恐怖至死不解脫
我出家已得菩提　普令覺悟皆自在
白衣舍中無義利　我見百千種過失
我今轉此諸地方　皆令出離生死際

대승보살장정법경 2권, 장자현호품

119 불교에 나오는 호법신. 불교에 따르면 악귀였다가 갱생한 것이라고 하며, 원전은 고대 인도 신화에 나오는 악귀로, 산스크리트어 원명은 락샤사(Rakshasa)라 한다. 남성신은 나찰사(羅刹娑), 나차사(羅叉娑)라 불리고 여성신은 나찰사(羅刹斯), 나차사(羅叉私), 나찰녀 / 나차녀(羅刹女 / 羅叉女)로 가차 표기하며, 그 외 식인귀(食人鬼) · 속질귀(速疾鬼) · 가외(可畏) · 호자(護者) 등으로 번역된다. 특이하게도 남성보다는 여성신이 더 강한 힘을 지닌다. 『서유기』에도 나찰녀가 등장한다. 원래 악귀로서 통력(通力)에 의해 사람을 매료시켜 잡아먹는 마귀로 알려져 악귀나찰(惡鬼羅刹)이라고 불렸으나 나중에는 불교의 수호신이 되어 십이천(十二天)의 하나로 꼽혀 남서방(南西方)을 지킨다. 일반적으로 갑옷을 걸치고 백사자(白獅子)에 올라탄 모습으로 표현된다.

이 세간을 마구 불사르지만
이 세간에서 구호해 줄 사람
볼 수 없구나.
세간 구호할 마음을
나는 일으켰나니
원하노니 단비를 뿌려
모든 불을 끄리라.

이 세간의 바른 도를
모두 다 부숴 버려
눈이 없어 혼미하며
다시 우치의 어두움이다.
원하노니 깨끗한 눈을 열어
중생들에게 주고
집을 나와 바른 도를
나타내 보이리라.

중생들의 저 의혹은
그 마음이 일으킨 것
그리하여 온갖 번뇌에
덮인 바 되었구나.
나는 원하노니
저 악한 마음 다 없애고자
그 때문에 집 떠나서는

바른 법을 펴노라.

중생들은 서로서로
다투는 마음 일으키어
흠허물을 엿보아 찾고
또 서로 파괴하네.
그 때문에 나는 집을 떠나
세간을 이롭게 하나니
두루 원하건대
중생들 모든 노여움 쉬어져라.

세간의 아버지 어머니를
극히 친애해야 하는데
중생들은 교만한 마음으로
그들을 존중하지 않네.
나는 그 아만我慢의 깃대를
꺾게 하려 하나니
그러므로 집을 나와
그들을 다 구호하네.

나는 보노니 중생들 모두
탐욕에 덮이어
재물 인연 말미암아
모두 타락하네.

내가 만일 [120]일곱 가지 성재聖財를
얻는다면
이 세간으로 하여금
탐욕의 고통을 떠나게 하리.

중생들 서로서로 다툼만을 일으켜
자기 위한 도움에 아무 뜻도 없이
결정코 자기 몸을 파괴하나니
그러므로 나는 그들을
삼유三有에서 떠나게 하네.

어리석은 사람들은
의리도 이익도 알지 못하고
이와 같이 삼계三界 가운데
가득히 살고 있다네.
나는 그들 이익 위하여
집을 떠났나니
바른 도리의 법을
이 세간에 보여 주리.

나는 보건대

---

120 1. 믿음의 재산, 2. 계율을 잘 지키는 재산, 3. 양심의 재산, 4. 수치심의 재산, 5. 베풂의 재산, 6. 배움의 재산, 7. 지혜의 재산.

저 중생들 지옥에 깊이 빠져
갖가지로 그 고뇌를
못내 받고 있구나.
갖가지의 독과 악이
끝없이 퍼졌나니
그 때문에 나는 집을 나와
그들 해탈시키려네.

중생들 서로서로 해치고 죽이면서
축생의 여러 갈래로
떠돌아다니나니
비원悲願을 일으켰기 때문에
나는 집을 떠나와
외로운 중생들의
의지가 되려 하네.

나는 보노니
아귀 세계에 빠진 중생들
주리고 목마름의 갖가지 고뇌를
무수히 받나니
나는 위없는
큰 보리菩提를 깨달아
가장 좋은 감로甘露의 음식을
베풀어 주리.

구하는 것은
인간 세상의 큰 고통 되고
천상 세계 인연이 다하면
괴로움은 더 심하다.
삼계의 깊은 괴로움을
환히 알았나니
그 때문에 나는 집을 나와
그 고통 없애 주려네.

세간의 부끄러움을
모르는 많은 사람들
나쁜 중생들을 미혹시켜
어지럽게 하거니와
그 권속이나 존친尊親들이나
가릴 것 없이
개 돼지처럼 더러운 음식을
탐하는구나.

욕심과 집착으로
여인에게 얽매이나니
내가 보건대
중생들은 거기에 속박당해
도리도 이익도 없는
교만하고 취한 마음 일으키나니

그 때문에 나는 집을 떠나
그들을 구호하네.

중생은 파괴를 당해
자유자재하지 못하거니와
그 두려워함은 죽음에 이르기까지
해탈하지 못한다.
나는 집을 떠나서는 보리를 얻어
그들에게 두루 깨달아
자재함을 얻게 하네.

속인들 집 안에는
도리도 이익도 없어
나는 다만 거기서
백천 가지 허물만 본다.
나는 지금 이 지방을
두루 돌아다니면서
그들로 하여금
모두 생사의 [121]즈음을
떠나게 하네.

---

121 마주하게 되거나 당하게 되다.

◎

그때 여래께서
다시 문수사리를 위하여
거듭 게송을 말씀하셨다.

온갖 일이 남에게 매였을 때
그것을 이름하여 괴롭다 하고
온갖 일을 내 맘대로 하게 될 때엔
자재하고 안락하다 말한다.

온갖 것에 교만한 마음을 내면
그 형세가 지극히 포악하니
착하고 어진 이는 어디서라도
온갖 것을 사랑하고 염려한다.

爾時如來復爲文殊師利菩薩重說
偈言:

一切屬他　則名爲苦
一切由己　自在安樂
一切憍慢　勢極暴惡
賢善之人　一切愛念

대반열반경 10권

◎

사랑하는 것과 이별하는 고통은
모든 고통의 근본이 된다.
이런 게송이 있다.

사랑으로 말미암아
근심이 있고
사랑으로 말미암아

愛別離苦能爲一切衆苦根本 如說
偈言:

因愛生憂　因愛生怖
若離於愛　何憂何怖

대반열반경 12권

공포가 생긴다.
사랑하는 애정만 떼어 버리면
근심은 무엇이며
공포는 무엇이겠는가.

◎

그리고 곧
게송으로 말씀하셨다.

내가 있어 영원히 존재하는 자
끝까지 괴로움과 근심을
그치지 못하네.
만약 내가 없는 자로 하여금
공으로 범행을 닦게 하라.

일체 법에 내가 없거니와
이 이름이 [122]단멸의 가르침이며
내가 영원히 존재한다
말하는 자는
곧 [123]항상함을

即說偈言：

有我長存者　終不經苦患
若使無我者　空爲修梵行
一切法無我　是名斷滅教
言我長存者　則爲計常說
一切法無常　是則爲斷說
一切法常者　是則爲常說
一切法是苦　是則斷滅說
一切法是樂　是則計常說
一切修常想　是疾得斷說
一切修無常　是疾得常想
譬如拆樓虫　得一速望二
如是修常者　是速得斷滅
若修斷滅者　亦疾得常想
如是所說喻　得一更求餘
異法修苦者　則說不善分

---

122 끊어져 없어지다.
123 영원히 변치 않음.

[124]계교하는 말이 되느니라.

일체 법이 무상하다 하면
이는 곧 단멸의 말이요
일체 법이 항상하다 하면
이는 곧 항상하다는 말이며

일체 법이 괴로움이라 하면
이는 곧 단멸의 말이며
일체 법이 즐거움이라 하면
이는 곧
항상하다 계교하는 말이니라.

일체 항상하다는 생각을 닦으면
이는 속히 단멸을 얻을 것이며
일체 무상만을 닦으면
이는 속히
항상하다는 생각을 얻으리라.

비유컨대
누각을 깎아 먹는 벌레가
하나를 먹으면

異法修樂者　是則說善分
異法修無我　無量諸煩惱
異法修常存　佛性及涅槃
異法修無常　則身不堅固
異法修常者　如來等三寶
及平等解脫　是諸法眞實
如來之所說　不同於彼喩
當知除二邊　處中而說法
計常及斷滅　是見二俱離
世間凡愚輩　於佛說迷惑
喩如羸病人　頓服蘇迷亂
有無增其患　譬如重病人
四大互增損　而不等和合
痰癊增不息　風種起燒然
風癊已違諍　涎唾亦復增
如是不和合　擧體發狂亂
良醫善方療　隨順安四種
除滅一切病　悅樂全身强
如四大毒蛇　無量煩惱患
良醫善方療　平等性安隱
其平等性者　是名如來藏
得聞如來性　離於一切界
常住不變易　有無等不著
凡愚而妄說　不了微密敎
如來爲衆生　方便說身苦

124 이리저리 생각을 해서 낸 꾀.

둘을 바라는 것처럼
이와 같이 항상함을 닦는 이
이는 재빨리 단멸을 얻으리라.

만약 단멸을 닦는 자는 또한
속히 항상하다는 생각을 얻나니
이와 같이 말한 비유는
하나를 얻고
다시 다른 것을 구한다는 것.

다른 법으로 괴로움을 닦는 자는
곧 착하지 않은 몫을 말하느니라.
다른 법으로 즐거움을 닦는 자는
이것이 곧 착한 몫이라 말하며
다른 법으로 내가 없음을 닦는 자
온갖 번뇌 한량이 없고
다른 법으로
항상 존재함을 닦으면서
불성이 열반이라 하네.

다른 법으로 무상을 닦으면서
곧 몸이 견고하지 못하다 하고
다른 법으로 항상함을 닦는 자
여래의 평등한 삼보와

凡愚不能了　謂我身斷滅
慧者了眞諦　不撼一切受
能知我身中　有安樂種子
聞我爲衆生　方便說無常
凡愚謂我身　如陶家坏器
慧者能諦了　不撼一切受
能知我身有　微妙法身種
聞我爲衆生　方便說非我
凡愚謂佛法　一切無我所
智者能諦了　非盡假名說
不惑於淸淨　如來眞法性
聞佛爲衆生　方便說空敎
愚夫不能知　謂悉言語斷
慧者能諦了　不撼一切受
知如來法身　長存不變易
聞我爲衆生　方便說解脫
愚夫謂佛身　解脫悉磨滅
慧者能諦了　不悉往來斷
如來人師子　自在獨遊步
我爲衆生說　無明緣諸行
凡愚不能知　謂是爲二法
慧者能諦了　明非明雖異
解脫眞實法　則無有二相
緣諸行生識　凡愚謂爲二
慧者知行緣　雖二而不二
十善及十惡　凡愚隨二相
慧者能諦了　雖二而不二

평등한 해탈
이 모든 법을 진실이라 하네.

여래가 말한 바는
저 비유와 같지 아니하니
마땅히 두 변을 제외한 곳에서
법을 말한 줄 알아야 하느니라.
항상함과 단멸을 계교하는
이 견해 둘 다 여의어야 하네.

세간의 어리석은 무리들은
부처님 말씀에 미혹하여
마치 파리하게 병든 사람이
한꺼번에 많은 [125] 소락을 먹고
어지러워하는 것과 같은데

그 병이 더하거나
더하지 않는 것 같고
중병 걸린 사람이
4대大가 서로 늘거나 줄어
평등하게 화합하지 못한 것과
같다네.

有罪及無罪	凡愚謂爲二
慧者能諦了	自性則不二
淸淨不淨相	凡愚謂爲二
慧者能諦了	自性則不二
作者及不作	說一切諸法
凡愚不能知	謂爲是二法
慧者能諦了	自性則不二
說一切諸法	爲苦及樂分
凡愚不能知	謂爲是二法
慧者能諦了	自性則不二
我爲衆生說	一切行無常
凡愚不能知	摠修如來性
慧者能諦了	自性則不二
我爲衆生說	一切法無我
凡愚不能知	謂佛說無我
慧者了自性	我非我無二
無量無數佛	說是如來藏
我亦說一切	功德積聚經
我非我不二	汝等善受持

불설대반니원경 제5권

---

125 소락(酥酪)은 양의 젖이나 우유.

가래병은 더하여 쉬지를 않고
풍병이 치연히 일어나
풍음風瘂과 어겨 다투니
침이 다시 더하네.

이처럼 화합하지 못해
온몸에 병이 도져 어지러우니
양의良醫가
좋은 처방으로 치료하고
따라서 네 가지를 편안케 하네.

모든 병을 제거해 없애니
기쁨이 온몸에 솟구치누나.
4대는 독사와 같아
번뇌의 병이 한량이 없네.

양의가 좋은 처방으로 치료해
평등한 성품에 안온하게 하니
그 평등한 성품은
이름이 여래장이네.

여래의 성품은
일체 경계를 여의어
항상 머물러

변하거나 바뀌지 않아
있고 없음에 모두 집착하지 않네.

어리석은 범부는 거짓말이라 하나
미묘하고 은밀한 가르침을
모르는 탓이네.
여래가 중생을 위해
방편으로
몸이 괴로움이라 말했거니와

어리석은 범부는 알지 못하여
내 몸이 아주 없어진다 여기네.
지혜로운 자는 참된 이치 알아
일체를 모두 받지 않네.

능히 아나니 내 몸 가운데
안락종자가 있는 것과
내가 중생을 위하여
방편으로 무상을 말한 것을 듣네.

어리석은 범부는 내 몸이
옹기장이 굽지 않은
그릇 같다 하네.
지혜로운 자는 능히 자세히 알아

일체를 모두 받지 않네.

능히 내 몸에
안락종자安樂種子가 있어
내가 중생을 위하여
방편으로
무상無常을 설하였음을 들으라.

어리석은 범부는 불법이
일체 '나'란 것이
없다고만 여기지만
지혜로운 자는 능히 자세히 알아
[126]가명假名의 말을 없애지 않네.

청정한 여래의
진법성을 미혹하지 않으며
부처님이 중생을 위하여
방편으로
공의 가르침 말하는 것 들네.

어리석은 범부는
능히 알지 못하여

---

126 1. 실제 자기 이름이 아닌 이름. 2. 실체가 없는 것에 임시로 붙은 이름.

모두 언어도단이라 여기지만
지혜로운 자는 능히 자세히 알아
일체를 모두 받지 않네.

여래의 법신이 영원히 존재해
변하여 바뀌지 않는 줄 알기에
내가 중생을 위하여
방편으로 해탈을 말한 것을 듣네.

어리석은 범부는 부처의 몸이
해탈하여 모두 없어진다 하나니
지혜로운 자는 능히 자세히 알아
모든 왕래를 끊지 않네.

여래이신 사람 사자가
자재하게 홀로 노닐며
거니는 것이거니와
내가 중생을 위하여
무명의 일체 행과
인연 맺는 것임을 설하네.

어리석은 범부는
능히 알지 못하여
이것을 두 가지 법이라 하나니

지혜로운 자는 능히 자세히 알아
밝음과 밝음 아님이 비록 다르나

해탈의 진실한 법은
두 가지 모습이 없는 줄 아나니
모든 행을 말미암아
식이 생기는 것을
어리석은 범부는 두 가지라 하네.

지혜로운 자는 행의 인연이
비록 둘이나 둘이 아닌 줄 아나니
십선十善과 십악十惡,
어리석은 범부는
두 모습을 따르네.

지혜로운 자는 능히 자세히 알아
비록 둘이나
둘이 아닌 줄 알지만
죄가 있고 죄가 없음에 대해
어리석은 범부는 둘이라 하네.

지혜로운 자는 능히 자세히 알아
자성이 둘이 아닌 줄 알거니와
청정함과 청정하지 못한 모양을

어리석은 범부는 둘이라 하네.

지혜로운 자는 능히 자세히 알아
자성은 곧 둘이 아니니
짓는 것과 짓지 않는 것을
일체 법이라 말하네.

어리석은 범부는
능히 알지 못하여
이것을 두 가지 법이라 하나니
지혜로운 자는 능히 자세히 알아
자성이 곧 둘이 아닌 줄 아네.

일체 법이
괴로움과 즐거움의
몫이라 말하면
어리석은 범부는 알지 못하여
이것을 두 가지 법이라 하네.

지혜로운 자는 능히 자세히 알아
자성이 곧 둘이 아닌 줄 알며
내가 중생을 위하여
일체 행이 무상하다 말한 것
알아 듣네.

어리석은 범부는
능히 알지 못하여
모두 여래의 성품을
닦는다 하나니
지혜로운 자는 자세히 알아
자성이 곧 둘이 아닌 줄 아네.

내가 중생을 위하여
일체 법에 내가 없다
말하는 것 듣고
어리석은 범부는
능히 알지 못하여
부처님이 '나'가 없다고만
말했다 하네.

지혜로운 자는 자성을 알아
나와 내가 아님이
둘이 아니라 하네.
한량없고 수없는 부처님들이
여래장을 말씀하셨고

나 또한 일체 공덕 모여 쌓인
경전을 말했으니
'나'와 '내가 아님'이 둘이 아닌 것을

너희들 잘 받아 지닐지니라.

◎

세존께서 대광명으로
모든 한량없는 중생을
다 덮으시어
마음을 부드럽게 하시고
법기法器를
[127]감임堪任하게 하시며,
한량없는 백천의 공덕을
다 갖추게 하시고
미묘하신 말씀을
게송으로 읊으셨다.

내가 세간에 즐거움 주고
모든 근심과 고통 해탈케 하리니
모든 고통의 핍박 받는 것 보고
열반도涅槃道를 나타내 보이노라.

爾時世尊以大光明普覆一切無量
衆生 令心柔軟堪任法器 具足無量
百千功德 以微妙語而說偈言:
我與世間樂　解脫諸憂苦
見諸苦逼切　示現涅槃道
我所說諸法　寂靜無畏樂
若能知彼法　此不墮惡趣
能歸依佛者　彼人得大利
百千諸劫數　更不見諸苦

사동자삼매경 하권

---

127 심감임성(心堪任性) 또는 줄여서 감임성(堪任性) 또는 감임(堪任: 견디고 맡음)이라 한다. 경안(輕安)의 마음작용의 본질적 성질로, 마음으로 하여금 선법과 불선법을 능히 견디고 맡을 수 있게 하는 성질 또는 마음의 감임하는 성질이다. 감임(堪任)은 현대적인 용어로는 감당(堪當: 견디고 맡음, 일을 능히 맡아서 해냄)에 해당한다.

내가 말한 모든 법은
적정하고 두려움 없는 즐거움이니
만일 저 법을 안다면
그는 악취惡趣에
떨어지지 않으리라.

부처님께 귀의할 수 있다면
그 사람은 큰 이익 얻으리니
백천百千 겁수 동안
다시는 모든 고통 보지 않으리라.

◎

그때 세존께서
곧 게송으로 말씀하셨다.

불ㆍ법ㆍ승 공경하고
믿는 그 마음
또다시 사제四諦 믿어서
지혜의 걸림 없음 얻으면
이를 여러 법
자재로운 정定이라 하네.

괴로움이라는 으뜸된 진리를 알고

爾時世尊卽說頌曰:
其心敬信佛法僧　亦復明信四眞諦
若得智慧無罣礙　是名諸法自在定
能知於苦第一諦　亦能遠離於集因
證獲第三眞滅諦　修集無上聖道諦
具足成就大念心　眞實觀陰如虛空
其身威儀大寂靜　是名諸法自在定
能觀六入性相空　亦能調柔於諸根
能壞衆生疑網心　是名諸法自在定
能修集空無相願　破壞一切諸憍慢
所行諸行無黑闇　是名諸法自在定
遠離斷見及我見　令身口意業寂靜

451

또 능히 원인[集因]을 멀리 여의며
셋째로 멸滅의 진리를 증득하고
위없고 성스러운
도의 진리 닦으며

큰 염심念心 갖추어 성취하고
진실로 음陰이 허공 같음 관하여
그 몸과 위의 크게 고요하면
이를 여러 법
자재로운 정定이라 하네.

능히 육입六入 성품과
모양 공한 것 관하고
또 여러 근기를 조화하여서
중생의 의심하는 마음을 부수면
이를 여러 법
자재로운 정이라 하네.

공空 · 무상無相 · 무원無願 닦아서
모든 교만을 부수고
행하는 여러 행에 어둠이 없으면
이를 여러 법
자재로운 정이라 하네.

其心不著有無法　　是名諸法自在定
所說正義無顚倒　　調伏一切衆生心
旣說法已無憍慢　　是名諸法自在定
修集一切諸善根　　不爲煩惱之所汚
其心無熱亦無濁　　是名諸法自在定
不爲他喜求菩提　　亦不虛誑修善法
十方諸佛觀其心　　是名諸法自在定
常樂惠施護持戒　　憐愍心故忍諸惡
精進修定及智慧　　是名諸法自在定
爲諸衆生修慈心　　亦無分別怨親想
樂施衆生無上樂　　是名諸法自在定
調伏衆生於菩提　　修捨離欲得安樂
常樂修集五神通　　是名諸法自在定
所說止法衆樂聞　　其義難盡如人海
眞實了知於法性　　是名諸法自在定
觀察佛身如諸法　　佛性法性無差別
護法之心無退轉　　是名諸法自在定
身口意業得寂靜　　具足戒定心無爲
遠離一切煩惱習　　是名諸法自在定
能證無上眞解脫　　亦能獲得實知見
修集定慧無有邊　　是名諸法自在定
不淨之物不以施　　不受一切不淨戒
三十二相具足成　　是名諸法自在定
修行種種諸惠施　　是故獲得八十好
於佛法中得自在　　是名諸法自在定
修集具足四念處　　正勤能壞諸煩惱
爲調衆生修如意　　是名諸法自在定

단견斷見 · 아견我見을 멀리 여의어
몸 · 입 · 뜻의 업을 고요하게 하고
그 마음 있고 없는 법에
탐착하지 않으면
이를 여러 법
자재로운 정이라 하네.

바른 이치 말하는 데 뒤바뀜 없어
일체 중생심의 마음 조복시키며
설법하고는 교만이 없음을
여러 법 자재로운 정이라 하네.

일체 선근 닦아서
번뇌에 물들지 않고
그 마음 번뇌 없고 흐림도 없음을
여러 법 자재로운 정이라 하네.

남들 때문에
보리를 닦는 것 아니며
또 헛되게 착한 법을 닦지 않아
시방 여러 부처님
그 마음 관하나니
이를 여러 법
자재로운 정이라 하네.

爲入佛法修信根　爲壞魔衆修五力
爲知諸法修七覺　是名諸法自在定
修八正道破邪徑　施於衆生無上樂
心無憍慢一師想　是名諸法自在定
若得修集自在定　是人則能離煩惱
親近諸佛菩薩等　樂修少欲知足行
爲在無上聖人數　以衆生故修大悲
不爲飮食演說法　是名諸法自在定
爲法不惜於身命　護持正法不吝財
常樂修行二種施　是名諸法自在定
常勸衆生令聽法　如其未解心不輕
不爲勝他護持戒　是名諸法自在定
無量世中所聞法　至心受持爲他說
無上法師大名稱　不觀時節戒非戒
演說不休亦不息　不失時節隨意說
所說諸法如幻相　是名諸法自在定
所言眞實甘樂聞　聞已如說而安住
其心無貪無嫉妒　是名諸法自在定
有問無瞋無輕慢　常修憐愍無二相
能自淨除諸過失　是名諸法自在定
具足七種無上財　成就壽命無上命
具足十力四無畏　是名諸法自在定
常樂聞法善思惟　善思惟已如法住
如法住已爲衆說　是名諸法自在定
不忘菩提上種性　供養三寶得化身
勸化大衆具菩提　是名諸法自在定
其目淸淨見諸佛　得梵音聲無上邊

453

항상 혜시惠施를 즐기고
계율을 보호하여
가엾이 여기는 마음으로
여러 악을 참고
정진하여 정定과 지혜 닦으니
여러 법 자재로운 정定이라 하네.

여러 중생을 위해 자비심을 닦고
원수와 친한 이
분별하는 생각 없이
즐거이 중생들에게
위없는 낙 베풀면
이를 여러 법
자재로운 정이라 하네.

중생들을 보리로 조복하여
보시하는 마음[捨心] 닦고
욕심 떠나 안락 얻고
항상 즐거이 오신통을 닦으면
이를 여러 법
자재로운 정이라 하네.

설한 바른 법 중생들 즐겨 듣고
그 이치 다함없기 큰 바다 같아

其音遍滿十方界　　是名諸法自在定
財寶惠施無有盡　　智慧演說無窮竭
供養父母師和上　　是名諸法自在定
成就具足宿命智　　不失無上菩提心
六波羅蜜無厭足　　是名諸法自在定
爲欲利益衆生故　　受菩薩藏及摩夷
樂爲衆生廣分別　　是名諸法自在定
遠離一切惡思惟　　了了睹見十方界
一心能知無量心　　是名諸法自在定
一心了知三世事　　修集無量諸神通
得後邊身智無礙　　是名諸法自在定
憐愍衆生修大悲　　觀察諸根隨意說
一切佛法得自在　　是名諸法自在定
若有得聞如是事　　至心受持生信順
卽能獲得無上道　　亦如往世諸世尊

대방등대집경 7권

진실로 법 성품을 분명히 알면
이를 여러 법
자재로운 정이라 하네.

불신佛身이 법과 같음 관하여
불성佛性과 법성法性 차별이 없고
법 보호하는 마음
물러나지 않으면
이를 여러 법
자재로운 정이라 하네.

몸 · 입 · 뜻의 업 고요함을 얻고
계율과 선정 구족한 마음
함이 없어[無爲]
일체 번뇌의 습기를 멀리 여의면
이를 여러 법
자재로운 정이라 하네.

위없는 해탈을 증득하고
진실한 견해[實知見]를 얻어서
선정 · 지혜 닦기가 그지없음을
여러 법 자재로운 정이라 하네.

깨끗지 않은 물건 보시하지 않고

일체 깨끗지 않은 계율 받지 않고
32상 구족하면
여러 법 자재로운 정이라 하네.

갖가지 혜시를 닦으므로
32상과 80종호를 얻어서
부처님 법에 자재로움을
여러 법 자재로운 정이라 하네.

사념처 닦음이 구족하여서
사정근으로 여러 번뇌 부수고
중생을 조복하기 위해
여의하게 닦음을
여러 법 자재로운 정이라 하네.

불법에 들기 위해
[128]신근信根을 닦고
악마 무리 부수기 위해
오력五力을 닦고
여러 법 알기 위해
[129]칠각七覺 닦음을

---

128 5근(根)의 하나. 불 · 법 · 승 3보와 고(苦) · 집(集) · 멸(滅) · 도(道) 4제(諦)의 이치를 믿음.

129 대승불교의 깨달음은 붓다의 완전한 지혜를 의미한다. 이 깨달음에 도달하기 위한 일곱 가지 방법으로 칠각지가 제시된다. 1. 염각지는 마음 챙김이라는 깨달음의 구성요소이다. 염(念, sati, smṛti)은

여러 법 자재로운 정이라 하네.

팔정도八正道로 닦아 삿된 길 깨고
중생에게 위없는 낙을 베풀어도
교만한 마음
훌륭하단 생각 없음을
여러 법 자재로운 정이라 하네.

만일 자재로운 정定 닦는다면
이 사람 바로 번뇌를 여의고
여러 부처님 · 보살들에 친근하여
욕심 적고 만족 아는 행을
즐거이 닦으리라.

위없는 성인의 수에 있기 위해
중생 위해 대비심 닦고
음식 위해 법을 연설하지 않음을
여러 법 자재로운 정이라 하네.

법을 위해선 목숨을 아끼지 않고

몸, 느낌, 마음, 법의 네 가지 마음 챙김의 확립[四念處]을 의미한다. 2. 택법각지는 온갖 현상인 법을 분명하게 구별하는 지혜를 말한다. 3. 정진각지는 네 가지 노력[四正勤]을 말한다. 4. 희각지는 수련을 해서 경험하는 마음의 기쁨을 의미한다. 5. 경안각지는 수련을 통해 몸과 마음이 평안해진 상태이다. 6. 정각지는 마음이 한 곳에 잘 집중된 상태이다. 7. 사각지는 경험하는 모든 현상에 대해서 마음이 평정한 상태이다.

바른 법 위해
재물에 인색하지 않으며
항상 즐거이
두 가지 보시 수행함을
여러 법 자재로운 정이라 하네.

항상 중생을 권해 법을 듣게 하고
그를 알지 못한 이라도
멸시하지 않고
다른 이에게 이기려고
계를 갖지 않음을
여러 법 자재로운 정이라 하네.

한량없는 세상에서 들은 법을
지심으로 받아 가져
남을 위해 연설하라.
위없는 법사란 큰 명칭으로
때와 계율 · 계 아닌 것을
관찰하며

연설하기 쉬는 일 없고
때를 따라 생각대로 연설하며
연설하는 여러 법이
허깨비[幻相] 같음 알기에

여러 법 자재로운 정이라 하네.

하는 말 진실로 달갑게 듣고
듣고 나서 말과 같이 편히 머물러
그 마음 탐함 없고 질투 없음을
여러 법 자재로운 정이라 하네.

묻는 이에 성냄 없고 교만 없이
항상 연민심을 닦아 두 모양 없고
스스로 여러 과실 깨끗이 없앰을
여러 법 자재로운 정이라 하네.

일곱 가지 위없는 재물을 갖추고
위없는 목숨을 성취하며
[130]십력十力 [131]사무외四無畏 구족함을
여러 법 자재로운 정이라 하네.

---

130 범어로는 daśabalāni. 십력은 여래(如來)만 지니는 열 가지 지혜의 힘[如來十種智力] 또는 보살의 열
　　가지 역용(力用)을 가리킨다.

131 사무소외라고도 하며 불안과 공포 등 일체 법(현상)에 대한 두려움이 없어 자신있게 그 법을 설파할
　　수 있다는 뜻으로 정득각무소외, 누진무소외, 설장법무소외, 설출도무소외의 네 가지 사무외가 있다.
　　1. 정득각무소외(正等覺無所畏). 일체 모든 법을 평등하게 깨달아 다른 이의 힐난을 두려워하지 않
　　음. 2. 누진무소외(漏盡無所畏). 온갖 번뇌를 다 끊었노라고 하며 외난을 두려워하지 않음. 3. 설장
　　법무소외(說障法無所畏). 보리를 장애하는 것을 말하며 악법은 장애되는 것이라고 말해서 다른 이의
　　비난을 두려워하지 않음. 4. 설출도무소외(說出道無所畏). 고통을 벗어나는 요긴한 길을 표시해서
　　다른 이의 비난을 두려워하지 않음.

항상 법 즐겨 들어 잘 생각하고
생각하고는 법과 같이 머물며
법대로 머물고는
중생 위해 말함을
여러 법 자재로운 정定이라 하네.

보리의 ¹³²종성種姓을 잊지 않고
삼보를 공양하여
나툰 몸[化身]을 얻으며
대중을 교화하여 보리 갖춤을
여러 법 자재로운 정이라 하네.

그 눈 청정하여 여러 부처님 보고
그지없는 범梵의 음성 얻어
그 음성 두루 시방세계 가득함을
여러 법 자재로운 정이라 하네.

재물과 보배를 은혜로이 보시함에
다함이 없고

---

132 초기 유식학파의 문헌인 보살지와 성문지에서 종성(種姓/種性)은 첫 번째 장으로 다루어진다. 종성
    이란 원래 '가문, 씨족, 가족' 등의 의미를 갖고 있지만, 불전에서는 사회적 의미 대신에 정신적 의미
    에서 '본래부터 주어진 깨달을 수 있는 선천적인 근거'를 의미하기 때문에, 이를 종자(種子)와 계(界),
    본성(本性)의 동의어라고 설한 것이다. 한문 번역에서 계(界)는 장소나 영역을 가리키는 것처럼 보
    이지만, 유식문헌에서 계는 일차적으로 '원인'을 의미하며, 무상정등각을 성취하기 위한 근거라고 설
    명된다.

지혜로운 연설도 다함이 없이
부모와 스승인 화상에게 공양함을
여러 법 자재로운 정이라 하네.

전생 일 아는 지혜
원만히 성취하고
위없는 보리심을 잃지 않으며
육바라밀에 만족함이 없음을
여러 법 자재로운 정이라 하네.

중생을 이익하게 하려고
보살장菩薩藏과 논장[摩夷] 받아
즐거이 중생 위해 널리 분별함을
여러 법 자재로운 정이라 하네.

일체 나쁜 생각 멀리 여의고
시방세계 분명히 보아
한마음으로
한량없는 마음 아는 것을
여러 법 자재로운 정이라 하네.

한마음으로
삼세의 일을 분명히 알고
한량없는 신통을 닦아서

최후의 몸 걸림 없는 지혜를
여러 법 자재로운 정이라 하네.

중생 가엾이 여겨 대비를 닦으며
여러 근根 관찰하여
뜻대로 연설하고
일체 불법에 자재롭게 됨을
여러 법 자재로운 정이라 하네.

만일 이런 일을 듣게 되어
지심으로 받아 가져
믿음을 낸다면
곧 위없는 도道를 얻을 것이며
또 옛날 부처님과 같으리라.

◎

부처님께서
이 게송으로 말씀하셨다.

만약 세간이 공하다면
생사가 없을 것이며
생사가 없기 때문에
열반 역시 없을 것이다.

佛說此祇夜 :

若諸世間空　則無有生死
以生死無故　涅槃亦不有
世間若不空　亦無有生死
生死若無者　涅槃亦非有
生死若如是　誰當樂涅槃

문수사리문경 열반품

세간이 만약 공하지 않더라도
역시 생사가 없을 것이며
생사가 만약 없다면
열반도 역시 없을 것이다.

생사가 만약 이와 같다면
그 누가 열반하기를 좋아하랴.

◎

그때 부처님께서
게송으로 말씀하셨다.

항상하다는 생각 허깨비와 같아서
항상한 줄 알면
생사生死를 이룬다.
항상함과 무상함과 허무에 있어서
구하는 업은 소유할 것이 없다.

중생이 편안한 생각이 있으면
불안不安함도 자연스러운 것인데
이런 생각이
전도顚倒되었다고 하는 것은
생각하는 작용으로 인해

佛於是頌曰:

解常想猶幻　計常致生死
常無常處無　求業無所有
衆生有安想　了不安自然
是想爲顚倒　用想有人故
若解了法者　無有各各異
則不懷望想　無命無有人
道明不得由　無道亦復然
是乃曰本淨　法無所有故
若有明達者　曉有悉本淨
善思當解斯　是爲道正道
不行于道乘　佛乘所救濟
若有人諍斯　便不暢道法
不行於慧業　不爲道所護
用不順此行　佛法深難解
諸法無所法　本悉無形貌

사람에게 있는 까닭이다.

만약 이 법을 분명히 안다면
각각의 차별은 있을 수 없다.
바라는 생각을 품지 않으면
명상命想도 인상人想도 없다.

도 밝음은 말미암음이 없으니
도 없음 또한 다시 그러하다.
이것을 본래 청정이라 하니
법은 무소유이기 때문이다.

만일 밝게 통달한 이 있으면
모든 것이 본래 청정한 줄 안다.
선사善思는 이것을 마땅히 아니
이것이 도 중에 바른 도[正道]이다.

도승道乘을 행하지 않아도
불승佛乘의 구제를 받거늘
만약 이것을 다투는 사람이라면
곧 도법道法을 펴지 못한다.

지혜의 업을 닦지 않으면
도의 보호함이 되지 않으니

所有亦虛無	三界永不安
計諸樂衆苦	猶如行虛空
若能思是行	斯乃心解脫
有身云吾我	彼法亦虛無
其不有吾我	所知無所有
斯等不想命	不得究本末
虛無想眞實	少明爲迷惑
吾我及壽命	本淨無所有
愚冥之所行	計本淨而有
佛道無思議	不念是所有
若聞深妙法	不能受奉持
未曾有班宣	如是經法者
法不可逮得	所說亦無獲
坐於佛樹下	因是成道慧
若不致道慧	則亦無所知
佛道及慧場	亦無有言說
凡夫懷望想	慕佛所演法
斯則眞實敎	佛所宣深妙
其意覺甚深	是爲魔所行
若有得聞是	佛所說經典
不解經義味	諸法所救護
菩薩甚勤苦	不求道安隱
於斯無道覺	是二事無像
意當倚慕斯	有是佛所說
是何此云何	著於顚倒業
若有過苦惱	甚著於深妙
各稱擧大音	快佛無思議

불설대방등정왕경

이 행을 따르지 않으면
불법佛法을 깊이 알기 어렵다.

모든 법은 법이랄 것 없고
본래 모두 형상이 없기에
있는 바도 허무하여
삼계가 영원히 불안하다.

모든 즐거움과 고통을 생각함에
허공을 다니는 것과 같으니
만일 이러한 행을 생각하면
이것이 바로 심해탈心解脫이다.

소유한 몸을 '나'라고 하면
그 법은 허무한 것이거니와
나 자신이라고 할 것이 없기에
무소유無所有를 안다고 한다.

이러한 부류는
수명을 생각하지 않고
본말本末을 궁구하지 않거늘
허무한 것을 진실이라 여긴다면
조금 밝은 것에 미혹되거니와

나와 수명은 본래 청정하여
소유할 것이 없고
어리석게 행하는 것은
본래 청정한 것이 있다고
헤아린다.

부처님의 도는 사의思議할 수 없고
있는 바를 생각할 수 없어
만약 깊고 미묘한 법을 듣더라도
받들어 수지受持하지 않는다.

일찍이 이러한 경법經法을
나누어 펴지 않았더라면
이 같은 경과 법을
체득할 수 없거니와
설한 바도 얻지 못했으리라.

부처님께서 나무 아래에 앉아서
도의 지혜[道慧]를 이루었으니
만일 도의 지혜를 못 이루었다면
아는 바가 없었으리라.

부처님의 도와 지혜의 도량 또한
말한 바가 없는데도

범부들은 바라는 생각을 품고서
부처님께서 연설하신 법을
사모한다.

이는 진실한 가르침[敎]이고
부처님께서 말씀하신
깊고 미묘한 법이라 하면서
뜻에 알음알이가 매우 깊으니
마군이 행하는 것이다.

만약 부처님께서 설하신
경전을 듣고
경經의 의미를 몰라도
모든 법의 구호하는 바가 된다.

보살은 매우 부지런히 노력하여
도道의 안온함을 구하지 않으면
도의 깨달음이 없으며
이사무애理事無礙의 모습이 없다.

뜻에 마땅히 의지하고 사모하라고
부처님께서 말씀하셨건만
이것은 무엇이고
이것은 어떤가 하며

전도顚倒된 업에 집착한다.

만약 괴로움을 만나
깊고 미묘함에만 매우 집착한다면
각기 큰 소리를 내어
'통쾌하구나,
부처님은 사의思議할 수 없다.'라고
하게 된다.

◎

부처님께서 게송으로 말씀하셨다.

모든 법은 소유할 것 없고
자연히 텅 비어 진실함이 없으니
자연히 텅 비어 없는 것
이 모습이 곧 멸도滅度이다.

모든 법은 다툼이 없고
이 또한 소유할 것 없으니
모든 법이 없음을
분명히 깨달으면
자연히 있지 않음을 안다.

佛於是頌曰：
諸法無所有　自然虛不眞
其自然虛無　是相便滅度
諸法無所諍　斯亦無所有
以了諸法無　達不有自然
所諍訟諸法　是亦無所有
以曉法虛無　則解不諍訟
諸法無所有　本淨永無形
本淨不可得　亦無所忘失
斷一切諸法　故曰爲明智
斯謂永毀壞　亦現無所壞
諸法無所滅　計亦無起立
亦多無所壞　法亦不可得
諸法本虛無　亦不可得見

다투는 모든 법은
이 또한 소유할 것 없고
모든 법이 허무한 줄 알면
다투지 않는 줄 안다.

모든 법은 소유할 것 없어
본래 깨끗하며 영원한 모습 없고
본래 깨끗해 얻을 수 없기에
잃어버릴 것도 없다.

모든 법을 끊어 버린 것을
밝은 지혜라고 하며
이것을 영원히
헐어 버림이라 하니
헐어 버릴 것이 없음을 나타낸다.

모든 법은 없앨 것이 없어
생각으로 일으켜 세울 수 없고
또한 대부분 헐어 버릴 것도 없어
법 또한 얻을 수 없다.

모든 법은 본래 허무하여
또한 찾아볼 수 없으니
설사 얻을 것이 없어도

設使無所得　　方便現所有
諸法無所有　　因緣從對生
所有無所有　　班宣於經典
諸法能相應　　示現無所諍
不諍爲自然　　究竟無有形
諸法無所應　　無作不滅度
如是不可得　　常離于諸數
諸法不可得　　亦無有過去
甚哉永無實　　乃曰本真際
諸法皆悅豫　　亦不可悅喜
若法不可得　　彼亦無言說
諸法無放逸　　二俱無所有
自然無可取　　是爲深妙相
諸法不可知　　無我而自然
以解無志求　　至於自然號
無爲無所樂　　彼亦無所有
用有無明業　　因號曰無爲
若念於諸法　　究竟不可見
此則真實言　　故名曰意念
不念於諸法　　無住無所歸
了斯無衆生　　是號法中法
一切法猶幻　　其幻無所有
以法無明故　　因宣說生死
諸法無形貌　　是其自然義
若無有諸法　　解脫無解脫
假號曰境界　　自然無境界
愚冥所倚著　　故名曰部界

불설대방등정왕경

469

방편으로 소유함을 나타낸다.

모든 법은 소유할 것 없고
인연에 의해서 생기니
소유와 무소유는
경전에 널리 설하였다.

모든 법은 서로 응하고
다툼 없음을 나타내 보이니
다투지 않아 자연스럽고
구경究竟에는 모습도 없다.

모든 법은 응할 것 없고
지을 것 없으며 멸도減度도 없으니
이처럼 얻을 수 없으므로
늘 모든 헤아림[數]을 떠난다.

모든 법은 얻을 수 없어
또한 과거가 있을 수 없다.
영원한 실체가 없는 것
본래 참다움이라고 한다.

모든 법은 기쁘면서
기뻐할 것도 없지만

만약 법을 얻을 수 없으면
또한 언설言說도 없다.

모든 법에 방일함이 없는 것과
두 가지 무소유無所有를 갖추면
자연히 집착할 것 없으니
이것이 깊고 미묘한 모양이다.

모든 법은 알 수 없어
무아無我이면서 자연이니
뜻으로 알기를 구할 수 없어
자연이라고 부른다.

하고자 함도 없고
즐거울 것도 없어
그것 또한 무소유無所有라
유有로 말미암은
무명업無明業이기에
이로 인하여 무위無爲라고 부른다.

만약 모든 법을 생각해 보면
구경究竟은 볼 수 없다.

이는 진실한 말이니

의념意念이라고 이른다.
모든 법을 생각지 않으므로
머무를 곳과 돌아갈 곳이 없다.
이것을 알면 중생이 없으니
법法 가운데 법이라고 한다.

모든 법은 마치 허깨비와 같고
허깨비는 소유할 것 없는데
법에 어둡기 때문에
생사生死를 말한다.

모든 법은 모양이 없어
자연의 이치 그대로이니
만약 모든 법이 없다면
해탈도 해탈이 아니다.

거짓으로 경계境界라고 하나
자연이므로 경계가 없다.
어리석어서
기대고 집착하기 때문에
[133]부계部界라고 이른다.

---

133 서로 간섭하지 못하는 경계(세계). 예) 신과 인간의 경계.

◎

부처님께서 이때에
게송으로 말씀하셨다.

마음이 마음을 알지 못하니
마음으로 마음을 보지 못한다.
마음이 망상을 일으키면 어리석고
망상이 없으면 열반이라네.

이 법은 고정되어 있지 않아서
언제든지 생각에 자리하지만
공함을 알고 보는 자는
일체 상념이 없다네.

佛爾時頌偈曰：

心者不知心　有心不見心
心起想則癡　無想是泥洹
是法無堅固　常立在於念
以解見空者　一切無想念

반주삼매경 1권

◎

그때 세존께서
게송으로 말씀하셨다.

내가 변함없다는 그 자체를
얻을 수 없다고 말하노니
항상함도 없거니와
항상하지 않음도 없기 때문에
이는 구해서 얻을 수 없는 것이라.

爾時世尊而說偈言：

我說於常想　常體不可得
常無常無故　求之不可得
樂想衆生者　不知於樂想
此是顚倒想　分別生於人
是故彼有想　命者及以人
若有知法者　彼此不可得
非道得菩提　非道亦不得
此是諸法性　求法不可得

즐거움이라는 생각을 갖는 중생은
그 참된 즐거운 생각을
알지 못하느니라.
이것이 바로 뒤바뀐 생각이므로
분별하여 사람이라는 생각을
내는 것이네.

이 때문에 저 수명이라는 생각과
사람이라는 생각을 갖지만
만약 법을 아는 이라면
이것저것 다 얻을 것이 없으리.

도道로써 보리를 얻는 것이 아니고
도 아닌 것으로써 얻을 수도 없는
이것이 바로
모든 법의 성품이므로
법을 구한다고 한다면
얻을 수 없는 것이네.

법의 성품과 실제의 일을
슬기로운 이는 분별하지 않나니
너는 이와 같이 알아 두라.
이 도가 바로 보리이니라.

性及於實事　智者不分別
汝應如是知　此道是菩提
不行此妙乘　佛乘無上乘
於此生分別　是人不知法
不行此妙乘　佛乘無上乘
若不修此行　甚深定難證
諸法無實事　實事不可得
若無實事者　云何得有樂
若樂若苦等　猶如空中迹
智者如說知　其心得解脫
我說有我者　其法無實事
以無有我故　無有能知者
無有知者故　是智慧境界
是以說命想　畢竟不可得
若我若命等　自性無實事
大智能解知　少智則迷惑
性及於實事　此凡夫境界
不知此乘中　佛乘不思議
甚深修多羅　不聞不受持
於此法門中　無法可演說
我不得一法　亦無法可說
我坐道場時　不證一智慧
無智亦如是　菩提無得故
菩提及道場　說時不可得
凡夫起分別　稱言佛說法
此是微密言　甚深佛所說
若不聞此法　最勝之所說

이 묘한 승乘인
불승佛乘의 위없는 승을
행하지 않고
여기에 분별을 낸다면
이 사람은 법을 알지 못하리라.

이 묘한 승인
불승의 위없는 승을 행하지 않고
이 행을 닦지 않는다면
깊고 깊은 선정을
증득하기 어렵네.

모든 법은 진실함이 없어
진실을 얻을 수 없으니
진실을 얻을 수 없을진댄
그 무슨 즐거움이 있다 하랴.

즐거움이라든가 괴로움이란 것은
마치 공중의 발자취 같도다.
슬기로운 이는
말씀 그대로를 알기 때문에
그 마음이 해탈하게 되네.

나는 말하노니 내[我]가 있다거나

甚深及與佛　此是魔境界
其人不知味　守護一切法
諸菩薩衆等　無不了此法
諸佛及菩提　二俱不可得
如是妄言說　稱云佛說法
如此云何有　依止於可求
若有智慧者　分別甚深法
如是信讚歎　諸佛不思議
是故善思惟　當修學深法
其法義甚深　甚深智能覺
如是言說此　言說亦無得
衆生見顛倒　此非其境界
非唯三昧故　能知於此義
三昧非三昧　於空中亦無
此非智境界　亦非非智境
應覺知此際　非是智慧境
我昔聞此法　行於甚深處
衆生所樂異　信受者希有
若不信此經　最勝之所說
多佛種善根　是人乃能信

대승정왕경

475

그 법의 진실함도 없지만
'나'라는 것이 없음으로 해서
이것을 아는 이가 없으며

아는 이가 없기 때문에
이것이 지혜의 경계이고
이러므로 수명이란 생각을
마침내 얻을 수 없다고 말하네.

'나'라든가 수명이라는 것의
제 성품 진실함이 없음을
큰 지혜 있는 이는 깨달아 알지만
지혜가 적은 이는
미혹하기 마련이네.

제 성품과 실재의 일
이것이 범부의 경계여서
이 승乘 가운데서
불승佛乘의 부사의함을
알지 못하나니

깊고 깊은 수다라修多羅를
듣지 않고
받아서 간직하지 않고는

이 모든 법문 가운데
어떤 법도 연설할 수 없으리라.

내가 한 가지 법 얻을 것도 없고
또 법을 연설할 것도 없나니
내가 도량에 앉았을 때엔
한 가지 지혜도
증득하지 않음이라.

지혜 없음도 이와 같아
보리를 얻음이 없기 때문이니
보리와 도량과
말하는 때도 얻을 수 없는 것이네.

범부들은 분별을 일으켜
부처님 설법을 일컬어 말하기를
이것이 바로
미묘하고 비밀의 말인
부처님의 깊고 깊은
말씀이라 하도다.

만약 이 법의
가장 뛰어난 말씀과
깊고 깊은 부처님 경계를

듣지 않으면
이는 곧 마군의 경계이리니

그 사람은 법의 맛을 모르겠지만
일체 법을 두호하는
모든 보살 대중이 되어
이 법을 요달하지 못할 이가
없으리라.

모든 부처님과 보리
두 가지를 다 얻을 수 없거늘
중생들은 망령된 언설言說로
부처님 설법을 일컬어 말하되

'이러한 것을
그 무엇에 의지하면
구할 수 있겠느냐?'라고 하네.

만약 지혜가 있는 이라면
깊고 깊은 법을 분별하여
모든 부처님의 부사의함을
이와 같이 믿어 찬탄하라.

이 때문에 선사유야,

마땅히 깊은 법을 수행하고
배워야 할지니
그 법의 이치가 매우 깊으니만큼
매우 깊은 지혜라야
깨달을 수 있네.

이같이 이 법을 말하긴 하지만
말로 또한 얻을 수 없는 것이거늘
중생들의 소견이 뒤바뀌었으니
이것은 그들의 경계가 아니네.

삼매를 닦는 것만으로
이 이치를 아는 것이 아니니
삼매도 삼매가 아니고
공空 가운데도 역시 없는 것이다.

이것이 지혜의 경계가
아닌가 하면
지혜의 경계가
아닌 것도 아니므로
마땅히 이 실제의 경계는
지혜의 경계도 아님을
깨달아야 하리.

나는 옛날에 이 법을 듣고
매우 깊은 곳을 행하였지만
중생들은 좋아함이 달라서
믿어 받는 이가 드물었네.

만약 이 경전의
가장 뛰어난 말씀을
믿지 않더라도
많은 부처님께 선근을 심으면
이 사람은 곧 믿게 되리라.

◎

그때 세존께서 다시
게송으로 말씀하셨다.

爾時世尊復說偈言 :

衆生不知是　無我空寂滅
爲覺悟彼故　我行村城邑

부사의광보살소설경

중생들은 무아無我와
공空과 적멸寂滅을 모르니
그것을 깨우치기 위해
나는 촌락과 성읍으로 가네.

◎

이때 세존께서

爾時世尊以偈報言 :

게송으로 대답하여 말씀하셨다.

상常, 낙樂, 아我, 정淨의 곳은
전도顚倒된 번뇌[取]로서
허공이니라.
분명하게
진실[眞]을 깨달아 마치면
갈애渴愛는 모두 사라질 것이고

아만我慢과 갈애와
번뇌 등이 없어져서
허공과 같이 되느니라.
안팎 어느 곳이든 머무르지 않아
저들은 얻을 곳이 없을 것이니라.

常樂我淨處　顚倒取虛空
如實眞覺已　渴愛皆當盡
無我慢渴愛　取等如虛空
不住於內外　彼等無得處

무소유보살경

◎

이때 세존께서
게송으로 대답하셨다.

중생은 생각과 행에 집착하며
설하는 것이
아지랑이의 뜻과 같으니라.
공空과 무아無我의 뜻을 깨달아

爾時世尊以偈報曰：
衆生著想行　說如陽焰義
覺空無我已　當解諸辯才
覺實最勝義　彼當離八難
當滿四種輪　菩薩善巧智
抖擻諸有得　不得上苦行
知自我空已　無復有疑悔
諸法如虛空　知已不著世

481

마쳐야
마땅히 온갖 변재를 얻느니라.

覺顚倒義已　當成佛菩提

무소유보살경

진실로 최승最勝의 뜻을 깨달아야
그는 마땅히 팔난八難을 떠나고
마땅히 사륜四輪에
보살의 좋은 방편과
지혜가 가득하며
두타頭陀의 모든 것을 얻을 수 있어
더욱 심한 고행을
겪지 아니하느니라.

자아自我가 공空함을 알면
다시는 의심하거나
뉘우치는 일이 없으며
모든 법이 허공과 같아
세간에 집착하지 아니함을 알아
전도顚倒되는 뜻을
남김없이 깨달으면
마땅히 부처님의 보리菩提를
이루느니라.

◎

그때 세존께서 곧
게송을 설하셨다.

시방세계 가운데서
태어난 것 죽지 않음 없으니
생사의 오가는 길
법만이 능히 없애리.

시방세계 가운데서
아무도 죽음[命終]을 벗어날 수 없고
부처님만이 능히 끊으시니
이러므로 부처님께 귀명함일세.

爾時世尊即說偈言 :

十方世界中　生者無不死
生死往來道　唯法能除滅
無有十方利　命終能濟者
唯佛能除斷　是故歸命佛

불설수마제장자경

◎

그때 세존께서 거듭
게송으로 말씀하셨다.

이미 건넜지만
중생을 건네주고
이미 해탈했지만
중생을 해탈시키며
이미 깨달았지만

爾時世尊重說偈言 :

已度度衆生　已脫脫衆生
已覺覺衆生　已調調衆生
已安安衆生　已導導衆生
我已得涅槃　令衆生涅槃
三界如火宅　貪欲如泥網
一切滅斷之　而證菩提道

우바이정행법문경 수행품

중생을 깨닫게 하고
이미 조복 받았지만
중생을 조복시키며
이미 편안하지만
중생을 편안하게 하고
이미 도道에 이르렀지만
중생을 인도하며
나는 이미 열반을 얻었지만
중생으로 하여금
열반을 얻도록 하네.

삼계는 불타는 집과 같고
탐욕은 진흙 구덩이나
그물과 같으니
모든 것을 끊고 멸하여야
보리도菩提道를 증득하리라.

◎

이때 부처님께서
그 뜻을 밝히고자
게송으로 말씀하셨다.

비록 눈이 무상無常하다 말하지만

爾時世尊欲明此義而說偈言:
雖說眼無常　眼即無所有
若眼無所有　誰爲無常者
雖說耳無常　耳即無所有
若耳無所有　誰爲無常者

눈은 있는 것 아니네.
눈이 만일 없다면
무엇이 무상한 것이 되랴.

비록 귀가 무상하다고 말하지만
귀는 있는 것 아니네.
귀가 만일 없다면
무엇이 무상한 것이 되랴.

비록 코가 무상하다 말하지만
코는 있는 것 아니네.
코가 만일 없다면
무엇이 무상한 것이 되랴.

비록 혀가 무상하다 말하지만
혀는 있는 것 아니네.
혀가 만일 없다면
무엇이 무상한 것이 되랴.

비록 몸이 무상하다 말하지만
몸은 있는 것 아니네.
몸이 만일 없다면
무엇이 무상한 것이 되랴.

雖說鼻無常　鼻即無所有
若鼻無所有　誰爲無常者
雖說舌無常　舌即無所有
若舌無所有　誰爲無常者
雖說身無常　身即無所有
若身無所有　誰爲無常者
雖說意無常　意即無所有
若意無所有　誰爲無常者
隨是十二入　故有十二名
若隨十二名　應有十二入
因地水火風　和合故名人
凡夫隨名字　如狗逐瓦石
若人不隨名　亦不分別我
知我但假名　是人得寂滅
寂滅中無法　可名寂滅者
如是說無說　無說即寂滅
是法中無去　亦無有去者
若人通達此　則知寂滅相
若滅心行處　斷諸語言道
無我無衆生　是名爲寂滅
不分別有無　是分別亦空
若心想泥洹　是心亦非有
於法不見遠　亦復不見近
得是慧眼者　自知寂滅義
若人聞是法　能正觀察者
當斷諸疑悔　癡冥盡無餘
無疑亦無悔　善寂無所畏

비록 뜻이 무상하다 말하지만
뜻은 있는 것 아니네.
뜻이 만일 없다면
무엇이 무상한 것이 되랴.

이 12입入에 따르는 까닭에
12라는 이름 있네.
만일 12의 이름 따른다면
12입 마땅히 있으리.

지·수·화·풍으로 말미암아
화합한 까닭에 사람이라 이름해
범부의 명자名字 따르는 것
마치 개가 기와나 돌을 쫓듯이.

어떤 사람 이름을 따르지 않고
아我도 분별하지 않으며
나는 다만 붙인 이름이라 알면
이 사람은 적멸 얻었네.

적멸 가운데 법으로서
적멸이라 이름할 이 없어
이렇게 말 없음을 설하니
말 없음이 곧 적멸이네.

決定住實相　於法無所礙
菩薩摩訶薩　能自除惑網
哀愍衆生故　爲斷法中疑
以是上妙論　顯示法實相
爲滅諸戲論　汝等勿生疑
言說皆諍訟　因之墮惡趣
若人貪著此　不任演正法
如是名隨義　則無有憂患
亦近無上道　能行是義故

불설화수경 구법품

이 법 가운데는 가는 것 없고
또한 가는 이도 없네.
누구든지 이것에 통달하면
적멸의 상을 알리.

만일 마음 가는 곳을 없애고
말의 길을 끊고
'나'도 없고 중생도 없게 되면
이를 일러 적멸이라 하네.

있는 것과 없는 것
분별하지 않으니
이 분별 또한 공이네.
만일 마음에 열반을 생각하면
이 마음도 또한 있는 것 아닐세.

법에서 먼 것 보지 않고
가까운 것도 보지 않아
이 지혜의 눈 얻은 이는
적멸의 뜻 스스로 아네.

어떤 사람 이 법 듣고
바르게 관찰하는 이는
온갖 의심 반드시 끊고

어리석은 어두움 다 없애리.

의심 없고 뉘우침도 없으니
적멸하여 두려움 없네.
결정코 실상에 머무르니
법에 걸릴 것 없네.

보살마하살은
미혹의 그물 능히 스스로 없애고
중생을 불쌍히 여기는 까닭에
법 가운데 의심 끊었네.

훌륭하고 묘한 논論으로써
법의 실상 나타내 보여
여러 희론戱論 없애 버리니
너희들은 의심치 말라.

말이란 모두 다투는 것
이것 때문에 나쁜 갈래에 떨어져
누구든지 여기에 탐착하면
바른 법 연설하기 감당 못하리.

이러함을
뜻에 따른다고 이름하나니

근심 걱정 없애고
위없는 도에도 가까우니
이 뜻을 능히 행하는 까닭이네.

◎

이때 세존께서
이 뜻을 거듭 펴시고자
게송으로 말씀하셨다.

환幻과 꿈,
물에 비친 나무 그림자 같고
눈병에 아른거리는 머리카락,
더운 날 아지랑이 같으니
이와 같이 삼유三有를 관찰하면
구경究竟에 해탈을 얻으리라.

마치 목마른 사슴의
생각과 같으니
동요하며 혼란스러운 마음으로
사슴은 물이라고 생각하지만
실은 물이 없는 것과 같다.

이와 같이 식識의 종자가

爾時世尊欲重宣此義而說偈言：
幻夢水樹影　垂髮熱時炎
如是觀三有　究竟得解脫
譬如鹿渴想　動轉迷亂心
鹿想謂爲水　而實無水事
如是識種子　動轉見境界
愚夫妄想生　如爲翳所翳
於無始生死　計著攝受性
如逆捐出捐　捨離貪攝受
如幻呪機發　浮雲夢電光
觀是得解脫　永斷三相續
於彼無有作　猶如炎虛空
如是知諸法　則爲無所知
言教唯假名　彼亦無有相
於彼起妄想　陰行如垂髮
如畫垂髮幻　夢乾闥婆城
火輪熱時炎　無而現衆生
常無常一異　俱不俱亦然
無始過相續　愚夫癡妄想
明鏡水淨眼　摩尼妙寶珠

동요하여 나타난 경계에
어리석은 범부는
망상을 일으키나니
마치 가리개에 가려진 것과 같다.

끝없는 옛날부터 태어나고 죽으며
성품에 계착하여
성품으로 받아들였으니
쐐기로 쐐기를 빼는 것처럼
탐욕으로 받아들인 것
버리고 벗어나라.

주술로 움직이는 환幻과 같고
뜬구름, 꿈, 번개와 같으니
이와 같이 관찰하면 해탈을 얻어
영원히 세 가지 상속 끊어지리라.

그것들은 만들어진 일 없으니
허공의 아지랑이 같다.
이와 같이 모든 법 알면
곧 안다는 것도 없으리라.

언교言敎는 가명假名이며
그 역시 상相이 없으나

於中現衆色　而實無所有
一切性顯現　如畵熱時炎
種種衆色現　如夢無所有

능가아발다라보경 일체불어심품 2

거기에서 망상 일으키니
음陰과 행行은 눈병에 아른거리는
머리카락 같다.

그림이나 눈병에 아른거리는
머리카락, 환幻,
꿈이나 건달바성乾闥婆城,
화륜火輪과 더운 날 아지랑이 같아
없는 것인데도
중생에겐 나타난다.

상常과 무상無常, 같음과 다름,
함께함과 함께하지 않음 역시
그러하여
끝없는 옛날부터
허물이 상속한 것이니
어리석은 범부의
어리석은 망상이다.

명경수明鏡水처럼 깨끗한 눈과
마니摩尼의 묘한 보배 구슬
그 가운데 온갖 색이 나타나지만
사실은 어떤 것도 없다.

나타나는 모든 성품
그림이나 더운 날 아지랑이 같고
나타나는 온갖 여러 가지 물질
꿈과 같아 무소유無所有이다.

◎

이때 세존께서 대혜보살마하살의
청을 받고 게송으로 말씀하셨다.

마음에 단견과 상견이 없으면
몸을 기르고 머물 곳에 살되
마음이 어리석고 무지하면
사물이 없음에도
있다고 보느니라.

爾時世尊復受聖者大慧菩薩摩訶
薩請已 而說偈言：
心中無斷常　身資生住處
惟心愚無智　無物而見有

입능가경 집일체불법품

◎

그때 세존께서 거듭
게송으로 말씀하셨다.

천승天乘과 범승梵乘과
성문과 연각승과
모든 부처님의

爾時世尊重說偈言：
天乘及梵乘　聲聞緣覺乘
諸佛如來乘　我說此諸乘
以心有生滅　諸乘非究竟
若彼心滅盡　無乘及乘者
無有乘差別　我說爲一乘

여래승如來乘이라 하여
내가 이러한 여러 승乘을 말함은

그 마음에 생멸이 있기 때문이요
여러 승은 구경究竟이 아니니
만약 저 마음이 멸진滅盡한다면
승乘과 승이라 할 것이 없으리.

승의 차별이 있지 않은데
나는 일승一乘이라 말하며
중생을 인도하려고
여러 승을 분별하여 말했노라.

해탈이 세 가지가 있으며
또한 두 법무아인데
두 가지 장障을 떠나지 못하면
참해탈과는 먼 것이라네.

비유하면 바다에 뜬 나무는
항상 물결에 따라 움직이듯이
모든 성문 또한 그러하여
상풍相風에 ¹³⁴표탕漂湯하나니

引導衆生故	分別說諸乘
解脫有三種	及二法無我
不離二種障	遠離真解脫
譬如海浮木	當隨波浪轉
諸聲聞亦然	相風所漂蕩
離諸隨煩惱	熏習煩惱縛
味著三昧樂	安住無漏界
無有究竟趣	亦復不退還
得諸三昧身	無量劫不覺
譬如惛醉人	酒消然後悟
得佛無上體	是我真法身

입능가경 집일체불법품

---

134 물에 떠다님.

[135]수번뇌隨煩惱는 떠났으나
훈습번뇌에 묶이고
삼매락三昧樂에 맛들여서
무루계無漏界에서 편히 머무르네.

구경에 나아감도 없고
다시 물러나 돌아오지 않아
모든 삼매의 몸 얻으나
무량겁에도 깨닫지 못하네.

비유컨대 술 취한 사람이
술기운 없어지면
깨어남과 같으니
불佛의 위없는 체성體性을
얻어야만
이것이 나의 참법신이네.

---

135 수번뇌(隨煩惱, upakleśa)는 수혹(隨惑)이라고도 하는데 세 가지 뜻이 있다. 첫 번째는 근본번뇌(根
本煩惱, mūla-kleśa)를 따라 일어난 2차적인 번뇌라는 뜻으로, 이 경우의 수번뇌를 근본번뇌와 구분
하여 지말번뇌(枝末煩惱) 또는 지말혹(枝末惑)이라고도 한다. 두 번째는 마음[心, citta]을 따라 일어
나서 유정을 괴롭고 혼란스럽게[惱亂] 하는 마음작용, 즉 근본번뇌라는 뜻이다. 세 번째는 첫 번째와
두 번째의 의미를 통칭하는 것으로, 이 경우의 수번뇌는 곧 일체(一切)의 번뇌 즉 모든 번뇌를 말하
며, 이 경우 수번뇌는 번뇌의 여러 다른 이름 가운데 하나이다.

◎

그때 세존께서 거듭
게송으로 말씀하셨다.

외도의 열반에 대한 견해는
각각 분별함이 다르니
그것은 오직 망상으로
해탈할 방편에 없느니라.

모든 방편을 멀리 떠나면
속박 없는 곳에 이르지 못하고
허망하게 해탈의 생각을 낸다면
진실로 해탈이 아니니라.

외도가 세운 법은
온갖 지혜 각각 다르게 취하나
거기에는 모두 해탈 없건만
어리석어 허망하게 분별하느니라.

일체의 어리석은 외도
허망하게 작作과 소작所作을 보나
모두 유 · 무론에 집착하나니
그러므로 해탈은 없느니라.

爾時世尊重說頌言:

外道涅槃見　各各異分別
彼唯是妄想　無解脫方便
遠離諸方便　不至無縛處
妄生解脫想　而實無解脫
外道所成立　衆智各異取
彼悉無解脫　愚癡妄分別
一切癡外道　妄見作所作
悉著有無論　是故無解脫
凡愚樂分別　不生眞實慧
言說三界本　眞實滅苦因
譬如鏡中像　雖現而非實
習氣心鏡中　凡愚見有二
不了唯心現　故起二分別
若知但是心　分別則不生
心卽是種種　遠離想所相
如愚所分別　雖見而無見
三有唯分別　外境悉無有
妄想種種現　凡愚不能覺
經經說分別　但是異名字
若離於語言　其義不可得

대승입능가경 무상품

어리석은 범부는 분별을 즐겨
진실한 지혜 생기지 않느니라.
말은 삼계의 근본이니
진실로 괴로움의 원인 없애리라.

비유하면 거울 속 영상은
나타나지만 진실이 아니듯
습기의 마음 거울[心鏡] 속에서
어리석은 범부는
둘이 있다고 보느니라.

오직 마음이 나타난 것
깨닫지 못하니
그래서 둘이라고
분별 일으키느니라.
만약 오직 마음뿐임을 알면
분별은 곧 생기지 않으리라.

마음은 곧 갖가지여서
[136]상相과 소상所相을 멀리 떠나라.
어리석은 이의 분별 같지만
보아도 본 것이 없느니라.

---

136 현상과 현상을 받아들이는 마음작용.

삼계는 오직 분별일 뿐
밖의 경계는 모두 없는 것
망상으로 갖가지 나타난 것을
어리석은 범부
깨닫지 못하느니라.

경마다 분별하여 설하였으나
다만 이것은 이름만 다를 뿐이니
만약 언어를 떠나면
그 뜻 얻을 수 없기 때문이니라.

◎

그때 세존께서
게송으로 말씀하셨다.

법의 자체 없는 것, 나지 않는 것,
본래부터 고요한 것,
멸하지 않는 것,
자기 성품 그대로가 열반법인 것,
그러므로 나는 말해
항상하다 하네.

세 가지 자체 없는 모습이지만

爾時世尊而說偈言：

無法體不生　本寂靜不滅
自性涅槃法　是故我說常
三種無體相　第一義無體
若能知我意　是人得解脫
一道法進趣　諸衆生解脫
是故一乘法　隨聞差別說
諸衆生無量　爲身求涅槃
如來甚希有　安隱諸衆生
若證無漏界　平等無二相
成就佛諸義　彼人離煩惱

심밀해탈경 성자성취제일의보살문품

497

제일의도 자체가 없는 것이니
만일에 나의 뜻 알기만 하면
이 사람은 해탈을 얻었다 하리.

한 갈래의 법 나아가면
중생들 해탈 얻으리니
그러므로 일승법一乘法은
듣는 이에 따라서 다르게 말해

모든 중생 무리는 한량없건만
자기의 몸 위하여 열반 구하니
여래는 대단히 희유하여서
모든 중생을 편안케 하네.

만일에 무루세계 증득하면
평등하여 두 모습 있지 않으며
부처의 모든 뜻 성취하리니
그 사람은 번뇌를 모두 여의리.

◎

그때 세존께서
게송으로 말씀하셨다.

爾時世尊而說偈言：

種種諸苦惱　飢渴口焦乾

火炎燒其身　如被燒枯樹

갖가지 고뇌 거기 있나니
주리고 목말라 입은 타고 마르며
불꽃은 그 몸 태우기를
마치 불에 타는
마른 나무처럼 한다.

그 고통은 이루 다 셀 수 없으나
한 생각이나마
감관을 고요히 하고
불·법·승 삼보에
잠깐만 의지하면
그 사람의 생사윤회는
짧아지리라.

彼苦不可數　若一念靜根
暫依佛法僧　彼人生死短

정법념처경 생사품

◎

이때 부처님께서
게송으로 말씀하셨다.

괴로움[苦]엔 두 가지가 있으니
말하자면 나와 남인 것이라
나의 괴로움을 스스로 없애면
아울러 남의 것도
없앨 수 있느니라.

佛爾時說偈言：

其苦凡有二　謂我及他人
自滅於我苦　并復能滅彼
憂念一切人　令心了道事
於法心亦爾　皆使解一議
用福一切人　三世勤苦行
諸佛所行福　一切皆勤助
以是功德福　奉上施一切
於諸心所願　疾逮得佛慧

499

모든 사람들을 걱정하고 염려함은
마음으로 도道의 일들을
요달了達하게 하고자 하라.
법과 마음에 대해서도
또한 그렇게 하여
모두들 하나의 이치를
이해시키라.

일체중생에게 복덕을 베풀고
삼세에서 애써 고행하며
부처님들께서 행하신 복덕으로
모든 이들을 [137]권조勸助하라.

이와 같은 공덕의 복을
받들어 올려 모두에게 보시하면
모든 마음이 원하는 바에 따라
속히 부처님의 지혜를
체득하리라.

모두들 마음을 발하여
바르고 참된 도를 배우면
다시는 마음이 다른 도리를

令一切發意　皆學正真道
心不於餘道　而復有所求
心不悕望道　視亦不可見
道相心如是　心相亦俱然
法等如是等　於我亦無我
自知見功德　增益淨功德
於身無所增　法界難思議
常住於道處　是乃爲求佛
其心未曾念　豪尊以自益
心恒存於道　精進而不懈
布施而無厭　常堅護於戒
忍辱亦如是　不造立人根
日日行精進　常自念身空
於禪而寂靜　慧能度一切
養育於一切　所作如蓮花
施與持清淨　不望於他人
常願求佛慧　諸法具了知
曉習一切法　其慧難思議
爲一切說法　而無有諸礙
若有應此行　是則爲菩薩
皆悉解了空　施少報無量
不想有與無　心未曾放恣
悉知一切行　如所願度脫
布施隨所欲　說法種隆化
既施而無悔　於戒不虧缺

---

137 권면하며 돕다.

구하는 일이 있지 않으리라.

마음이 도를 바라지 않으니
보아도 또한 볼 수가 없어라.
도의 모양이 마음과 같으니
마음의 모양도 역시 그러하리라.

법이 다들 이런 것들이라
나에게도 나[我]라는 것은 없어라.
스스로 공덕을 볼 줄 안다면
맑은 공덕을 늘리고 보태리라.

몸에는 늘어나는 것 없으며
법계는 사의思議하기 어려워라.
언제나 도처道處에 머문다면
이것이 곧 부처를 구함이네.

마음에 일찍이 염念함이 없이
[138]호존豪尊하여 스스로를 도와라.
마음을 항상 도에다 두고
정진하며 게으름이 없어라.

忍辱及精進　禪慧不自大
布施與持戒　忍辱及精進
於禪定三昧　慧施而降調
其於聲聞行　及與辟支佛
隨所樂度脫　於內而不隨
堅住於是法　菩薩無所著
權慧難思議　疾逮降一切

불설도신족무극변화경

---

138 보존하다.

보시를 하면서 만족할 줄 모르고
언제나 굳건히 계율을 보호하며
인욕도 또한 이와 같을지니
인근人根을 만들어 세우지
말지니라.

날이면 날마다 정진을 행하고
언제나 [139]신공身空을
스스로 염하며
참선하며 적정寂靜에 들면
지혜로 모든 것을 건너느니라.

모든 것을 길러 배양하니
하는 일이 연꽃과 같으며
보시와 지계 청정하여
남들에게 바라지 않네.

언제나 부처님의 지혜를 구하고
모든 법을 빠짐없이 분명히 알며
모든 법을 깨달아 익히나니
그 지혜 생각조차 어려워라.

___

139 사대로 이루어진 몸의 공함.

일체중생을 위해 설법하며
어떠한 막힘도 없나니
만일 누군가 이런 수행 한다면
그가 바로 보살이어라.

모든 것이 다 공空임을
깨닫고 알기에
보시는 적어도 과보는 무량하며
있다느니 없다느니
생각하지 않으니
마음이 일찍이 방자한 적 없어라.

일체 행을 모조리 알아서
원하는 대로 벗어나고 건너며
바라는 것에 따라 보시하면서
설법하고
교화를 번성하게 하느니라.

보시하고 나선 후회가 없고
계율을 지키며
[140]휴결虧缺함이 없으며
인욕하고 또 정진하며

---

140 어그러뜨리고 훼손하다.

선정과 지혜 닦으면서도
자신을 대단하다 하지 않네.

보시하고 계율을 지키고
인욕하고 정진하며
선정에서 삼매에 들고
[141]혜시慧施로 항복 받고
조복調伏하느니라.

그는 성문의 수행에 있어서나
그리고 벽지불에 있어서도
좋아하는 것을 따라
도탈시켜 주지만
속으로는
그들을 따르지 않느니라.

이 법에 굳건히 머물며
보살은 어떤 집착도 없으니
헤아리기 어려운 권혜權慧로
신속하게 모든 것 항복 받느니라.

---

141 지혜를 베풀다.

제 8 장

禪詩

가려 뽑은 선시

연못가 홀로 앉아
연못 속 중을 만났지.
묵묵히 서로 보며 웃네.
대답 않을 줄을 알고

◎

마음이 생기는 까닭에
여러 가지 법이 생기고
마음이 멸하면
[142]감실[龕]과 무덤[墳]이
다르지 않네.
삼계가 오직 마음이요
모든 현상이
또한 식識에 기초한다네.
마음 밖에 아무것도 없는데
무엇을 따로 구하랴!

心生則種種法生
心滅則龕墳不二
三界唯心 萬法唯識
心外無法 胡用別求

원효元曉대사

◎ **아무 것도 없으니**
모든 것 허깨비임을 알고
법을 보니 마음뿐이라
마음이 절로 한가하도다.
가없는 자성 허공에
지혜의 달빛 가득한데
고요함도 움직임도 없이
홀로 둥글구나.

吾無觀
了知諸行皆如幻
見法惟心心自閒
無際性空智月滿
無靜無作獨團團

원오圓悟선사

---

142 감(龕)은 물건을 담는 그릇이나 신주를 두는 상자 또는 사당 등을 이르는 단어다. 보통 원효대사의
    일화에 비추어 해골바가지라고 해석을 하지만, 여기서는 감실(龕室)이라고 번역하였다. 무덤과 대
    구가 되는 단어가 방이나 사당 같은 집이기 때문이다.

◎ 하나로 꿰뚫다

일념으로 망상을 천만 번 끊어
불법의 지혜를 얻으니
삼라만상이 모두
나 자신이로다.

一貫

一貫千殊妙聰明
森羅萬象都自己

보우普雨선사

◎ 세상은 하나의 향기

티끌과 정토淨土가 모두 한 암자.
방장실을 떠나지 않고도
남방을 두루 순방했네.
선재동자善財童子는 무엇 때문에
그리도 심한 고생을 자처하여
143백십성百十城을 144순력巡歷했는가.

天地一香

塵刹都盧在一庵
不離方丈遍詢南
善財何用勤劬甚
百十城中枉歷參

원감圓鑑국사

◎ 준상인에게 주다

종일 짚신 신고
발길 따라 가노라니
한 산을 지나면
산 하나 또 푸르도다.

贈峻上人

終日芒鞋信脚行
一山行盡一山靑
心非有像奚形役
道本無名豈假成

---

143 백십성(百十城) : 수를 셀 수 없는 여러 곳.
144 순력(巡歷) : 돌아다니다.

마음에 형상 없으니
어찌 몸의 부림 받고
도는 본시 무명無名한데
어찌 거짓 이룰까.
묵은 안개 걷히기 전
산새는 지저귀고
봄바람 멎지 않아도
들꽃은 환하구나.
지팡이 짚고 돌아갈 때
천봉千峯이 고요터니
푸른 절벽 짙은 안개
느지막이 개누나.

宿露未晞山鳥語
春風不盡野花明
短筇歸去千峯靜
翠壁亂烟生晚晴

김시습金時習

◎ **그림자와 마주하다**
연못가 홀로 앉아
연못 속 중을 만났지.
묵묵히 서로 보며 웃네.
대답 않을 줄을 알고.

對影

池邊獨自坐　池底偶逢僧
黙黙笑相視　知君語不應

혜심慧諶국사

◎

오늘은 바위에 앉아
오래도록 좌선하니

今日巖前坐　坐久煙雲收
一道淸溪冷　千尋碧嶂頭

안개와 구름이 다 걷히네.
한 줄기 깨끗하고 찬 시냇물
천 길 푸른 산꼭대기에서 내리네.

아침에는
흰 구름 그림자 고요하고
밤에는 밝은 달빛이 떠 있네.
몸에 더러운 때가 없는데
마음엔들 어찌 근심이 있으리오.

白雲朝影靜　明月夜光浮
身上無塵垢　心中那更憂

한산寒山 시詩

묵은해니 새해니 분별하지 말게.
겨울 가고 봄이 오니
해 바뀐 듯하지만
보게나, 저 하늘이 달라졌는가.
우리가 어리석어 꿈속에 사네.

妄道始終分兩頭
冬經春到似年流
試看長天何二相
浮生自作夢中遊

학명鶴鳴선사

무엇이 거짓이고 무엇이 참인고.
참이고 거짓이고
모두 다 헛것일세.
안개 걷히고 낙엽진 맑은 가을날

摘何爲妄摘何眞
眞妄由來摠不眞
霞飛葉落秋容潔
依舊靑山對面眞

경허鏡虛선사

언제나 변함없는 저 산을 보게.

◎ **임종게**

고요한 성품이 본고향이요
분명한 마음이 나의 집일세.
옛 부처 오간 길에 홀로 드러나
꺼지지 않는 놈이 대체 무엇일꼬.

臨終偈

寂寂本故鄉　惺惺是我家
現前古佛路　不昧是何物

무념無念화상

◎ **임종게**

이 몸은 모양새 본래 없고
마음에 망상분별 그 자체 비었네.
저 칼날이 내 목을 자른다 해도
그저 봄바람을 베는 것에
불과하다네.

臨終偈

四大本非有　五蘊畢竟空
將頭臨白刃　猶如斬春風

승조僧肇법사

◎ **춘서**春晝

따스한 볕 등에 지고
유마경 읽노라니
가벼웁게 나는 꽃이
글자를 가린다.
구태여 꽃 밑 글자를

한용운韓龍雲스님

읽어 무삼하리오.

◎

깨치면 부처와 같지만
무량겁에 찌든 버릇은
그대로 있네.
바람은 자도
물결은 아직 출렁이고
이치는 드러나도
망상은 쉽게 없어지지 않네.

頓悟雖同佛　多生習氣深
風停波尙湧　理現念猶侵

보조普照**국사**

◎ **문수보살 찬탄**
취모검 뽑아 드니
그 집 풍속 유별나네.
부처도 모르는 곳에
한가히 노니는 양.
갈꽃이 달에 비쳐
눈처럼 희다고나 할까.

文殊讚
提起吹毛利　家風妙奇絶
逍遙千聖外　月映蘆花雪

태고太古**화상**

◎ **균제동자 게송**
성 안 내는 웃는 얼굴

面上無嗔供養具

참다운 공양구요
성 안 내는 부드러운 말
아름다운 향이로다.
깨끗하고 텅 비어 참된 그 마음이
더럽지도 더럽힐 수도 없는
부처님 마음일세.

口裡無瞋吐妙香
心裡無垢是珍寶
無垢無染是眞常

종일토록 봄을 찾아 헤맸건만
봄은 보지 못하고
짚신 닳도록
산 위의 구름만 밟고 다녔네.
돌아와 웃고 있는
매화향기 맡으니
봄은 매화가지 위에
이미 가득한 것을.

盡日尋春不見春
芒鞋踏遍隴頭雲
歸來笑拈梅花嗅
春在枝頭已十分

무명 비구니의 오도송

옳거니 그르거니 상관 말고
산이건 물이건 그대로 두라.
하필이면 서쪽에만 극락세계랴.
흰 구름 걷히면 청산인 것을.

是是非非都不關
山山水水任自閑
莫間西天安養國
白雲斷處有靑山

임제臨濟선사

◎ 선사의 진영에 찬하다

흰 구름 오려서 누더기 깁고

푸른 물 떠다가 눈동자 삼았네.

심중에 주옥珠玉을 가득 품으니

신묘한 빛이

[145]온 세상[斗牛]을 비추누나.

贊先師眞

剪雲爲白衲　割水作淸眸

滿腹懷珠玉　神光射斗牛

청허淸虛선사

◎ 오묘한 산봉우리

오온五蘊으로 집 삼으니

비바람 얼마나 지나갔는고.

흰 구름이 오가지만

이 집 주인을 알지 못하네.

妙峰

五蘊以爲庵　幾經風與雨

白雲時往來　不識庵中主

청허淸虛선사

◎ 무상게

몸은 깨달음의 나무요

마음은 밝은 거울과 같네.

때때로 부지런히 닦아서

번뇌의 때가 끼지 않도록 하세.

無相偈

身是菩提樹　心如明鏡臺

時時勤拂拭　莫使有塵埃

신수神秀대사

---

145 두우(斗牛)는 이십팔수(二十八宿) 가운데의 두성(斗星)과 우성(牛星). 북두성(北斗星)과 견우성(牽
牛星). 삼천대천세계(三千大千世界)를 의미한다.

◎ 자성게

보리는 본래 나무에는 없고

맑은 거울 또한

대臺에 있는 것 아니라네.

본래 한 물건도 없거늘

어느 곳에 티끌 먼지 있을까 보냐.

自性偈

菩提本無樹　明鏡亦非台

本來無一物　何處惹塵埃

혜능慧能선사

◎

시냇가 예스러운

천년 회나무 그림자,

어스름 저녁의 종소리,

달 아래 새롭다.

십 리에 이는 아침 연기,

바다 기운을 잇고

봄 새 두어 곡조 사람을 부르네.

누대 앞 푸른 물은

바람 일어 얼굴 스치고

난간 밖 구름 짙어

두건을 적시었다.

종일토록 노닌 정자

좋은 일 많지만

거울 같은 가슴에는

千年檜影溪邊古

半夜踈鐘月下新

十里朝烟連海氣

數聲春鳥喚山人

樓前水碧風生面

檻外雲濃露滴巾

終日憑欄多勝事

胸中如鏡自無塵

부휴당浮休堂 시詩

절로 먼지 없어라.

◎ **묘향산**

맑고 깨끗한데 또 맑고 깨끗해
먼지 하나 일지 않는 한 생각
기미마저 잊음이 도에 맞으며
걸음에 맡김이 한가로운 나들이
비 개자 꽃들이 일제히 피고
봄이 깊어지자 새들은 절로 울고
맑은 바람 밝은 달밤
또렷또렷 역력한 그 마음.

香山
瀟洒又瀟洒
一塵念不生
忘機唯合道
信步只閑行
雨霽花更發
春深鳥自鳴
淸風明月夜
歷歷復惺惺

영허暎虛대사

◎ **마을을 떠나 산으로 돌아오며**

갈 때는 한 줄기 시냇물이
떠나보내 주더니
올 때는 골짜기 가득한
흰 구름이 맞이해 주네.
이 한 몸 오가는 데
본래 아무 뜻 없었건만
무정한 두 사물에
도리어 정감이 이는구나.

出州廻山
去時一溪流水送
來時滿谷白雲迎
一身去來本無意
二物無情却有情
流水出山無戀志
白雲歸洞亦無心
一身去來如雲水
身是重行眼是初

백운白雲선사

흐르는 물은 산을 벗어나도
그리워하는 마음 없고
흰 구름은 골짜기로 되돌아와도
무심하기만 하네.
이 한 몸 오고 감도
저 구름과 시내와 같으니
몸은 거듭해 움직이지만
눈은 새로워라.

◎

나뭇가지 잡음은
족히 기이한 일이 아니니
벼랑에서 손을 놓아야
비로소 장부로다.
물은 차고 밤도 싸늘하여
고기 찾기 어려우니
빈 배에 달빛만 가득 싣고
돌아오도다.

得樹攀枝未足奇
懸崖撒手丈夫兒
水寒夜冷魚難覓
留得空船載月歸

야부도천冶父道川**선사**

◎ **대중에게 보임**
춘삼월 햇빛 모아 둘 곳 없어서
버들가지 위에

示徒
三月韶光沒處收
一時散在柳梢頭

눈부시게 흩어져 있네.
아깝게도 봄바람의 얼굴은
보이지 않고
물 따라 흘러가는
붉은 꽃잎만 보이는구나.

可憐不見春風面
却看殘紅逐水流

대혜종고大慧宗杲선사

◎ **눈 오는 밤**

한 촉 차가운 등불에
불경을 읽다가
밤눈이 빈 뜰에
가득 내린 줄도 몰랐네.
깊은 산 나무들은
아무런 기척 없고
처마 끝 고드름만
섬돌에 떨어지네.

雪夜
一穗寒燈讀佛經
不知夜雪滿空庭
深山衆木都無籟
時有簷氷墮石狀

혜즙惠楫

◎

달밤에 고향 길 바라보니
뜬구름만 흩날리며
돌아가고 있네.
구름 가는 길에
편지라도 부치고 싶은데

月夜瞻鄕路
浮雲颯颯歸
緘書參去便
風急不聽廻
我國天岸北

바람이 급하여
내 말 알아듣지 못하는구나.
내 나라 하늘 끝 북쪽에 두고
남의 나라 서쪽 모퉁이에
와 있는 몸
더운 남쪽 천축은
기러기도 오지 않으니
누가 계림을 향해서
날아가려나.

他邦地角西
日南無有雁
誰爲向林飛

혜초慧超

◎

한 잔의 차에
한 조각 마음이 나오니
한 조각 마음이
차 한 잔에 담겼네.
자, 이 차 한 잔 마셔 보시게.
한 번 맛보면
근심 걱정 모두 사라진다네.

一椀茶出一片心
一片心在一椀茶
當用一椀茶一嘗
一嘗應生無量樂

함허득통涵虛得通선사

◎

청산은 나를 보고
말없이 살라 하고

青山兮要我以無語
蒼空兮要我以無垢

창공은 나를 보고
티없이 살라 하네.
사랑도 벗어 놓고
미움도 벗어 놓고
물같이 바람같이
살다가 가라 하네.

청산은 나를 보고
말없이 살라 하고
창공은 나를 보고
티없이 살라 하네.
성냄도 벗어 놓고
탐욕도 벗어 놓고
물같이 바람같이
살다가 가라 하네.

聊無愛而無憎兮
如水如風而終我
靑山兮要我以無語
蒼空兮要我以無垢
聊無怒而無惜兮
如水如風而終我

나옹懶翁선사

삶의 지혜를 위한

붓다의 노래

초판 1쇄 발행 2023년 10월 29일

지은이　　숭산향적

펴낸이　　오세룡
편집　　　박성화 손미숙 윤예지 여수령 허승 정연주
기획　　　곽은영 최윤정
디자인　　최지혜 고혜정 김효선 박소영
홍보·마케팅 정성진

펴낸곳　　담앤북스
　　　　　서울특별시 종로구 새문안로3길 23 경희궁의 아침 4단지 805호
　　　　　대표전화 02)765-1250(편집부) 02)765-1251(영업부)
　　　　　전송 02)764-1251
　　　　　전자우편 dhamenbooks@naver.com

출판등록 제300-2011-115호

값 33,000원
ISBN 979-11-6201-416-5 (03220)